KB036176

또 하나의 초강대국은 탄생할 것인가

현대 중국의
정치와 외교

모리 가즈코 毛里和子 지음
이용빈 옮김
정승욱 감수

한울
아카데미

시작하며

이 책은 중국의 내정을 분석한 졸저 『현대 중국정치: 글로벌 강대국의 초상』[한울엠플러스, 2013; 『現代中國政治: グローバル・パワーの肖像(第3版)』(名古屋大學出版會, 2012]과 현대 중국의 외교를 해명한 『현대 중국외교(現代中國外交)』 (岩波書店, 2018)의 틈새를 잇는 저작이다. 앞의 두 권에서 담지 못한 '중국문제'에 도전하고자 한 것이다. 거대해진 중국이 안고 있는 문제의 핵심은 실로 안(내정)과 밖(외교)의 여러 과제가 이리저리 엇갈리며 뒤섞인 교착의 연쇄(nexus) 위에 있기 때문에 '틈새를 잇는다'는 표현의 의미는 무겁다. 이 책은 다음과 같은 사항을 목적으로 한다.

안과 밖을 나누지 않고 총체적으로, 즉 '통째로' 현대 중국을 분석하는 것[일본의 가장 우수한 지역연구자 스에히로 아키라(末廣昭)의 표현]이다. 오늘의 중국, 그리고 내일의 중국의 문제는 사실 내정과 외교의 경계선이 교착하는 부분, 양자가 서로 얽혀있는 곳에 자리하고 있는 것이다. 종래에는 안과 밖은 내정과 외교로 확연히 구별되어 여러 연구자가 분업하여 대처해왔다. 동서고금을 통해 그러했다. 그렇게 하지 않으면 문제 영역이 무한하게 확장되어 버리며, 양자를 한 덩어리로 파악하는 방법론도 확립되지 않았기에, 어쨌든 매우 어려운 문제이기 때문이다.

이 책은 이 난문에 도전한다. 구체적으로는 다음같이 궁리해보고자 한다.

첫째, 명백하게 안과 밖이 교착하고 있으면서 일체화한 문제라 인식할 수 있는 것을 대상으로서 선택한다. 가장 적합한 사례는 홍콩, 타이완, 신장 위구르, 티베트 등의 국민 및 국가의 통합에 관련된 문제이다(제6장).

둘째, 최근 들어 비대화하고 있는 중국의 '국가'를 다루며 안과 밖의 두 측면으로부터 입체적으로 분석하고 하나의 국가상(신국가자본주의)으로 정리한다(제3장).

셋째, 중국의 대외 군사행동이 군사행위인지 정치행위인지 질문을 던지며, 안과 밖이 교착된 프로세스를 규명하고 '결과'에 입각하여 평가한다(제4장).

넷째, 글로벌 시대의 중국의 대국(大國)외교가 국유기업, 군 및 지방 등의 새로운 행위자(actor)에 의해 여러 압력을 받으며 강경 외교(강세 외교, 强勢外交)로 전환되고 있는 상황은 명백히 안과 밖이 교착되고 있는 사례이다(제5장).

이 책은 서장과 종장 사이에 6개의 장을 마련해 중화인민공화국 건국 이래 약 70년의 '현대 중국'을 앞에서 쓴 관점으로 분석한다. 간략하게 각 장의 내용을 소개하자면 다음과 같다.

「서장 일본의 당대 중국연구」에서는 동양학에서 시작되는 일본에서의 당대 중국연구의 기본적 특징 및 구조를 논술한다. 특히 경제 연구 및 근현대사 연구에서 세계적으로 높은 수준에 있다고 평가한다.

「제1장 현대 중국정치의 삼위일체 체제」에서는 중국 정치를 기능적으로 분석한다. 당·국가·군의 삼위일체 메커니즘을 규명하고 21세기에 들어선 이래 당이 질적으로 변모했다는 것을 밝힌다.

「제2장 정책결정」에서는 결정을 세 가지의 기본 유형으로 정리하면서, 톈안먼 사건 당시 정책결정의 '중국적 특징'을 (미스터리처럼 흥미로운) 기존 자료와 새로운 자료에 입각하여 상세하게 검증한다.

「제3장 비대화하는 국가」에서는 국유기업에 초점을 맞추어 중국은 신국가자본주의라고 규정한다. 그 어떤 시대에도 국가가 절대적인 합법성을 갖고 안과 밖을 다스린다는 중국적 특질도 묘사해낸다.

「제4장 중국외교의 고유성」에서는 '중국외교는 어디까지 중국적인가'라는 질문을 던지며 그것에 답하고자 시도한다. 외교와 관련된 정책결정, 대외 군사행동의 특징 등도 논의한다.

「제5장 글로벌 대국화와 '강경 외교'」에서는 21세기에 진입한 이후 중국의 대외 행동의 새로운 점을 아프리카에서의 '신제국주의적 행태' 및 이익집단의 참여 등으로부터 투영해본다.

「제6장 중국을 괴롭히는 '국가성' 문제」는 이 책의 목표인 안과 밖의 교착을 상징하는 주제(홍콩, 타이완, 신장, 티베트)를 분석하며 중국의 국가 차원에서 장래 통합의 여러 패턴을 고찰한다.

「종장 포스트 권위주의」에서는 강인성을 과시해왔던 40년 동안의 권위주의 체제가 파탄하고 쇠퇴로 향하지 않을까 하는 질문에 대해 권위주의에서 민주화로 향했던 동아시아의 경험과 대비하면서 검증한다. 레짐 변용의 가능성을 묻는 마지막 장에 해당한다.

이 책이 위에서 언급한 여러 질문에 답을 제공하고 있는지, 새로운 지식과 식견을 제시하고 있는지 여부는 독자 여러분들의 판단에 맡기는 것 외에 다른 방도가 없다. 하지만 필자로서는 과제를 정확히 설정하고 전체의 구성을 분명히 하며, 문장을 논리화하고 표현을 명확히 함으로써 최대한 의도를 실현하고자 노력했다. 삼가 독자 여러분들의 질정(叱正)을 바란다.

차례

일본의 당대 중국연구

회고와 전망

한학 · 동양학과 지역연구

여기에서는 '당대 중국연구(當代中國硏究, Contemporary Chinese Studies)'라는 용어를 채택하고 있는데, 이것에는 역사를 포함하는 근대 중국 및 현대 중국에 대한 인문학적 · 사회과학적 연구 전체를 함의하고 있다. 당대 중국연구를 상당히 폭넓게 해석하고 있는 것이다.

일본에서 과거의 한학(漢學)을 포함한 동양학은 (일본을 제외한) 아시아의 고대부터 현대까지를 포함하며 주로 인문학적 접근법을 취했다. 동양학의 아래에는 지나학(支那學, 당시의 명칭_옮긴이), 이슬람학, 앗시리아학, 인도학, 몽골학, 티베트학, 동양사학 등의 갈래가 있었다. 그런데 중국에서는 동양이란 자국을 포함하는 아시아를 지칭하는 것이 아니었다. 제2차 세계대전 전에는 일본, 필리핀, 보르네오 등을 지칭하였으며, 그 이후 일본만을 의미하게 되었다. 동양은 일본인 것이다. 일본과 중국의 문화인식 사이에 깊은 골이 있음을 보여주는 사례 중 하나이다.

제2차 세계대전 이후 일본에서는 과거의 한학 · 동양학 외에 중국에 대해 또 하나의 학문적 접근법이 출현하였다. 지역연구로서의 중국연구이다. 한편 '한학'이라는 표현은 메이지(明治) 중기 이래 쇠약해졌다. 특히 세계대전 후에

서장_ 일본의 당대 중국연구: 회고와 전망 **9**

는 '한학자적 태도'는 '청년 학도들 사이에서는 버려졌다'라고 여겨졌다(長澤規
矩也, 「漢學」, 『アジア歷史事典』, 平凡社).

한편 중국에서는 현재, (중국의 대국화에 때를 맞추어) 세계적으로 '중국연구'에
대한 관심이 높아지고 있어[1] 그것을 '한학'으로서 일괄해 중국에서의 '한학',
지역연구로서의 '미국형 한학', 그리고 일본 및 일부 한국에서의 동양학의
계보를 잇는 '일본형 한학'의 세 가지 종류로 구분하여 논의하는 경우가 많다.[2]

제2차 세계대전 이후 일본의 중국연구

제2차 세계대전 이후 일본에서의 중국연구의 특질은 침략의 역사적 기억이
농도 짙게 남아 있는 가운데에 경쟁과 대립이 계속된 상황에 영향을 받고
있다. 그것이 일본의 중국연구를 속박했던 첫 번째의 요인이며, 두 번째 요인
은 냉전과 이데올로기 대립이었다. 이러한 속박으로부터 해방된 것은 1972년
의 중일국교정상화를 거쳐 1980년대 말에 냉전 상황이 국제적으로 사라지면
서부터였다. 그 이후에는 2010년대부터 대국화(大國化)·강국화(强國化)하는
중국이라는 완전히 새로운 환경이 일본 및 미국의 중국연구를 속박하게 된다.

제2차 세계대전 후 일본 학계에 어떤 지적 선택지가 있었을까? 연구 방법에
서는 동양학을 취할 것인가, 미국류의 지역연구를 취할 것인가의 두 가지가
있어, 지금도 여전히 일본의 당대 중국연구자는 이 두 가지로 나뉘어있다.

• • •

1   2013년에 중국사회과학원 국제중국학연구센터(中國社會科學院國際中國學硏究中心)가 설립되었다.

2   2019년 12월 6일에 베이징대학 국제관계연구원에서 행해진 모리 가즈코의 강연 「일본의 당대 중
    국연구」에서의 논의 내용이다. 또한 다음과 같은 문헌을 참고하기 바란다. "내용을 심도 있게 다룬
    연구는 아직 부족하지만, 특히 량산(梁山)의 논문은 일본에서의 중국 근현대 정치사 연구의 최근
    성과를 상세하게 소개하고 있으며, 실질적인 연구 교류가 마침내 시작되려 하는 듯한 기대감을
    갖도록 만든다[何培忠, 「日本的當代中國研究與海外中國學研究的思考」, ≪國外社會科學≫, 第77期
    (2014); 徐顯芬, 「日本中國學的成果及新問題」, 『世界中國學理論前沿』(上海社會科學院出版社, 201
    6); 梁山, 「日本學界的中國近代政治史研究芻議」(2010~2015), ≪國際漢學≫, 第1期(2019)].

두 번째 분기는 학문 · 연구인지, 정책지향인지를 둘러싸고 생겼다. 미국의 연구자 중 다수는 냉전, 탈냉전 시기를 또한 포함하여 정책지향, 전략지향이 강한 중국연구를 선택했다. 하지만 일본의 연구자의 경우, 두 가지 고려할 점이 전략연구와는 반대의 방향으로 연구를 견인했다. 하나는 제2차 세계대전 이전 일본에서의 중국연구(동양학)의 많은 부분이 결과적으로 일본제국의 중국침략에 기여해버린 역사이다. 또 하나는 냉전 시기의 이데올로기 대립이 연구자에게 압력을 가해 마오쩌둥이 지도하는 중국혁명의 정당성을 연구자에게 강하게 각인시켰다. 이 때문에 '인민중국(人民中國)'에 대한 이데올로기적 공감이 객관적 분석을 속박하게 되었다는 역사이다.

이러한 두 가지 사정으로 일본의 당대 중국연구가 어느 정도 왜곡되었다는 것은 부정할 수 없다. 연구자들이 이런 상황으로부터 벗어나기 위해서는 중국 자신의 대전환이 필요했다. 문화대혁명을 공식적으로 부정하고 혁명과 전쟁의 사상을 버리고 개혁개방으로 전환했던 1980년대부터의 일이다. 현대 중국정치 연구자였던 고지마 도모유키(小島朋之)는 일본에서 가치중립적인 중국정치 연구가 시작된 것은 1980년대이며 1990년대에 이르러서야 비로소 모델을 설정하는 형태의 중국연구가 생겨났다고 지적하고, 그 일례로서 모리 가즈코의 『현대 중국정치』(名古屋大學出版會, 초판, 1993)를 들어 1990년대 일본에서 가장 우수한 성과라고 평가했다(Shambaugh, Takagi and Ash, eds., 2007).

그렇다면 일본의 중국연구는 국제적으로 어떤 수준일까? 결론부터 먼저 논하자면, 제2차 세계대전 이전의 동양학은 일본의 독자적이자 훌륭한 문화적 자산이라고도 말할 수 있다. 제2차 세계대전 이후 중국침략에 손을 빌려주었다는 이데올로기적 평가로 인해 특히 젊은 연구자의 다수가 동양학으로부터 멀어져 버린 것은 대단히 안타까운 일이다.

지금 와서 살펴보면 일본이 세계의 당대 중국연구에서 공헌할 수 있는 부분은 근세사, 근대사, 현대사의 역사 영역이다. 특히 중화민국사, 근현대 경제사 및 경제현상 분석 분야에서는 세계를 확실히 선도하고 있다. 최근 중국인 연구자가 마침내 세계에서의 일본의 중국연구에 주목하게 되었으며, 어떤 문헌은 근현대사 연구에서 국제적인 수준을 이끌고 있다며 일본의 연구 성과를 높게 평가하고 있다(梁山, 2019).

2010년부터 2015년까지 일본의 근대 중국정치사 연구를 분석한 량산(梁山)에 의하면, 일본의 오늘날 근현대사 연구는 다음과 같은 특징을 가진다. ① 서구 중심주의로부터 탈피하여 중국 근대사의 독자성에 대한 재검토에 주력하고 있으며, ② 만청사(晚清史)나 민국사(民國史) 등의 단대사(斷代史, 시대를 한 왕조에 한정하여 기술하는 중국의 역사)로부터 벗어나 중국 측과 협력하면서 근대사 연구의 돌파를 지향하고 있으며, ③ 다원적이며 포스트 모던, 포스트 식민 연구 등도 있고, ④ 반면에 재단적(裁斷的) 역사 및 역사허무주의도 많다. 아울러 학술의 정치화 경향도 강하며 일본의 문헌을 이해하기 위해서는 그 정치적 배경에 대한 고찰이 필수적이라고 논하고 있다(梁山, 2019).

일본의 중국연구 원류와 유파

메이지 시대부터 제2차 세계대전 이후에 걸친 150년 동안 일본 내 중국연구의 큰 흐름을 제시해두겠다. 계열의 원류는 둘(한학·동양학 계열과 지역연구 계열), 유파(流派)는 넷(한학·동양학 계열의 교토 학파, 도쿄대학 학파, 역사학연구회 학파의 3가지, 그리고 지역연구 계열의 지역연구 학파)이다(〈표 0-1〉 참조).

이 두 원류와 네 유파의 역사에 대해서 중요한 것을 2가지 사항만 지적해두고자 한다.

하나는 1950년대부터 1970년대까지 교토 학파와 도쿄대학 학파 및 역사학연구회 학파의 사이에서 격렬하게 행해졌던 시대구분 논쟁이다.

교토 학파는 나이토 고난(内藤湖南)을 중심으로 봉건제에서 근세로의 전환이 당송 변혁의 시기에 생겨났다고 보고 송대 이래 근세설을 취했다. 시대구

〈표 0-1〉 일본에서의 중국연구의 원류와 유파

A 한학(漢學) · 동양학 계열
I 교토 학파
· 구와바라 지쓰조(桑原騭藏)
· · 나이토 고난(內藤湖南)
· · · 미야자키 이치사다(宮崎市定), 제2차 세계대전 이후에는 다니가와 미치오(谷川道雄)
II 도쿄대학 학파
· 나카 미치요(那珂通世)
· · 시라토리 구라키치(白鳥庫吉)
· · · 쓰다 소키치(津田左右吉), 제2차 세계대전 이후에는 반노 마사타카(坂野正高)
III 역사학연구회 학파
· · · 마스부치 다쓰오(增淵龍夫)
B 지역연구 계열
IV 지역연구 학파
1960년대~: 이시카와 다다오(石川忠雄), 에토 신키치(衞藤瀋吉), 이시카와 시게루(石川滋)
1980년대~: 나카가네 가쓰지(中兼和津次), 모리 가즈코 (毛里和子), 가가미 미쓰유키(加々美光行), 아마코 사토시(天兒慧), 고쿠분 료세이(國分良成)
1990년대~: 다카하라 아키오(高原明生), 가토 히로유키(加藤弘之), 히시다 마사하루(菱田雅晴) 등

※ 설명: A의 III은 I · II에 매우 비판적. 1970년대까지 끊임없이 논쟁함. B의 IV는 A의 I · II · III과 달리 미국의 사회학적 연구(이론 · 정책)가 원류.

분 이외에는 나이토 고난의 동양사, 특히 당대에 대해 논했던 것[예를 들면, 『지나론(支那論)』(1914), 『신지나론(新支那論)』(1924) 등]에 대해서는, 침략에 가담했다며 제2차 세계대전 이후 학계 전체에서 부정적 평가가 강했다. 특히 1970년대까지 그러했다[나이토 고난에 대한 비판과 관련해서는 마스부치 다쓰오(增淵龍夫, 1983)를 참조하기 바란다].

또 하나는 한학 · 동양학과는 다른 새로운 계보로서 1970년대부터 미국류의 지역연구가 중국연구 및 동남아시아 연구를 석권하기 시작했던 점이다.

이시카와 다다오(石川忠雄)는 미국적 정치학에 입각하여, 그리고 이시카와 시게루(石川滋)는 개발경제론을 통해서 1949년에 탄생한 신중국을 분석했다. 1980년대에 들어서자, 근현대사 및 사상사 등을 제외하고는 미국류의 지역연구가 다수를 차지하게 된다. 나카가네 가쓰지(中兼和津次)의 『중국경제론: 농공 관계의 정치경제학(中國經濟論: 農工關係の政治經濟學)』(도쿄대학출판회, 1992), 전술한 모리 가즈코의 『현대 중국정치(초판)』 등이 그 대표작이라고 말할 수 있다.

오래된 한학·동양학은 일부를 제외하고 쇠퇴하였다. 하지만 21세기에 들어서자 학계의 일부에서 나이토 고난 등의 동양학을 '학문으로서 재조명하자'는 움직임이 활발해지고 있다. 다니가와 미치오(谷川道雄) 등의 '나이토 고난 연구회(內藤湖南研究會)'가 엮은 『나이토 고난의 세계: 아시아 재생의 사상(內藤湖南の世界: アジア再生の思想)』(河合文化敎育硏究所, 2001), 야마다 사토시(山田智)와 구로카와 미도리(黑川みどり)가 함께 엮은 『나이토 고난과 아시아 인식: 일본 근대 사상사로부터 보다(內藤湖南とアジア認識: 日本近代思想史からみる)』[勉誠出版, 2013. 특히 고지마 시게토시(小嶋茂稔)의 「근대에서의 '동양사'의 형성과 고난의 중국사(近代における'東洋史'の形成と湖南の中國史)」] 등이 그러하다.

중국의 부상 및 대국화에 따라 중국 5,000년의 문화유산을 재평가하는 것은 당연한 일일지도 모른다. 일본의 '동양학'을 부활시켜 재구축하고 '당대 중국연구'와 함께 세계를 향해 발신해 나아가야 할 것이다.

중국연구소와 현대중국학회

제2차 세계대전 이전의 연구에 대한 전면 부정과 냉전하의 격렬한 이데올로기 대립이라는 가혹한 연구 환경 속에서 당대 중국연구는 많은 어려움에 봉착했다. 그 고통스러운 역사를 상징하는 것이 1945년 10월 제2차 세계대전 후 바로 시작한 사단법인 중국연구소 및 그 중국연구소가 핵심이 되어 1951년에 탄생한 현대중국학회이다. 모두 오늘날에도 소규모라고는 해도 민간의 연구소 및 학회로서 계속 존속하고 있다.

성립 당시의 중국연구소는 제2차 세계대전 이전 마르크스주의자였던 히라노 요시타로(平野義太郎)를 이사장으로, 이와무라 미치오(岩村三千夫), 노하라 시로(野原四郎), 우부카타 나오키치(幼方直吉) 등 동아동문서원(東亞同文書院), 동아연구소(東亞硏究所), 만철조사부(滿鐵調查部) 출신의 좌익이 담당했다. 연간 1회의 연구대회, 『신중국연감(新中國年鑑)』의 간행을 계속하였으며, 1954년부터는 중국의 우호조직과 정식 교류 관계를 가졌다. 1966년 중국에서 문화대혁명이 발생하자 그 영향으로 인해 중국연구자는 크게 친중파와 중국 비판파로 나뉘어졌는데, 중국연구소는 전자의 선두에 해당했다.

중국연구소는 성립 이래 일관되게 민간의 연구소로서 여러 차례 재정 위기를 겪으면서도 어쨌든 존속했다. 사업으로서는 ≪중국연구월보(中國硏究月報)≫, 『신중국연감』의 편집 간행을 70년 동안 계속해오고 있다[2020년 현재, 이사장은 스기야마 후미히코(杉山文彦)]. 또한 현대중국학회는 1980년대 후반부터는 중국의 개혁개방 정책의 영향에 따라 활동에도 이데올로기 색채가 거의 없어지게 되었다. 2020년 현재 회원 수는 약 700명이며 인문·사회과학을 중심으로 거의 모든 영역의 중국연구자가 집합되어 있다[마찬가지로, 2020년 현재의 이사장은 옌산핑(嚴善平)이다].

또한 중국연구자는 이 밖에도 아시아정경학회(アジア政經學會, 회원 1,000명, 그 중에 중국연구자는 약 절반), 일본국제정치학회(日本國際政治學會, 회원 2,011명, 그 중에 중국연구자는 약 500명) 등에 소속되어 모여 있다.

일본 당대 중국연구의 특징

일본의 중국연구(연구자의 수는 대략 약 1,500명)는 전술한 바와 같이, 특히 역사 분야(사상사, 근세사, 근대사, 현대사)와 경제 분야가 강력하며 세계적으로 가장 선두 그룹에 있다. 또한 정치 분야는 전략연구로 출발한 미국에서 탈냉전 시기 지역연구가 이론 연구에 굴복한 것으로 간주되고 있다. 하지만 일본에서는 실학 연구·임지(臨地) 연구로서 훌륭하게 존속하고 있다. "제2차 세계대전 이후 일본의 지역연구는 전쟁 이전 및 전쟁 도중의 실패를 반성하고 또한 미국의 지역연구를 곁눈질하면서, 아울러 그것을 반면교사로 삼으면서 전략 연구에 봉사하는 우를 범하지는 않았다"라고 말하는 연구자도 있다(平野健一郎, 2007).

2007년 일본인 연구자들이 정치, 경제, 국제정치의 3가지 영역에서의 중국연구의 특징을 영어로 발산하였는데, 여기에서 다소 중복되더라도 개의치 않고 소개해보도록 하겠다.

① 지역연구[고지마 도모유키(小島朋之)]
- 혁명 및 문화대혁명 등 중국정치가 일본의 중국연구에 큰 영향을 미쳤다.
- 일본의 연구에 커다란 변화, 즉 가치중립적인 연구가 시작된 것은 1980년대였으며, 1990년대에 모델을 설정하는 형태의 중국연구가 시작되었다.
- 21세기가 되어 동남아시아 등과의 비교연구가 왕성해지게 되었다.
- 세계에 대한 발신이 적다는 결함['섬나라 근성(島國根性)']을 극복해야 한다.

② 경제 연구[오하시 히데오(大橋英夫)]
- 경제학의 주류 학문 분야(discipline)와 전혀 무관계하게 중국경제학으로 존재하고 있다.
- 전체의 중국이 아니라, 지역으로 구분되는 중국을 분석한다.
- 이론파와 조사파가 별개로 연구를 진행하고 있으며, 상호 간 학문적 대화가 없다.
- 언어의 장벽에 의해 국제화가 불가능하다.

〈그림 0-1〉 일본 내 중국정치 연구의 동향 변화

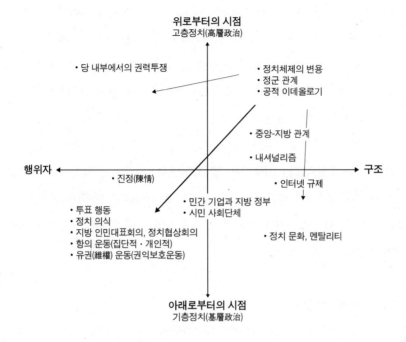

위로부터의 시점
고층정치(高層政治)

· 당 내부에서의 권력투쟁

· 정치체제의 변용
· 정군 관계
· 공적 이데올로기

· 중앙-지방 관계

· 내셔널리즘

행위자 ←   → 구조

· 진정(陳情)

· 인터넷 규제

· 투표 행동
· 정치 의식
· 지방 인민대표회의, 정치협상회의
· 항의 운동(집단적 · 개인적)
· 유권(維權) 운동(권익보호운동)

· 민간 기업과 지방 정부
· 시민 사회단체

· 정치 문화, 멘탈리티

아래로부터의 시점
기층정치(基層政治)

※ 설명: 굵은 선은 주로 변화의 방향을 나타낸다.
※ 자료: 高橋伸夫 編(2015), p.4.

③ 국제정치 연구[다카기 세이이치로(高木誠一郎)]

- 개념─전략─행동의 관계를 분석해야 함에도 개념의 정밀화 · 정리에만 주
목한다.

- 미국인이 선호하는, 인터뷰 방식을 이용하지 않는다.

- 이론 연구가 적으며 대부분이 서술적 분석이다.

- 중국과의 양국간 관계에 집중되어 있으며, 국제조직 및 핵비확산 등 다국간
관계의 연구가 적다.

3명의 평가자는 모두 국제적으로 발신하는 것, 이론 연구를 중시하는 것 등의 '국제적 공헌'을 제안하고 있다(Shambaugh, Takagi and Ash eds., 2007).

그렇다면 중국정치 연구의 내실은 변화해왔을까? 2015년 다카하시 노부오 (高橋伸夫)의 분석에 의하면, 일본의 당대 중국정치 연구는 1970년대와 2000년대 사이에서 크게 변화했다. 위로부터의 시점인가/아래로부터의 시점인가, 대상은 정치의 구조인가/행위자인가를 기준으로 4개의 상한(象限)으로 나누어 분류했다. 연구자의 주요한 관심은 하층(下層)으로, 그리고 행위자로 이동하였으며, 구체적으로는 지방정부 및 시민단체, 지방의 권력기관에 관심을 두는 연구가 많아지고 있다(〈그림 0-1〉 참조). 1960~1970년대에는 중국공산당 내부의 권력투쟁, 당군 관계 등이 주요 주제였던 것에 비하면 상당히 변모한 것이다(高橋伸夫, 2015).

당대 중국연구의 접근법

이러한 특징을 갖고 있는 일본의 당대 중국연구이지만, 애당초 중국은 연구대상으로서는 상당히 난처한 존재이다. 전술한 『현대 중국정치(초판)』에서도 논한 바와 같이, 현대 중국은 사회주의·개발도상국·전통이라는 '3가지 내실'을 갖고 있다. 게다가 그 3가지가 복잡하게 서로 뒤엉키면서 공존하고 있기 때문이다. 또한 1978년 이래의 굉장한 변화에 연구가 뒤따라가지 못하고 있다는 사정도 있다. 일전에 필자는 현대 중국정치에 대한 접근법으로서 다음과 같은 8가지를 상정할 수 있다고 지적한 바 있다(毛里和子, 2012). 그 내용을 열거해보면 다음과 같다.

첫째, 역사적 접근. "중국은 중국이며 중국 이외의 그 어떤 것도 아니다"라는 것이 이 접근의 출발점이다. 전통적 관료기구, 황제 권력, 향신(鄕紳) 등의 전통적 지식인에 의한 지배와 현대 중국의 관료제, 마오쩌둥의 통치, '간부'의 역할 사이에 많은 공통점을 찾아낼 수 있다고 본다. 아울러 현대 중국을

'전통 중국'의 계승 혹은 단절이라는 좌표축에서 분석한다.

둘째, 근대화 접근, 현대 중국의 기본적 특성이 근대화·공업화를 추진하는 발전도상국이라는 점에서 출발하여("중국은 인도이며, 나이지리아이다"), 다른 발전도상국과 비교하는 연구방법을 채택한다. 군부의 대두, 정치적 군대, 인구의 도시집중, 국가 혹은 국민통합을 위한 지도자의 신격화 등 많은 개발도상국에서 일어난 것이 중국에서도 자주 보인다.

셋째, 관료기구 모델. "중국 통치기구의 핵심은 거대한 관료(제)이다"라는 확인으로부터 출발하여 중국에서의 권력투쟁과 정부가 직면하는 문제의 대다수, 그리고 그것을 해결하는 방법은 어디에서나 보이는 관료제와 공통적이라고 판단한다.

넷째, 전체주의 모델. 중국의 무엇보다 현저한 특징은 정치체계가 거의 전체 사회에 침투하고 있으며 스탈린의 소련, 히틀러의 나치 독일과 많은 점을 공유하고 있다고 본다. 칼 프리드리히(Karl Friedrich)의 전체주의 모델이 그 틀이 된다. 유일한 이데올로기, 배타적 정당에 의해 정치체계를 독점하고, 국가가 사회를 통제했던 마오쩌둥 시대의 중국을 분석하는 것은 유효하다.

다섯째, 비교공산주의 접근법. 중국정치의 본질적 특징은 사회주의(공산주의)라고 상정하고, "중국은 소련이다"라고 간주한다. 모든 사회주의 국가는 일련의 공통된 문제, 같은 발전의 패턴을 만들어낸다는 가설에서 출발한다.

여섯째, 혁명사회 접근법. 현대 중국을 아직 혁명의 한 가운데에 있는 사회의 한 예로 고려한다. 폭력, 구 제도의 파괴적 변경, 새로운 엘리트의 진출 등 혁명기에 있는 사회의 특징을 1950년대 이래의 중국에서도 살펴보고 이를 취한다. "중국은 1789년 이후의 프랑스이며, 1959년 이후의 쿠바이다"라고 고려하는 것이다.

일곱째, 정치사회학 및 정치경제학의 접근법. 국가와 사회의 관계, 국가와 경제의 관계, 시민사회론 혹은 조합주의(corporatism), '풀뿌리 민주주의론' 등이 대표적이다. 시장경제화와 격동의 한 가운데에 있는 현재의 중국에 대해 이행기의 정치사회를 분석하는 이 접근이 유용하다고 주장한다.

여덟째, 비교체제론 혹은 민주정으로의 체제이행론 접근법. 이는 세계체제로서의 사회주의가 붕괴한 1990년대 후반부터 시작된 새로운 연구이며, 중국자신의 변용도 강하게 영향을 미치고 있다. 새뮤얼 헌팅턴(Samuel Huntington)이 말하는 '민주화의 세 번째 파도'가 일어나기 시작하고 계속하여 소련·동유럽에서의 탈사회주의가 그 뒤를 쫓았다. 이로부터 권위주의 체제의 비교연구, 민주화 및 민주주의 정착의 비교연구 가운데 중국의 정치체제를 분석하고 정치변용을 고려하게 되었다.

필자가 이용해왔던 것은 주로 근대화 접근, 비교공산주의, 비교체제론이었다. 그런데 20세기 말에 특히 1992년의 '시장화를 가속하라'는 덩샤오핑(鄧小平)의 '남순 강화(南巡講話)' 이래 중국의 변화가 너무도 크고 또한 복잡한 내용을 배태하고 있다. 통상적 분석 기법으로는 감당할 수 없다고 계속 느껴왔다.

현대 중국연구의 도전

그래서 필자는 현대 중국의 격동을 따라잡고 싶다는 생각에 중국을 분석하기 위한 새로운 기법의 개발에 도전해왔다. 아래에서는 우선 중국에 대한 인식을 위한 패러다임 전환의 필요성을 논하고, 다음으로 패러다임 전환의 시도를 '세 가지의 도전'으로서 정리해보도록 하겠다.

현대 중국연구에 두꺼운 '벽'이 앞을 가로막고 서있는 것처럼 생각된다. 다양한 중국이 존재하며 그것이 다양한 방향으로 꿈틀거리고 있기에, 일괄하여 '중국이란 무엇인가'를 말하는 것 등은 논외가 되고 있기 때문이다. 게다가 중국 현실의 움직임은 역사적 경로 및 경험칙, 경험과학에서 축적되어온 '암묵의 전제'에 끊임없이 어긋나고 있다. 이것이 '패러다임의 전환'이 말해지는 까닭이다.

명·청사를 연구하는 황쭝즈(黃宗智, Philip Huang)는 1990년대 중반에 '중국 연구의 패러다임 위기'를 논했다. 그는 명·청 시기 중국에 대한 '정체된 봉건제론'과 '자본주의 맹아론' 모두 이론적으로 타당하지 않기에 패러다임의 전환이 필요하다고 강조했다. "상호 간에 다르면서 반대의 의미를 보이는 여러 분석개념 간에 공유된, 말해지는 바가 없는 암묵의 전제"를 의심할 필요가 있다는 것이다. 중국사 및 중국은 ⓐ 계층화된 자연경제와 통합된 시장, ⓑ 시민세력의 발전을 수반하지 않는 공공영역의 확대와 국가에 의한 그 독점, ⓒ 자유주의를 수반하지 않는 실정법주의, ⓓ 시민사회를 동반하지 않는 시장화 등의 '패러독스'로 가득 차 있다. 그것이 관찰자·분석자에게 패러다임 전환을 요구하고 있다는 그의 지적은 현대 중국에도 딱 들어맞는다(Huang, 1994).

　이러한 가운데 그럼에도 1990년대 이후의 중국연구에는 다음과 같은 여러 경향을 관찰할 수 있는 것으로 여겨진다.

　① 보통의 근대화 모델: 시장경제·민주주의

　② 전통에의 회귀 모델: 신유학주의(新儒學主義)·신조공체제(新朝貢體制)

　③ 동아시아 모델: 권위주의 → 민주주의로의 연착륙

　④ '중국은 중국' 모델: (경험하지 못한 새로운 모델)

　그렇다면 이러한 모델들 중에서 어떤 것이 이론적인 모델로 유효한가, 혹은 중국의 발전 모델로서 현실적인 것일까? 불합리한 것으로 가득하지만 없어지지 않는 도시·농촌의 2원 호적제도와 진정제도[陳情制度, 신방(信訪)·상방(上訪)] 등 '변하지 않는 중국'에 주목하면, ④의 '중국은 중국 모델'이 매력적으로 생각된다. 또한 민주화와 시장화가 예정된 길이라고 설정하는 '보통의 근대화 모델'은 보편적이며 공감을 얻기 쉽다. 그렇지만 중국은 그렇게 단순하지 않다. 필자로서는 ③의 '동아시아 모델'로 중국의 오늘 및 미래를 주시해가고 싶지만, 한 가지 모델에만 입각하여 현대 중국을 파악할 수 있다는 것은 결코 아니다. 애당초 일괄적으로 '중국'을 논하는 것은 불가능한 것이다.

그래서 패러다임의 전환을 위한 첫 번째 도전으로서 '현대 중국은 근대인가, 전통인가' 등과 같은 2원적 고찰, 2항 대립적 예견에 빠지게 되면 분석할 수 없다고 보고 3원적 고찰을 시도해왔다.

두 번째 도전은 중국의 '아시아화'에 대한 주목이다. '중국은 어디까지 중국적인가'를 고려하는데 있어서 아시아 국가들의 경험과 비교 검증은 매우 도움이 된다.

세 번째 도전은 제도화에 대한 주목이다. 현대 중국에서는 정책에 비해 제도는 거의 변하지 않고 있다. 격렬한 변화에 미혹되는 일 없이 정책 또는 '느슨한 규칙'의 변경이 법으로 확정될 것인지 여부와 관련하여 제도화의 추세를 지켜보는 것이 중요하다.

이와 관련하여 아래에서 순서대로 설명을 해보도록 하겠다.

a. 첫 번째 도전: 3원 구조론

개혁개방이 추진되고 1990년대 후반 들어 중국은 본격적인 구조변동의 단계에 들어간다. 그 무렵 70명 이상의 중국연구자가 7개의 팀으로 편성하여 가담했던 대형 연구 프로젝트 '현대 중국의 구조변동'에 착수했다. 참가자들 사이에 기술형 연구로부터 분석적·이론적인 연구로 들어가지 못하면 중국의 변동을 따라잡을 수 없다는 분위기가 충만했다. 공동연구를 추진하고 전문 분야 이외의 연구자들과 논의를 여러 차례에 걸쳐 계속하는 가운데 필자는 중국의 구조변동을 '3원 구조론'을 축으로 하여 다음과 같이 생각하게 되었다.

중국의 개혁개방은 3단계의 변동을 내용으로 하고 있다. 첫 번째 단계는 제1차 구조변동, 달리 말하자면 '탈사회주의'의 시기이다. 그 무렵부터 중국에서는 사회구조가 2원 구조에서 3원 구조로 이행하기 시작하는 것이 관찰되었

<표 0-2> 중국의 구조변동 개념도

기존의 2원 구조	새로운 3원 구조
국가 / 사회	국가 / 반(半)국가·반(半)사회 / 사회
중앙 / 지방	중앙 / 지방 / 말단
계획 / 시장	계획 / 반(半)계획·반(半)시장 / 시장
도시 / 농촌	도시 / 반(半)도시·반(半)농촌 / 농촌
노동자 / 농민	노동자 / 농민공 / 농민

다. 예를 들면, 1980년대 중반에 시작된 촌민자치운동은 중국의 중앙권력이 말단까지에 대한 지배를 단념한, 이른바 말단을 방임한 것을 의미하고, 중국·지방·말단의 3원 구조로의 이행이 시작되었다. 또한 소성진(小城鎭, 소도시)에 작은 기업이 일어나 거기에 농민을 흡수하는 이토불리향(離土不離鄕, 농민은 농업을 떠나도 농촌은 떠나지 않는다) 방식으로 생활했던 것은 도시도 농촌도 아닌 중간물이며, 농민도 노동자도 아닌 사람들이었다. 그들은 통상적으로 '농민공(農民工)'이라고 불렸다. 또한 시장화를 통해 커지고 있는 것은 민간기업이라기보다 영리화한 국유의 독점기업이며[우쥔화(吳軍華)는 그것을 '관제 자본주의'라고 한다(吳軍華, 2008), 국가와 사회 사이에 쌍방이 침투하는 국가와 사회의 공존 영역이 기세를 얻고 있다. 요컨대, 다양한 영역에서 3원적 상황이 만들어지고 있는 것이다(〈표 0-2〉 참조).

1990년대 후반부터 개혁개방은 '자본주의'화의 단계에 진입하여 다음과 같은 제2차 구조변동이 시작되었다. ① 국유기업의 민영화, 자발적인 이익집단의 등장 등 '돌발적'인 변동, ② 그 변동의 최저한의 제도화, 예를 들면 중앙·지방 간에 인사권·재정권·자원 이용권 등을 제도·법에 의해 확정하는 것분세제(分稅制) 등], ③ 경제적 분권이 정치적 분권으로 연결되거나 또는 말단 차원의 자치(민주적 선거)가 현(縣) 차원의 자치(민주적 선거)로 연결되는 것 등이다. 2020년대에 진입해서도 제2차 구조변동은 끝나지 않고 있다.

다음으로 제3단계, 개혁·개방의 최종 단계는 체제 변용이다. 전국적인 시장의 형성, 토지의 공유제로부터 사유제로의 전환, 권위주의 체제로부터 민주주의 체제로의 변용을 포함하여 체제변용의 단계이다. 헌팅턴에 의하면, 체제변용에는 권력 엘리트 자신에 의한 체제개혁(transformation), 권력과 반체제의 타협과 협동에 의해 만들어지는 체제이행(transplacement), 반체제 그룹에 의한 전복 등에 의한 체제전환(replacement) 등 세 가지의 유형 또는 프로세스가 상정될 수 있다(Huntington, 1995).[3]

패러다임 전환을 주장하는 황쫑즈는 매우 흥미로운 3원 구조론을 제시하고 있다. 중국을 서방의 방식대로 2항 대립, 예를 들면 국가와 사회, 계획과 시장으로 인식하는 것은 잘못된 것으로 중국에는 전근대도 근대도 현대도 대립한 2항의 사이에 '제3영역'이 있어서 고유의 구조를 만들어낸다고 한다.

"국가와 사회의 2원 대립이라는 가설은 서방측의 경험을 추상화해 이상화한 것으로 중국의 근현대에 적용할 수 없다", "국가와 사회 사이에 제3의 공간, 국가와 사회의 쌍방이 참여하는 공간이 있다"라고 말하고 있는 것이다(黃宗智, 2003).

황쫑즈는 구체적인 실례로서 세 가지의 영역으로 구성되는 중국의 사법체계 [① 성문법전·공식 법정의 정식 사법체계, ② 종족·공동체가 분쟁해결과 조정을 행하는 관습적인 법에 의해 구성되는 비공식적인 사법체계, ③ 양자 간의 제3영역 및 향진의 향보(鄕保), 촌의 정장(正長), 패장(牌長) 등 전통 중국으로부터 계속되고 있는

• • •

3 毛里和子(2000).

현급 이하의 준관료 제도를 들고 있다(黃宗智, 2003).

황쭝즈는 이러한 종류의 3원 구조는 전근대로부터 계속되고 있는데, 마오 쩌둥 시대 제3영역의 국가화가 추진되었다고 한다. 개혁·개방 후에 2원 구조에서 3원 구조로의 이행이 새롭게 나타나게 되었다는 필자의 인식과는 조금 다르지만, 황쭝즈의 논의를 부연하자면 개혁개방에 의해 마오쩌둥 시대 에 사라지게 된 것으로 간주되었던 '제3영역'이 부활했다는 논의도 가능하다. 황쭝즈는 1990년대 이후에 출현한 사영기업의 대부분은 당·국가와 얽혀 있으며 국가로부터 독립한 것, 더욱이 국가와 대항하는 것 등을 찾아 볼 수 없다고 한다. 이것은 민영기업의 성장 및 정치적 지향을 조사해왔던 브루스 딕슨(Bruce Dickson)의 연구 결과와도 부합된다(Dickson, 2007).

b. 두 번째 도전: 비교를 통해본 중국, 중국의 '아시아화'

이전에 발표한 글인 「사회주의의 변용: 중국과 러시아(社會主義の變容: 中國 とロシア)」(1994)에서는 사회주의 및 탈사회주의의 '이행' 프로세스를 '당-국가 체제'[이하 '당국 체제(黨國體制)'로 약칭], 관료제, 농촌 공동체와 농업 집단화라는 세 가지의 관점에서 비교했다. 그 결과 소련에서 사회주의가 붕괴하고 시장이 행도 잘 진행되지 않았던 것에 비해, 이제까지 중국에서는 체제가 유지되고 또한 시장이행도 그 나름대로 진전되고 있음을 다음과 같이 설명했다.

① 소련에서는 1970년대부터 당과 국가가 분리되었던 반면, 중국에서는 당이 모든 영역을 계속 통제해왔던 점, ② 소련에서는 강고한 경제관료제, 군산복합체가 체제 내 개혁을 저지했지만, 중국에서는 강고한 경제관료제가 배양되지 않았던 점, ③ 소련에서는 농업 집단화가 폭력적으로 추진되고 농 민과 전통적 농촌 사회가 파괴되었는데, 중국에서는 농민과 전통 농촌의 틀이 남아 그것이 1980년대 이래 농촌 개혁의 원동력이 되었던 점 등이다(毛 里和子, 1994).

실험을 할 수 없는 사회과학에서는 '비교'가 자연과학에서의 '실험'에 해당한다. 비교에는 세 가지의 효용이 있다고 생각한다. 한 가지는 주요 대상을 더욱 선명하게 부각시키는 것이다.

또 한 가지는 정치학자 조반니 사르토리(Giovanni Sartori)가 "비교정치학의 참신함, 특이성, 중요성은 최대한 많은 사례에 비추어 가설, 일반 명제, 가설·귀납법칙의 유효성을 체계적으로 분석하는 것에 있다"라고 말한 것처럼(Sartori, 1970), 비교를 통해 보편성과 개념화에 가깝게 도달할 수 있기 때문이다.

세 번째의 효용은 선행 사례와의 비교를 통해서 대상 사례의 미래상을 고려할 수 있다는 점이다. 경제발전으로부터 정치민주화로 연착륙한 한국과 타이완 등의 사례를 참조하고 어떤 조건이 정비되면 중국이 민주화로 나아가게 될 것인가를 상정할 수 있다.

그러나 현대 중국연구에서 러시아 및 인도와 비교한 가토 히로유키(加藤弘之) 또는 나카가네 가쓰지 등의 성과가 나오고 있기는 하지만[加藤弘之·久保亭, 『進化する中國の資本主義』(岩波書店, 2009); 中兼和津次, 『體制移行の政治經濟學:なぜ社會主義は資本主義に向かって脱走するのか』(名古屋大學出版會, 2010)], 본격적인 비교연구는 아직 많지 않다.

중국연구에서 또 한 가지 유용한 비교가 아시아 국가들과의 비교, 중국의 '아시아화'에 대해 주목하는 것이다.

〈와세다대학 21세기 COE '현대 아시아학의 창생'〉(2002~2006년)은 필자 자신의 중국연구에는 매우 도움이 되었다. 중국과 현대 아시아와의 비교연구, 중국연구의 상대화를 가능하게 했기 때문이다. 그리고 이 공동연구를 통해서 동아시아에서 공통되는 '아시아성(Asianness)'에 대해 다음과 같은 관찰을 할 수 있었다(毛里和子, 2007a).

① 서구와의 대비에서 동아시아 정치/사회가 공유하는 '공적 영역과 사적 영역의 상호침투', 정부 및 정부당(政府黨) 체제와 정치경제의 불가분성.

② 서구 사회관계의 '계약'에 대비할 수 있는 '관계성' 네트워크. 시민 혁명을 경험하지 않은 동아시아 국가들이 근대에 공유해 온 역사적 경로와 현대의 과제에 의해 규정되고 있다.

③ 동아시아의 사람들이 공유하는 정치문화와 권력관. 즉, 집단주의와 온정의 존, 패트론·클라이언트 관계의 존재.

④ 생성되어온 역사적 경로에 의해 아시아의 사회·지역관계가 갖는 농후한 복합성. 그 때문에 이질적인 문화·가치 및 종교에 대해 관용적이며 포용력이 높다.

⑤ 주권국가를 형성하면서 동시에 지역형성을 해온 아시아 국가들의 국제관계는 아세안 방식(보편적 규범, 의사결정의 방식, 외교 접근, '아시아적 가치')에 나타나는 바와 같이, 아시아적 특성을 갖지 않을 수 없다.

필자는 중국이라는 소재를 아시아라는 세계에 투입했을 때, 특히 개발독재 시기 동남아시아 국가들의 정당체제와 현대 중국의 정당체제 사이의 유사성에 놀라게 되었다.

〈표 0-3〉으로부터 명백해지는 바와 같이, 주로 1970~1980년대를 중심으로 동남아시아에서는 일당 우위의 권위주의 체제 아래에서 경제성장을 실현했다. 정치학자 후지와라 기이치(藤原歸一)는 "조직, 인원, 재정 지출에서 행정기구의 자원을 배타적으로 이용하며 행정기구와의 구별이 없어지게 된 정당"인 '정부당(政府黨)'이 "정권을 장악한 결과, 정당 간의 경합으로부터 정치권력의 장악이 사실상 탈락된 정치체제"가 만들어졌다고 생각하고, 그것을 '정부당 체제'로 개념화했다(藤原歸一, 1994). 이것은 현재 중국공산당 일당지배체제 '당국 체제(黨國體制)'라고 불리고 있다.

〈표 0-3〉 동남아시아의 권위주의 체제와 집권 정당

국가 · 최고지도자	시기	집권 정당
인도네시아 · 수하르토 체제	1966~1988년	골카르(직능단체)
싱가포르 · 리(李) 체제	1968년~	인민행동당(PAP)
말레이시아 · 마하티르 체제	1981~2002년	통일말레이인민조직(UMNO)
필리핀 · 마르코스 체제	1965~1986년	신사회운동(KBL)

동남아시아의 일부 '정부당', 특히 인도네시아의 골카르(Golkar, 직능단체)와 중국공산당 일당지배체제에는 강한 유사성이 보인다. 〈그림 0-2〉은 국가기구, 군대뿐만 아니라 모든 사회단체를 체제 내로 규합한 익찬체제(翼贊體制)로서 중국공산당과 인도네시아의 골카르를 대조한 것이다.

30여 년간 수하르토 체제를 뒷받침한 골카르는 보통의 정당이 아니다. "정부가 국내 전체 영역을 관할하는 그 행정기구와 군대기구를 직접 또는 간접적으로 활용하면서 정당이 각각의 산하에 보유한 노조, 농민단체, 부인단체, 청년단체 등의 대중조직을 '직능단체'라는 이름으로 포괄한 것이 골카르이다"(首藤もと子, 1993).

골카르는 1998년의 민주화를 통해 '보통의 정당'이 되었다. 하지만 수하르토 시대의 골카르도 오늘날 중국공산당도 모두 군과 지방정부의 공무원, 그리고 대중단체를 체제 내에 편입시키고 공고한 권력기반을 만들어 내왔다. 중앙의회의 의석도 독점했다(2/3에서 3/4, 〈표 0-4〉 참조). 당이 국가뿐만 아니라 사회에 침윤하고 익찬체제를 구축하고 사회를 통제해왔다. 이것이 수하르토 시대의 골카르 체제이자 오늘날까지 계속되고 있는 중국의 공산당 체제이다.

또한 정치학 이외에서도 일부 연구자는 '아시아 비교학'을 제창하고 있다. 학문으로서의 '아시아 경제학'이 성립될 수 있다고 생각하는 경제학 분야의

〈그림 0-2〉 중국공산당과 골카르(익찬체제 비교)

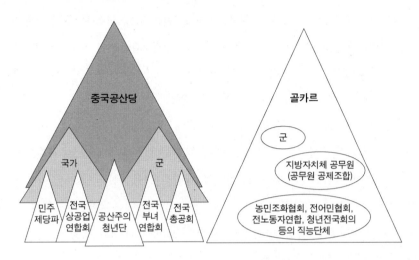

〈표 0-4〉 중국공산당과 골카르의 의석 점유율

〈골카르〉

1971년	1977년	1982년	1987년	1992년	1997년	1999년*	2004년	2009년
65.6%	64.6%	67.6%	74.8%	70.5%	76.5%	26.0%	27.7%	19.11%

〈중국공산당〉

1954년	1959년	1963년	1975년	1978년	1983년	1988년	1993년	1998년	2003년
54.5%	57.8%	54.8%	76.3%	72.8%	62.5%	66.8%	68.4%	71.5%	72.98%

※ 설명: *는 1999년부터 보통선거로 이행되었다는 것을 의미한다.
※ 자료: 골카르 관련 데이터는 大形利之(1995), 增原菱子(2010) 등을 참조, 중국 관련 데이터는 蔡定劍(2003)을 참조.

하라 요노스케(原洋之介)의 연구(原洋之介, 2003), 문화로서의 법, 제도로서의 법, 규범으로서의 법이라는 3개의 차원에서 '아시아법'을 고려하고 있는 법학 분야의 야스다 노부유키(安田信之)의 연구(安田信之 外 編, 2006) 등이 그것에 해당한다.

c. 세 번째 도전: 비교를 통해본 중국, 중국의 '아시아화'

대상의 변화가 너무 급격한 경우, 거꾸로 '변하지 않는 부분'에 주안점을 두는 편이 본질에 더 다가설 수 있게 한다. 대략 40년간의 개혁개방과 그 결과를 살펴보면 정책이 변하는 데 비해서 제도가 거의 변하지 않는 것에 주목을 하게 된다. '변하는 정책, 변하지 않는 제도'이다.

변한 제도를 살펴보도록 하겠다. 1982년에 개정된 헌법 이래, 큰 변경이 두 가지 있었다. "국가는 기본적 인권을 보장하고 존중한다"라고 처음으로 인권 조항이 삽입된 것(2004년), "공민의 합법적 사유재산은 불가침"이라고 한 것(2004년)이다(중국의 일부 법학자는, 2004년을 '입법 원년'이라고 부른다). 그 이후 물권법, 기업파산법 개정, 반독점법, 회사법[공사법(公司法)]의 개정, 노동계약법 등이 입법화되었다(揚子運, 2008).

다음으로 큰 변경은 농민의 청부경영권 승인(30년간, '농촌토지청부법'을, 2003년 채택) 및 '시장에서 모든 법 주체(국유, 공유, 사적 소유)'의 '평등한 법적 지위, 발전의 권리'에 대한 보장이다(물권법, 2007년 채택). 물권법은 획기적인 법이지만, 그 이듬해 기업국유자산법이 채택되어(2008년), 국유경제의 주도적 역할과 국유자산에 대한 국가의 강력한 보호를 재확인했으며 사적 소유의 보호가 반드시 안정적이지는 않다.

선거제도에 관련된 제도 변경은 이제 시작되었을 뿐이다. 1950년대부터 도시와 농촌의 대표권 격차가 컸는데(최대 8:1), 선거법이 2010년에 결국 "전국인민대표대회(全國人民代表大會, 전국인대)의 대표 정수는 상무위원회가 각 성, 직할시, 자치구의 인구수에 기초하여 1명의 대표가 대표하는 인구수가 도시, 농촌에서 동등하다는 원칙에 입각하여 배분을 행한다"라고 개정되었다.[4] 그

• • •

4　2010년 3월 전국인민대표대회 제11기 제3차 회의에서의 '전국인민대표대회 · 지방 각급(各級) 인민

렇지만 전면적 실시에는 아직 시간이 걸릴 것이다.

이상과 같이 개혁개방의 조치, 정책, 성과가 법으로 확정된 사례는 일부에 불과하다. 중국의 정치·사회에 관련된 제반 제도는 1950년대 중반에 만들어진 것이 많고, 1954년 헌법과 1950년대 중반의 공유제로의 이행이 오늘날까지 지속되고 있는 체제의 골격이다. 당, 국가(입법·행정·사법기관), 군대의 삼위일체 정치체제는 1950년대 중반에 제도화되었다. 오늘날까지 흔들리지 않고 있는 삼위일체를 담보하는 것은 3자를 결부시키고 있는 세 가지의 채널, 즉 ① 국가기관과 그 밖의 지도부에 의해 만들어진 당그룹, ② 당 기관 내에 설치되어 있는 행정, 사법, 입법에 대응한 대구부(對口部, 당 기관 내부에 설치된 행정 담당 조직), ③ 당 중앙조직부가 장악하고 있는 고위 엘리트에 대한 인사이다(이 책의 제1장 참조).

특히 토지 공유제는 체제의 핵심이다. 토지는 도시 지역에서 1950년대 초부터 국유, 농촌 지역에서는 농업 집단화를 통해 1950년대 후반부터 집단소유이다. 그런데 농촌에서 집단소유의 주역은 누구였을까? 실제로는 애매하다. 2003년에 시행된 '농촌토지청부법'은 다음과 같이 규정하고 있다. "농민의 집단소유 토지에서 법에 의해 촌민의 집단소유에 속하는 것은 농촌집단 경제조직 혹은 촌민위원회가 청부를 발주한다. 이미 2개 이상의 농촌집단 경제조직으로 나뉘어져 있는 농민 집단소유의 것은 촌내의 농촌집단 경제조직 혹은 촌민 소조가 청부를 발주한다 …"(제12조). 즉, 농촌에서 토지 소유 주체는 향(鄕)·진(鎭) 기업집단 등의 농촌경제조직 혹은 촌민위원회이다. 도시 지역의 경우는 기업국유자산법(2008년 공포)에 의해 국유자산 소유권을 행사하는 것은 국무원과 지방정부라고 명기되었다.

● ● ●

대표대회 선거법 개정에 대한 결정'.

토지 국유 혹은 공유는 중국공산당의 지배를 밑받침하는 초석이다. 건국 이래 70년, 공산당은 결코 토지를 포기하고자 하지 않았다. 향후에도 포기하지 않을 것이다. 시장화(자본주의화)는 토지 소유권에는 결코 미치지 않는 것이다.

또한 도시·농촌의 2원 호적제도도 1950년대 이래의 유물이다. 호적제도의 변경이 시도되지 않았던 것은 아니다. 2005년부터 일부 지역에서 '도시·농촌 통일호적제도' 등이 시험적으로 행해지고 있다. 하지만 그럼에도 농업 호적과 비농업 호적, 본지인(本地人)과 외래인이라는 이중의 구별은 엄연히 존재하고 있으며 2원적 제도 그 자체의 변혁에는 손을 대지 않고 있다.

배급 제도와 직업의 분배가 없어지고 물건과 사람 모두 도시·농촌의 경계를 넘어 움직이고 있음에도, 호적제도만 2원적으로 계속 존재하며 신분으로서의 농민이 계속 존재하는 이유는 무엇인가? 한 가지는 호적제도를 둘러싼 기득권익이 남아 있기 때문이다. 기업과 군대 모두에게 농촌의 노동력은 싸면 쌀수록 좋다. 또 한 가지는 수억 명의 농민을 도시 주민으로 하는 것에는 방대한 비용을 부담하지 않으면 안 되기 때문이다(毛里和子, 2009).

이 밖에 60년간 계속되고 있는 집단 진정(集團陳情)은 하층 민중의 이의신청으로서 정치 참여, 권력에 대한 감독 등의 다양한 기능을 갖고 있는 것으로 여겨지지만, 근대 민주제와는 본래 양립되지 않는다. 하지만 지금도 '변하지 않는 제도'로서 계속 존속하고 있다(毛里和子, 2012).

당국 체제: 속박과 신화

이제까지 일본에서의 당대 중국연구의 흐름과 특징, 당대 중국에 대한 필자의 3가지 연구 상의 도전에 대해서 논해보았다. 이 장의 마지막 부분에 현대 중국 그 자체가 갖는 지적인 막다른 골목, 환언하자면 중국 지식인을 얽매고 있는 속박, 그들이 생각하고 있는 신화에 대해서 다루어보고자 한다. 2가지의 속박, 3가지의 신화가 존재한다.

한 가지는 마르크스·레닌주의의 속박이다. 중국공산당의 리더 중 다수는 이 속박에 포박되어 있거나 혹은 적어도 그렇게 보여지고 있다. 그 내실은 자신들은 무오류이며 실수를 범하지 않는다는 '신념'이다. 또 한 가지는 이러한 당국 체제는 최고의 권력, 비교가 불가능한 권력이며, 그렇게 되지 않으면 안 된다고 하는 속박이다. 쑨원(孫文)은 과거에 정치체제가 단계에 맞추어 발전해 나아간다는 생각으로부터 군정(軍政)·훈정(訓政)·헌정(憲政)이라는 3가지의 체제를 상정했었다. 이렇게 된다면 속박을 회피하여 벗어나게 되는 부분이 있다. 하지만 마르크스·레닌주의에는 그것이 존재하지 않는다.

이러한 2가지의 속박으로부터 중국공산당은 벗어날 수 있을까? 가능하다고 한다면 언제의 일이 될 것인가?

또한 이것에 더하여 중국의 지식인들은 3가지의 신화에 갇혀 있다.

첫 번째 신화는 주권은 절대적이며 불가침이라고 하는 신화이다. 사실은 주권이라고 하더라도 침범되는 일은 있다. 주권을 초월하는 것의 존재, 예를 들면 인권을 상정하지 않으면 안 되며 주권은 절대적인 것이 아니다.

두 번째의 신화는 중국사에서 '대일통(大一統)'이 지배적이었다는 보는 관념이다. 진(秦)나라의 시황제 시대처럼, 크게 하나로 통일되어 있다고 간주한다. 하지만 이것은 실제로는 신화에 불과하다. 현실에서는 대일통의 시대는 거의 존재하지 않았으며 대일통이 훌륭하다는 보증은 없다.

세 번째의 신화는 중국이 무(武)가 아니라 문(文)이 상위에 있는 국가라고 여겨져왔던 점이다. 중국의 국제관계론, 즉 중국학파(China school)의 논의는 '문'이 항상 상위에 있는 것이 중국 문화라고 강조한다. 그리고 군사독재는 정치의 힘으로 억지할 수 있으며 국제적인 패권을 추구하는 일은 결코 하지 않는다고 여긴다. 이러한 신화가 또한 그들 자신을 속박하고 있는 것이다.

'일당지배체제'가 그 역할을 마치고 있는 중에 있으며, 다원적인 정치체제로

의 이행을 준비하지 않으면 안 된다고 어디에선가 필자는 논한 바 있다(毛里和
子, 2019). 현체제의 역할은 반드시 끝나게 된다. 하지만 그것을 종식시킬
방도가 없거나 또는 그것을 종식시키기 위한 사상적 준비가 되어 있지 않다는
것이 중국의 비극이자 고난이라고 여겨진다.

제1장
현대 중국정치의 삼위일체 체제

1. 변하는 정책과 변하지 않는 제도

70년간의 정치 변동

2019년 10월 중국은 공화국 건설 70주년을 맞이하였으며, 2021년 7월에는 주역인 중국공산당의 창당 100주년을 맞이했다. 100년 전 13명의 공산주의자가 상하이 시내에 위치한 여학교의 한 구석에 모여 비밀리에 혁명을 맹세했을 때, 100년 후 세계 두 번째 강대국의 리더로서 100세의 탄생일을 축하하게 될 것이라고 과연 누가 생각했을까? 당시 지하 회의에 참가했던 마오쩌둥을 포함해서 말이다. 또한 가난과 전화로 점철되었던 시대를 헤어나가면서 대기근을 극복하고 무법으로 가득 찬 대혁명의 악몽을 어쨌든 거치며 1970년대 말에 결국 보통의 목표, 즉 평화와 안정과 풍요를 추구하는 여행을 걷기 시작했을 때, 미국의 라이벌로서 중국이 어깨를 나란히 하게 될 시기가 도래하게 될 것이라고 과연 누가 상상이나 했을까?

70년간의 정치체제 변화를 〈표 1-1〉에서 개관하여 보았다. 내정(국내정치를 의미하며 이하 '정치'로 약칭)에 대해서는 현대사의 주류 연구자인 주자무(朱佳木, 전 중국사회과학원 부원장 및 당대중국연구소(當代中國硏究所) 소장)에 의한 전형적인

〈표 1-1〉 중화인민공화국의 70년 역사

시기: 1949~1956년	
시기 명칭	정치경제 토대 형성 시기, 소련형 사회주의가 목표
획기적 사항	한국전쟁
지도자	마오쩌둥(毛澤東), 류사오치(劉少奇), 저우언라이(周恩來)
레짐	전체주의적 체제
시기: 1956~1978년	
시기 명칭	중국형 모델의 모색 시기
획기적 사항	반우파 투쟁, 대약진운동, 문화대혁명
지도자	마오쩌둥, 4인방(四人幇)
레짐	마오쩌둥 독재, 전체주의 체제
시기: 1978~1992년	
시기 명칭	시장경제를 지향하는 중국형 탈 사회주의 모색 시기
획기적 사항	문화대혁명 종료, 11기 3중전회, 덩샤오핑의 남순강화
지도자	덩샤오핑(鄧小平), 후야오방(胡耀邦), 자오쯔양(趙紫陽)
레짐	덩샤오핑의 권위와 현실주의, 신권위주의
시기: 1992~2012년	
시기 명칭	시장경제 약진 시기
획기적 사항	덩샤오핑 시대의 종언
지도자	장쩌민(江澤民), 주룽지(朱鎔基), 후진타오(胡錦濤), 원자바오(溫家寶)
레짐	당·관료가 통치하는 독단형 권위주의 체제
시기: 2012~2022년	
시기 명칭	중국의 꿈과 패권을 추구하는 신국가자본주의?
획기적 사항	국가주석을 종신제로 변경
지도자	시진핑(習近平), 리커창(李克强)
레짐	시진핑의 개인 지배를 토대로 한 집권적 권위주의 체제

※ 자료: 朱佳木(2010)를 토대로 필자가 작성.

시기 구분을 참고로 하여 일부 내용을 수정한 것이다. 또한 2012년의 제18차 당대회에서 탄생한 시진핑(習近平) 지도부('제5세대'라고 일컬어짐)를 마오쩌둥 시대, 덩샤오핑 시대, 포스트 덩샤오핑 시대와는 구별되는 새로운 권력이라고 필자가 생각하고 있는 것은 주역인 당이 '하나의 대표'로 변모했기 때문에,

그리고 미국과 나란히 초강대국가 되어 중국의 정치 과제와 대외 과제가 지금까지와는 크게 달라졌기 때문이다.

정책 변동과 제도 정체

현대 중국의 정치, 경제, 외교를 논할 때에 가장 '중국적'이라고 생각되는 두 가지 점을 지적해두고자 한다. 우선 정치도 경제도 리더십도 변동이 대단히 격심하다는 점이다. 정책은 우로 좌로 요동치고 있으며 대외적으로도 아군이었던 상대가 일순간에 적이 되어버린다. 특히 30년 동안의 마오쩌둥 시대는 그러했다. 정책결정이 기관 또는 제도가 아니라 개인의 임의에 위임되었다는 점, 그 개인에 의한 정책결정의 대부분이 과정에 대한 강력한 개입이라는 형태를 취했다는 점 등이 정치변동의 폭을 커지게 만들었다.

하지만 두 번째의 중국적 특징은 이 책의 서장에서도 논한 바와 같이, 정책이 변하더라도 제도 및 기구는 거의 변하지 않는다는 점이다. 현대 중국의 기구는 및 제도는 1955년 무렵에 만들어진 것이며, 아래에서 살펴보게 될 당, 국가, 군의 '삼위일체 체제'가 그 전형이다. 확실히 문화대혁명의 시기에 일부가 무너지고, 또한 민주화를 지향했던 자오쯔양(趙紫陽) 시대 후기에 당, 국가, 군의 관계에 이완이 발생했지만, 톈안먼 사건(天安門事件)을 통해 완전히 구체제로 돌아갔다. 이 2가지를 예외로 하면, 기구 및 제도가 변경된 것은 대단히 적다.

'변하는 정책, 변하지 않는 제도'가 현대 중국의 특질이라고 한다면 현란한 정책 변화에 의해 눈을 어지럽힐 필요는 없으며, 제도 및 기구가 변화되었는지 여부를 주의 깊게 관찰·분석할 필요가 있다. 정책을 '용(用)'으로 삼고 제도 및 기구를 '체(體)'로 상정한다면, 전통 중국에서의 '용'과 '체'의 관계에 가깝다. 전통 왕조도 '체'를 변화시키는 것을 대단히 싫어했다.

삼위일체 체제

현대 중국 권력의 안정적 지속은 모두 당(중국공산당), 국가(의회·정부·사법기관), 군(중국인민해방군)의 '삼위일체 체제'에 의해 이루어지고 있다. 이러한 체제 및 제도, 즉 1954년 국가의 제도를 결정하고 1956년에 제8차 당대회가 집권당의 바람직한 모습, 당과 국가의 관계를 확정했던 '54/56년 체제'는 60년간 이상 계속되어왔으며 현대 중국의 기본적인 정치 틀이다. 개혁개방 이후의 지속적 고도성장과 글로벌 대국화를 가능케 했던 최대의 요건은 국내 거버넌스의 안정, 리더십의 일체성, 경제체로서 지방정부의 활성화 등의 정치적 요인이 크지만, 특히 중국공산당을 중심으로 한 당, 국가, 군의 삼위일체 체제에 결정적인 틈새가 생겨나지 않는 것이 지속적 성장을 밑받침했다. '초안정형 메커니즘'이라고 할 수 있다. 아래에서는 이러한 삼위일체 체제가 어떠한 네트워크로 연결되어 있는가에 주목하면서 3가지 행위자에 대해서 순서대로 살펴보도록 하겠다.

주지하다시피, 중국 정치에서 가장 중요한 행위자는 중국공산당이다. 국가의 정치제도 중에서 유일한 정당이라는 위상을 차지하고 있는가, 당의 권력과 의사를 국가의 정치제도 속에서 어떻게 실현할 것인가, 이것이 사회주의 국가 정치에서의 실질인 것이다.

중국 정치에서 또 하나의 중요한 행위자는 무력, 즉 중국인민해방군이다. 사회주의 국가 및 발전도상국에서 군이 정치적으로 커다란 역할을 수행하고 있는 예는 많다. 정치와 군사가 분화되지 못한 것 자체가 앞의 2가지 정치체의 두드러진 특징이다. 중국 정치에서 군은 단순한 국방력에 불과한 것이 아니다. 정치적 파워로서 커다란 영향력을 가져왔으며, 문화대혁명 시기에서처럼 정치 변화의 주역을 맡았던 일도 있다.

2. 당(중국공산당)

2-1. 공산당의 지도

현대 중국에서는 '공산당의 지도'는 신성불가침 그 자체이다. 당의 지도를 국법으로 확실히 했던 것이 1982년 헌법 전문에 명기한 '4개 기본원칙'이다. 해당 전문의 "중국의 각 민족, 인민은 계속해서 중국공산당의 지도하에 마르크스 · 레닌주의와 마오쩌둥 사상의 인도 아래 인민민주독재를 견지하고 사회주의의 길을 견지하며 … 우리나라를 고도의 문명과 고도의 민주를 지닌 사회주의 국가로 만든다"는 내용은 모든 중국 공민을 속박하고 있다.

상술한 바와 같이, 중국 정치체제의 큰 특징은 사회주의를 지향하기 시작했던 1954년 이래 3가지 행위자, 즉 당, 국가, 군이 강력한 삼위일체를 만들어내고 있다는 점이다. 당은 이 삼위일체 체제의 정점에 있으면서 국가와 군을 지도한다.

집권당으로서 당의 국가에 대한 지도는 ① 정부 및 국가기관, ② 군, ③ 정치협상회의 · 민주당파, ④ 노동조합 · 공산주의청년단(공청단) · 부인연합회 등, 4가지 분야에서 행해지며, "당 · 정권 · 군 · 인민 · 학교의 5가지 영역, 동서남북중(東西南北中)에서 당은 모든 것을 지도한다"라고까지 말해진다(2012년 제18차 당대회에서 행해진 시진핑의 연설). 이 중에서 국가기관에 대한 지도는 ⓐ 당에 대한 지시 청구 · 보고 제도와 그 채널인 당조(黨組, 국가기관 내부에 설치된 '당그룹') 또는 대구부(對口部), ⓑ 당과 정부의 연대서명 통달, ⓒ 간부, 특히 지도 간부의 임면과 관리 등에 의해 담보되고 있다.

하지만 당과 국가의 관계를 파악하는 방법은 어려우며 당정 관계는 현대 중국정치의 숙명적인 난제이다. 중국은 70년 동안 다음과 같은 3가지 모델 사이를 왕래하였다.

① 당정 분업(黨政分業): 양자 간의 기능적 분업을 추구한다. 1958년까지, 그리고 1980년대부터 2018년까지.

② 당정 불분(黨政不分): 1958년에 마오쩌둥이 당이 모두 정치설계하고 정치집행하는 체제를 만들었고, 그것은 1970년대 말까지 계속되었다. 또한 2018년 이래 다시 '당정 불분'의 상황에 있다.

③ 당정 분리(黨政分離): 체제 내 민주화의 시도로서 1987년의 제13차 당대회에서 자오쯔양은 당정 분리를 시도했지만 실패했다. 1989년의 톈안먼 사건을 통해 모든 것은 과거의 상태로 되돌아갔다.

아래에서는 그러한 점을 염두에 두면서 국가기관에 대한 중국공산당 지도의 틀을 순서대로 살펴보도록 하겠다.

당조

당조(黨組)는 1940년대 말부터 비당기관(非黨機關)의 지도부에 펼쳐져 있었던 당의 두뇌이다. 그것을 상세하게 제도화한 조례가 2019년 4월에 제정되어 공포되었으며 당, 국가, 군 체제를 밑받침하는 당조의 위상이 명확해졌다. 해당 조례 제2조는 "당조는 당이 중앙·지방 국가기관, 인민단체, 경제조직, 문화조직 및 기타 비당조직의 영도기관에 설치한 영도기구이며 해당 단위에서 영도 작용을 발휘하고 당이 비당조직에 대해 영도하기 위한 중요한 조직 형태이다"라고 규정되어 있다.

가장 중요한 역할은 당중앙의 권위를 수호하고 통일지도를 집중하는 것이다(제2조). 당조는 현급 이상의 인민대표대회, 정부, 공회, 부인연합회 등의 조직 및 중앙이 관리하는 국유기업의 지도부에 설치되는, 3명에서 9명으로 한정된 소수정예로 이루어진 당의 영도기관 그 자체이다(十八大以來常用黨內法規, 2019).

이 제도는 건국 당초부터 존재했다. 1949년 11월, 중국공산당 중앙정치국은 '중앙인민정부 내에 당위원회를 조직하는 것에 대한 결정', '중앙인민정부 내에 당조를 만드는 것에 대한 결정'을 냈다. 이를 보면 당위원회의 임무는 정책의 집행, 정부 내의 비당간부와의 단결, 국가기밀의 보호, '숨어 있는 반동분자'에 대한 감독이며, 한편 당조는 "당중앙의 정치노선과 정책의 집행을 관철시키기 위해 중앙정부에 대한 당의 지도를 강제하기 위해 중앙인민정부의 책임 공작을 맡는 당원에 의해" 조직되었다(中共黨史教學參考資料19, 1986).

당조를 구성하는 것은 조직의 정(正)·부직(副職)이다. 예를 들면, 정무원(政務院, 국무원(國務院)의 전신) 당조의 서기는 정무원의 수장(총리)에 해당하는 저우언라이(周恩來), 부서기는 둥비우(董必武), 간사는 뤄루이칭(羅瑞卿), 보이보(薄一波), 루딩이(陸定一), 후차오무(胡喬木) 등이었다(王敬松, 1995).

후술하는 바와 같이, 대약진 시기의 1958년 6월 10일 마오쩌둥이 정치방침을 확정하는 '정치설계원(政治設計院)'을 하나로 하라고 하자, 5개의 중앙공작소조(대구부)를 설치하고 당 중앙정치국 아래에 모든 것을 집중시키는 체제를 만들었다. 당조 제도는 문화대혁명 시기에 약간 변했지만 '4인방'을 추방한 이후인 1977년 여름에는 과거의 상황으로 되돌아갔다. 중국공산당 제12차 당대회(1982년)에서 "중앙과 지방의 국가기관, 인민단체, 경제조직, 문화조직 또는 기타 비당조직의 지도기관 내에 당조를 설치한다"라고 규정했다. 당조의 구성원은 이를 비준하는 상위 당위원회가 지명하도록 하였다.

그런데 정치체제 개혁을 추구했던 중국공산당 제13차 당대회(1987년)에서는 당조의 단계적 폐지, 당내에 있는 행정 담당 기구(대구부)의 폐지를 결정했다. 자오쯔양 총서기의 보고는 당의 국가에 대한 지도를 "정치지도, 정치원리, 정치방향, 중대한 정책결정에 대한 지도와 국가·정권기관에 중요 간부를 추천하는 것"으로 한정하고 다음과 같은 사항을 제기했다(趙紫陽, 1987).

ⓐ 국가기관의 각급 당위원회에 전임 서기를 두지 않는다.

ⓑ 각급 당위원회에 있었던 국가·행정기관을 총괄하는 대구부를 폐지한다.

ⓒ 정부 내의 당조를 단계적으로 폐지한다.

ⓓ 기업에 대해서는 상위 당조직에 의한 지도에서 지방 당위원회 지도로 수정한다.

그 이듬해에는 국가기관 내의 당조를 폐지하려는 움직임이 나타났으며, 국무원의 별로 중요하지 않은 부서에서는 당조가 없어지게 되었다.

일당독재하의 중국에서 이 개혁은 획기적인 것이었다. 하지만 톈안먼 사건으로 인해 개혁안은 모두 무로 돌아갔으며 당조 및 대구부도 부활하였다.

또한 당조 자체는 일당지배체제의 핵심에 해당하는 것이다. 어떤 논자는 "인민대표대회의 당조는 인민대표대회에서 당의 주장을 정부의 정령으로 바꾸고, 정부의 당조는 정부의 결정 절차에 기초하여 당의 주장을 정부의 정령으로 바꾸며, 정치협상회의의 당조는 정협을 통해서 당의 주장을 사회 각계의 합의로 바꾼다"라고 말한다(王壽林, 2003). 모든 영역 및 레벨에서 '당의 대행주의'가 훤히 들여다보인다.

대구부

1954년에 당중앙의 권위를 위협했던 가오강(高崗)·라오수스(饒漱石) 사건으로 인해 당은 중앙집권제를 강화했다. 가오강은 동북행정위원회의 주석에서 국가계획위원회 주임이 되었으며, 라오수스는 당 중앙조직부 부장이었다. 해당 사건은 가오강이 중심이 되어 중앙 권력에 반항하며 독립 왕국을 만들고자 했다는 것이다(다만 그 진상은 아직까지 명확하지 않다). 1955년 10월, 당중앙은 당중앙과 성 당위원회에 공업·교통, 재정·무역, 문화·교육의 각 공작부를 설치하고 정부 공작을 소관하는 부처로 나누어 '분구 지도(分口指導)'라는 중앙조직부의 보고(8월 1일 자)를 비판했다. 이러한 당위원회 내의 행정 담당기구[대구부(對口部)]의 직무는 간부 인사의 관리, 당의 결의 및 정책의 집행 상황에 대한 감독, 당 말단조직 활동에 대한 관리 등이다(鄭謙 外, 1988).

1957년 6월 '당천하(黨天下)'에 대한 당 내외로부터의 비판을 경계하던 마오쩌둥은 '우파'에 대한 일소를 단행했다. 이른바 반우파투쟁을 거쳐 마오쩌둥의 주도 아래 당에 의한 일원화 지도가 추진된다. 전술한 바와 같이, 1958년 6월 10일 중공중앙은 정치국에 재정·경제, 정치·법률, 외사(外事), 과학, 문교 등의 5개 그룹[소조(小組)]을 설치하고 각각에 대응하는 정부 부문을 직접 지도하게 되었다. 이 대구 부문은 정책 지도, 인사 관리, 부처 간 조정, 행정 관리 활동의 대행, 정치사상 공작의 지도 등을 행하게 된다(唐亮, 1997).

문화대혁명 시기에는 각지 및 각 단위에 당, 행정, 군사 및 교육을 모두 관할하는 혁명위원회가 만들어졌기에 당조와 대구 부문이 모두 없어졌다.

당조와 대구부가 부활한 시기는 모두 1980년대 초의 일이다. 다만 전술한 바와 같이, 정치체제의 개혁을 제기했던 1987년 중국공산당 제13차 당대회 당시 대구 부문도 폐지될 예정이었지만 톈안먼 사건으로 인해 없었던 일이 되고 과거로 되돌아갔다

또한 최근 들어 필자는 중앙 차원에서 영도소조를 분석하고 있다. 현재 중앙영도소조는 중앙정법위원회(中央政法委員會), 중앙재경영도소조(中央財經領導小組), 중앙외사공작영도소조(中央外事工作領導小組), 중앙대타이완공작영도소조(中央對臺灣工作領導小組), 중앙농촌공작영도소조(中央農村工作領導小組), 중앙당건설공작영도소조(中央黨建設工作領導小組) 등으로 배치되어 있다(吳曉林, 2009).

이 중에서 가장 막강한 파워를 갖고 있으며 정치 과정을 지배하고 있는 소조가 중앙정법위원회이다.

〈그림 1-1〉 '당과 국가의 관계' 개념도

당중앙: 행정 대구부(行政對口部), 국가 기관: 당조(黨組)

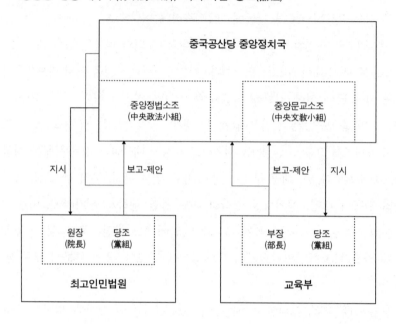

〈그림 1-1〉은 당조 및 대구부를 포함하는 당·국가 관계의 개념도이다. 당조는 중앙에 대해 보고·제안하는 채널이며, 거꾸로 대구부는 중앙 및 당으로부터 행정에 대해 지시·명령을 하달하는 채널이라는 것을 알 수 있다.

당중앙과 국무원의 연대서명 통달

다음으로 당과 행정의 일체화를 단적으로 보여주는 것이 중공중앙·국무원의 연대서명 통달이다. 최초의 연대서명 통달은 1951년의 일이다. 1955년 봄부터 많아지게 되었고 특히 1958년부터는 연간 20건 가깝게 나왔으며, 그 이후 오늘날까지 연대서명 통달은 강한 구속력을 갖는 '지시', '명령'이 되고 있다.

양자의 연대서명 통달은 1956년 10월 30일의 지시('국가 행정체제의 개혁에 대한 국무원의 결의'), 1958년 3월 6일의 결정(중공중앙에 외사소조 설치 및 국무원에 외사판공실 설치), 1979년 7월 1일의 결정(내몽골자치구 영역의 원상 회복), 1981년 2월 20일의 지시(비합법 출판물 · 비합법 조직의 폐지), 1983년 10월 12일의 통달 [인민공사(人民公社)의 해산, 향정부(鄕政府)의 회복] 등 셀 수 없이 많다. 또한 문화대혁명 시기에는 오로지 1가지 법인 '공안 6조(公安六條)' 등 여러 통달 및 결정이 중공중앙 · 국무원 · 문화대혁명소조 · 중앙군사위원회의 4자 연대서명으로 하달되었다. 이러한 연대서명 통달의 방식은 1950년대 및 1980년대에 일부로부터 비판도 제기되었지만, 지금은 일상화되고 있다. 1990년대 중국공산당 중앙조직부의 문헌은 "국가의 권력기관에 대한 당의 지도를 허가하기 위한 주요하고 또한 중요한 공작 방식이 되었다"라고 인정하고 있다(中國共產黨黨內法規制度手冊, 1997a).

'당이 간부를 관리한다'

중국공산당이 국가기관을 지도하는 틀의 세 번째는 당이 간부를 선발하고 임면하는 것이다. '당이 간부를 관리한다'는 것, 이는 1950년대부터 계속되고 있는 중국 정치의 철칙이다.

간부란 무엇인가? 이것을 정확하게 정의하는 것은 어려운 일이다. 『우리나라가 당면하고 있는 사회계급 · 계층구조에 대한 조사 · 연구 보고서(當代中國社會階層研究報告)』(陸學藝主編, 社會科學文獻出版社, 2002)는 '간부 계층'을 "당정기관(중앙 · 지방을 불문하고 당과 국가(입법 · 사법 · 행정)의 여러 기관을 나타내는 용어)의 공무원, 국유 사업단위 및 사회단체의 관리 요원, 군대 간부이며, 지도간부와 일반 간부로 나뉘어진다"고 정의하고 있다. 군 간부를 제외하고 간부의 총수는 4,113만 명이며, 그 중에는 전체의 27%(1,110만 명)를 차지하고 있는 정년퇴직 간부도 포함되어 있다고 한다(전술한 보고서, 2002).

간부는 '신분'이다. 2000년대에 들어서 세계 제2위의 경제대국이 되었지만 "중국에서는 농민, 노동자, 간부라는 '3가지 신분'이 존재하고 있다"라고 거리낌 없이 언급되고 있다(百度百科).

중국공산당은 1953년 이래 지도적 간부의 임면·관리에 대해서 직접 통제를 해왔다. 1953년 11월 24일의 결정은 간부를 군대 간부, 문교공작 간부, 계획·공업공작 간부, 통일전선공작 간부, 정법공작 간부, 대중공작 간부 등 9가지 종류로 분류하고 중앙·지방 각급으로 나누어 어디가 관리할 것인지를 정했다(中國共産黨黨內法規制度手冊, 1997a). 다음으로 1955년 1월에 '중공중앙이 관리하는 간부 직무 명칭표'가 만들어졌다. 이 리스트에 있는 간부의 임면·이동에는 모두 중앙(당 중앙조직부)의 비준이 필요해졌다. 지방 간부는 지방 당에 의해 관리 받는 것으로 이행되었다. 이러한 간부 관리 방식은 소련의 '노멘클라투라(nomenklatura)'로부터 학습한 것이다.

당은 어떻게 '간부를 관리'하는가? ① 중앙(기본적으로는 당 중앙조직부)이 임면을 직접 관리하며, ② 중앙 또는 지방 당부가 관리하는 간부 후보[후비(後備)]의 리스트를 작성하고, ③ 지방 등에 대해서는 당 중앙조직부 또는 지방 당부의 승인 및 보고를 의무화하는 등의 방식을 사용한다.

1950년대 전반 중앙은 대부분의 지도 간부를 직접 관리했지만, 그 이후 그 숫자는 줄어들고 있다. 1983년 2월 중앙이 직접 관리하는 간부를 제한한 이래, 중앙은 4,000~4,200명의 지도 간부를 직접 임명하고 있는 것(1993년 2월 12일 중국공산당 중앙조직부, '간부 관리체제를 개혁하는 약간의 문제에 대한 규정' 등)으로 여겨진다(中國共産黨黨內法規制度手冊, 1997b).

1990년대 이래 중앙이 직접 관리하는 간부는 다음과 같다(中國共産黨黨內法規制度手冊, 1997c).

① 당중앙 : 중국공산당 중앙위원회(中國共産黨中央委員會), 중국공산당 중앙군사위원회(中央軍事委員會), 중국공산당 중앙규율검사위원회(中央規律檢查委員會) 멤버 등

② 당기관 : 영도소조의 멤버, 중앙판공청(中央辦公廳)·중앙 각 부의 멤버 등

③ 국가기관 : 주석·부주석, 전국인민대표대회 상무위원, 전국정협 상무위원, 최고인민법원·인민검찰원 당조 멤버 등

④ 국무원 : 국무위원, 각 부의 부장·부부장 및 당조 멤버, 중국과학원 및 신화사 등의 책임자·부책임자 및 당조 멤버 등

⑤ 대중단체 : 전국총공회(全國總工會), 공산주의청년단, 전국부인연합회 등의 주석·부주석 및 당조 멤버

⑥ 성급 : 당위원회 서기·부서기, 정부의 성장·부성장, 인민대표대회 상무위원회 주석·부주석 등

특히 주목되는 것은 다음과 같은 국유기업·국유은행 등의 수장에 대한 인사도 당중앙이 장악하고 있다는 점이다. 즉 ⓐ 중국공상은행, 중국농업은행, 중국은행, 교통은행, 중국인민보험공사의 행장·부행장, 이사장·부이사장, ⓑ 중국선박공업집단공사(中國船舶工業集團公司), 중국석유화공집단공사(中國石油化工集團公司, SINOPEC), 중국석유천연가스집단공사, 중국석탄광석집단공사(中國石炭鑛石集團公司), 중국핵공업집단공사(中國核工業集團公司), 중국병기공업집단공사(中國兵器工業集團公司), 중국유색금속공업집단공사(中國有色金屬工業集團公司), 중국해양석유집단공사(中國海洋石油集團公司, CNOOC)의 총경리·부총경리, 당조의 서기·부서기·멤버 등이 해당된다(中國共産黨黨內法規制度手冊, 1997a).

이러한 것의 총수는 아마도 4,200명 전후인 것으로 여겨진다. 그 중에 약 1,000명이 '고급 간부'이며 당·국가기관 각 부문 및 인민단체의 부장·부

부장(주임·부주임), 지방기관의 성장 이상의 간부이다(中國共産黨黨內法規選編, 1978~1996, 1996).

지방 간부는 어떠할까? 성 당위원회의 조직부 정·부부장에 대해서는 중앙 조직부의 승인이 필요하다. 성의 청장·국장급 간부의 임면은 당 중앙조직부의 승인이 필요하다. 1990년대에 지방이 큰 재정 권한을 얻어 '지방의 시대'라고 말해졌지만, 핵심인 인사권은 중앙이 장악했으며 중앙은 여전히 지방을 통제하였다(唐亮, 2000).

간부 관련 데이터는 매우 적기 때문에, 다소 오래된 것이지만 2001년의 간부 총수 4,113만 명(군 간부는 제외)의 내역을 살펴보면 다음과 같다[≪黨建硏究≫12月號(2002), ≪人民日報≫海外版(2001.6.5)].

- 당·정(정부)·군[群, 대중단체(大衆團體)] 간부 약 700만 명 17.2%
- 사업체 관리기술요원(管理技術要員) 약 2,100만 명 50.2%
- 기업체의 관리기술요원 약 1,300만 명 32.6%

또한 4,200만 명 전후의 간부 중에서 54.4%가 대학 및 고등전문학교를 졸업하여 고학력화가 진전되고 있다[≪黨建硏究≫5月號(2002)].

3. 의회(인민대표대회)

중국의 의회: 고무도장

중국 정치체제의 특징 가운데 한 가지는 민주집중제(民主集中制)이다. 위로부터 아래로 향하는 고도의 집중이다. 애초 블라디미르 레닌(Vladimir Lenin)이 러시아 전위당(볼셰비키)의 조직 원칙으로서 제기한 것이었다. 중국공산당의 현행 당규약은 "민주를 기초로 한 집중과 집중이 지도하는 민주를 결합시킨 민주집중제를 조직 원칙으로 삼는다"라고 논하고 있는데, 국가의 정치 시스템 에까지 그것이 적용된다. 중국의 현행 헌법은 국가기관에 대해 "의사[議事, 입법부(立法府)]와 행정을 일체화한 인민대표대회 제도가 그것(민주집중)을 체현 한다"라고 규정하고 있다. 민주집중제의 실질은 하급의 상급에 대한 절대복종 이다. 이와 같은 민주집중제 아래에서 헌법상으로는 '최고의 국가권력기관'으 로 간주되는 중국의 국회, 즉 전국인민대표대회는 한정적인 직권 및 기능 등에 의해 '고무도장'이라는 야유를 받고 있다. "당위원회가 시나리오를 작성 하고 정부가 연출하며, 인민대표대회가 논평하고 정치협상회의가 구경하며 당의 기율검사위원회가 심사한다"라고 중국 정치를 일종의 단막극으로 묘사 한 표현 방식은 핵심을 찌르고 있다(遲福林 · 黃海 編, 1987).

또한 비공산당 세력과의 '협상 정치'도 중국 정치의 한 가지 특징이다. 사회 주의 체제에서는 통상적으로 일당 지배이지만, 중국에서는 민주동맹(民主同盟) 등의 '참정당(參政黨)' 또는 정치협상회의를 통한 협상 정치, 다당 협력을 강조 한다. 하지만 의회에서의 대표권 및 의안 제출권을 갖지 못하고 있는 8개의 정치조직은 정당이 아니며 유사 다당제에 이용되고 있다.

전국인민대표대회의 직권

중국의 의회는 중앙에 전국인민대표대회, 그 아래에 행정 계층마다 지방 인민대표대회가 있다. 이 인민대표대회 제도는 제도 및 실태로부터 볼 때, 전국인민대표회의는 다음과 같은 문제를 갖고 있다.

ⓐ 1975년, 1978년 헌법에서는 전국인민대표회의가 제도상으로도 중국공산당 의 지도 아래에 있었다.

ⓑ 1954년에 현행 제도로 되돌아왔는데, 의원이 너무 많으며 대표성도 대단히

취약하고 국권(국가권력)의 최고기관이라고는 말하기 힘들다.

ⓒ 200명 미만으로 구성되어 있는 상무위원회의 권한 확대는 대표민주제라는 점에서는 의구심이 있다.

ⓓ 제안권이 국무원 등에 한정되어 있고, 또한 전체회의에서 심의를 할 수 없다.

그런데 전국인민대표회의의 고유한 직권은 헌법의 제정과 개정이다. 1954년의 제1차 사회주의 헌법 이래 1975년, 1978년의 2회에 걸쳐 대폭 개정되었다. 1982년에 제4차 헌법이 공포되었고 이것이 현행 헌법이다. 오늘날까지 모두 4회에 걸쳐 부분적인 개정이 되어져왔다. 크게 개정된 사항을 제시하면 아래와 같다.

- 1988년 사영경제의 존재와 발전을 허용(제1조)
- 1988년 토지의 사용권에 대한 양도를 인정(제2조)
- 2004년 지도사상에 '3개 대표'를 삽입(전문)
- 2004년 공민의 합법적 사유재산은 침범되지 않는다는 내용을 삽입(전문)
- 2004년 국가는 인권을 존중하고 보장한다는 내용을 추가(제33조)
- 2018년 국가주석의 임직 기간에 대해 '연속 3선' 금지 조항을 삭제(제79조)

중국에서는 입법·사법·행정의 삼권을 입법부에 집중시키는 의행합일(議行合一)시스템을 취하고 있으며, 삼권분립은 기본적으로 부정된다. '국가의 최고행정기관'인 국무원은 전국인민대표회의에 완전히 종속되어 있으며 '최고의 재판기관'인 최고인민법원도 전국인민대표회의의 감독과 지배하에 있다. 권력의 '견제와 균형'에서 중요한 위헌입법심사권은 개념마저 없다.

애초 중국 정치체의 핵심은 레닌의 소비에트론에 입각한 '의행합일'이다. 인민의 선거를 통해 생겨난 의회는 인민과 직접 접해 있으며 인민에게 가장 가까운 권력이기 때문에, 선험적으로 대표성을 갖는다고 간주된다. 하지만 최근 들어서는 의행합일에 대한 의문도 많다. 전국인민대표회의의 사무청에 소속되어 있는 차이딩젠(蔡定劍, 베이징대학 법학원) 및 저우융쿤(周永坤, 쑤저우대학 법학원)은 의행합일에 대해 비판적이다(蔡定劍, 2003; 周永坤, 2006). 특히 저우융쿤은 삼권분립론은 그리스·로마로부터 연원되었기에 부르주아의 점유물이 아니며, 의행합일론은 폐기되어야 한다고 명확하게 지적하고 있다.

전국인민대표대회 의원

전국인민대표대회의 대표, 즉 의원은 예를 들어 제9기(1998~2002년)의 경우 대표 총수가 2,981명이었으며, 그 중에 지역별 할당 인원수는 2,488명, 군의 할당 인원수는 268명, 중앙의 할당 인원수는 225명이었다(蔡正劍, 2003).

의원은 겸직이다. 2003년에 처음으로 공표된 데이터에 의하면(〈표 1-2〉 참조), 제10기 전국인민대표회의의 대표(의원)는 지도 간부가 41.6%, 금융업·기업가·법률계·교수·의사·예술가 등 전문직이 약 40%를 차지하였다. 의회는 상류층의 살롱인 것이다.

핵심적인 것은 전국인민대표회의의 당파별·계층별 구성이다. 전국인민대표회의의 발족 당시에는 당원은 50% 남짓이었지만, 1960년대 이래에는 줄곧 당원이 전국인민대표회의 의원의 3분의 2 이상을 차지해왔다. 상무위원회에서의 당원 비율도 마찬가지이다(〈표 1-3〉 참조). 이리하여 당은 항상 3분의 2 이상을 장악하고 있으며 절대안정 상황에 있다.

전국인민대표회의 제도의 특징을 정리해보자면 다음과 같다.

① 국가기관에서의 당의 지도는 그 어떤 경우에도 3분의 2 이상으로 안정적이다.

〈표 1-2〉 전국인민대표대회 의원의 직업(2003)

농민	56명	노동자	30명
스포츠 선수	13명	경찰·무장경찰	48명
금융업 인사	20명	기업가	613명
의사	88명	법률계 인사	69명
작가·예술가	48명	초등학교 및 중학교 교사	51명
교수·연구자	348명	군인	268명
말단 간부	37명	지도 간부	1,240명
기타	55명	-	-
제10기 전국인민대표대회 의원		2,984명	

※ 자료: 蔡定劍(2003).

〈표 1-3〉 전국인민대표대회 의원·상무위원의 당원 비율(1954~2022)

회기(會期)		의원(%)	상무위원(%)
제1기	1954~1958년	54.5	50.6
제2기	1959~1962년	57.8	50.6
제3기	1963~1966년	54.8	58.3
제4기	1975~1977년	76.3	72.3
제5기	1978~1982년	72.8	78.1
제6기	1983~1987년	62.5	72.9
제7기	1988~1992년	66.8	69.0
제8기	1993~1997년	68.4	69.7
제9기	1998~2002년	71.5	65.8
제10기	2003~2007년	72.98	70.3
제11기	2008~2012년	70.3	*
제12기	2013~2017년	*	*
제13기	2018~2022년	*	*

※ 설명: *는 미상(未詳)을 나타낸다.
※ 자료: 蔡定劍(2003) 등.

② 문화대혁명 이전까지 약 반수였던 민주당파·무당파 대표가 문화대혁명을 통해 격감하였으며, 이는 1980년대 이후에도 변함이 없다.

③ 문화대혁명 시기에는 위로부터 하달에 의해 중국인민해방군 출신과 노동자·농민의 대표가 격증했다.

④ 1990년대 이래에는 의원의 고학력화도 현저하다. 제9기에는 80%, 제10기에는 90%가 대학 및 전문학교를 졸업했다. 지금에 이르러 전국인민대표회의는 엘리트가 모여 있는 살롱이 되었다.

선거 시스템

일정 수준 이상의 지방에는 모두 인민대표대회가 있다. 그런데 의원 선출은 다음과 같은 문제를 안고 있다.

첫째, 지역대표제가 원칙이며 도시와 농촌의 대표권 격차가 8:1로 이상할 정도로 크다. 1995년에 도시와 농촌의 대표권 격차가 일률적으로 4:1이 된 것은 일보 전진한 것이었다.

둘째, 간접 4단계 선거이다. 1970년대 말까지는 향진(鄕鎭)의 말단 차원에만 직접선거가 실시되었지만 1979년에 현급(3,000개 전후)까지 직접선거를 하게 되었다.

셋째, 경쟁선거가 아니라는 점이다. 1979년에 후보자가 정수를 넘는 '차액선거(差額選擧)'가 되었는데, 후보자는 정수의 1.5배 이내 등 한정적이다. 후보자를 예비 토의하기 위한 '민주적 협의['온양(蘊釀, yunniang)'이라고 칭한다]'를 통해 당의 지도를 침투시킨다. 또한 1970년대 말까지 계급 소속 및 정치 경향에 입각하여 선거권과 피선거권을 제한해왔는데, 1979년에 그러한 차별은 없어지게 되었다.

1951년에 류사오치(劉少奇)는 베이징시 인민대표대회에서 "보통, 평등, 직접, 무기명 투표의 선거 방식은 중국의 현실에서는 취할 수 없으며, 또한 취해서도 안 된다. 준비 공작이 모두 잘 이루어지고 중국 대다수 인민대중이 상당히 장기간의 선거 훈련을 거쳐, 그리고 대체적으로 식자가 되었을 때, 이 방식을 최종적으로 그리고 완전하게 실행할 수 있다"라고 해명했다(劉少奇, 1981). 하지만 경제 수준 및 문해율이 향상되더라도 선거제도는 근본적으로 변하지 않았다. 1987년 4월에 덩샤오핑은 홍콩특별행정구 기본법(香港特別行政區基本法)을 심의할 때에 "(직접선거는) 순서에 따라 순차적으로 추진한다. 이행기도 필요하다. 대륙에서는 다음 세기의 중반 이상을 거쳐 보통선거가 실행될 수 있을 것이다"라고 논하였다(鄧小平, 1993).

2010년에 도시와 농촌의 대표권 격차를 없애는 새로운 선거법이 결정되었다. "의원 1인이 대표하는 도시·농촌의 인구수가 동등하다는 원칙에 기초하여 각 지구, 각 민족, 각 방면이 요구하는 적절한 수의 의원수에 기초하여 배분을 행한다"(제16조)라고 규정되었다. 그리고 2013년 1월 제12기 전국인민대표회의 대표 선출부터 원칙적으로 이 새로운 법이 적용되어졌다.

4. 군(중국인민해방군)

당의 군대

중국의 무장력(중국인민해방군 200만 명 남짓, 공안부대 및 무장경찰 66만 명)은 줄곧 2개의 기준 사이에서 요동쳐왔다. 한 가지는 '혁명의 군대인가 국방의 군대인가', 다른 한 가지는 '당의 군대인가, 국가의 군대인가'이다. '전쟁의 위험은 당분간 없다'라고 인식하기 시작한 1980년대 후반부터 군은 임무를 국방에 특화하게 되지만, 당군은 계속되고 있다.

중국인민해방군은 1927년 건군 이래 중국공산당이 지도하는 군대이자, 당의 '힘의 원천'이었다. 군대 내의 당원 비율은 높다. 1949년 말에 449만 명의 당원 중에서 군대 내 당원이 23.9%였다는 기록으로부터 군대 내 당원의 수는 107만 명인데, 다시 말해 전체 군인을 400만 명이라고 할 경우에 군대 내 당원의 비율은 27%가 된다. 1964년에는 군대 내 당원의 수가 140만 명이었으므로 당원의 총수를 500만 명으로 가정할 경우, 전체 당원 중에서 차지하는 군대 내 당원의 비율은 28%이고, 1987년 말에는 군대 대 당원이 134만 명이었다. 군인의 총수를 350만 명으로 가정하면, 전체 군인 중에서 차지하는 당원의 비율은 38%가 된다. 군은 실로 당의 모체인 것이다.[5]

중국군이 타국의 군대와 다른 첫 번째 상이점은 군대의 임무가 전투·방위에 국한되지 않고 생산 활동·정치 활동도 본래의 임무로 간주되어왔다는 것이다.

두 번째 상이점은 중국공산당이 지도하는 무장력으로 계속 존재해왔다는 것이다. 신중국은 일본군과의 전투, 국민당과의 전투에 승리함으로써 탄생했다.

1938년 11월 옌안(延安)의 동굴에서 마오쩌둥은 "공산당의 한 명 한 명이 '철포로부터 정권이 생겨난다'라는 진리를 이해해야 한다. 우리의 원칙은 '당이 철포를 지휘한다'는 것이며 철포가 당을 지휘하는 것은 결코 허락되지 않는다"라고 말했다(毛澤東, 「中國革命戰爭的戰略問題」, 1936.12.).

근대화 시대의 '전략적 전환'

1980년대 중반이 되자 당의 국제정세 및 안전보장에 대한 인식이 근본적으로 변하여 군의 역할은 결정적으로 바뀌어졌다. 1984년 11월 덩샤오핑 중앙군사위원회 주석은 "국가의 총방향은 경제건설에 있다. 군대는 그 총방향에

- - -

5 각 시기의 군인 수는 중국이 공식적으로 발표한 것이다(毛里和子, 2012).

따라야 한다"라고 논하였고, 그 이듬해 5~6월 중앙군사위원회 확대회의에서 병사를 100만 명 삭감하는 '전략적 전환'을 행했다.

이 전환은 '전쟁은 가까운 장래에 일어나지 않는다'는 판단으로부터 나왔다. 이 중앙군사위원회에서 덩샤오핑은 세계전쟁을 일으킬 '자격'이 있는 것은 미국과 소련이다. 모두 '파괴적 무기'를 갖고 있으며 군사력 균형 상황이 되고 있기 때문에 그 어느 쪽도 절대 우위에 서 있지 않기에 감히 손을 댈 수 없다. 따라서 전쟁은 앞으로 상당히 긴 기간 동안 피할 수 있다고 논했다고 한다(秦耀祁 主編, 1991).

1989년의 톈안먼 사건이 중국에서의 군의 역할을 재확인할 수 있도록 만들었다. 군은 국방에 특화하는 것으로 여겨졌지만, 정치적 위기 속에서 '치안군', 즉 적나라한 강제 수단으로 모습을 드러냈다. 당군 자체가 일당독재를 밑받침하는 유일한 물리적 힘인 것이다. 하지만 문화대혁명 시기에서처럼 군의 정치화, '철포가 당을 지휘하는' 상황이 재현될 가능성은 낮을 것이다. 국제 환경이 극적으로 변화했으며 중국 자신도 경제개발 우선의 방침을 바꾸지 않고 있기 때문이다. '당이 철포를 지휘하는 것'은 중국식 문민통제인 것이다.

군 통수권

누가 중국군을 통수하는가? 1954년 헌법에서는 국가주석이 "전국의 무장력을 통솔하고 국방위원회 주석의 자리를 맡는다"라고 되어 있다. 하지만 1958년의 중앙군사위원회는 '군대의 조직·체제의 변경에 대한 결의(초안)'에서 군의 통수권이 당의 중앙군사위원회에 있다는 것을 명확히 했으며(鄭禮峰 編, 1989), 이는 오늘날까지 지속되고 있다. 근대화 정책을 채택한 1982년 헌법에서도 이 원칙은 재확인되었다. 해당 헌법은 "중화인민공화국의 무장력은 인민에게 속해 있다"(제29조)라고 천명하는 것과 함께, 중앙군사위원회(주석은 애초에는 덩샤오핑)가 "전국의 무장력을 영도한다"(제93조)라고 규정했다. 동시에 국가중앙군사위원회를 신설하고 국가에 의한 군의 장악이라는 형식을 만들었다.

당·군 관계를 명확히 했던 것은 1997년 3월 전국인민대표회의에서 채택된 국방법이다. 해당 법은 처음으로 국가중앙군사위원회·당 중앙군사위원회의 직권을 다음과 같이 정했다(제13조). 즉 ① 전국의 무장력을 통일 지휘한다, ② 군사전략과 무장력의 작전 방침을 결정한다, ③ 군의 건설을 지도하고 관리한다, ④ 전국인민대표회의·동(同) 상무위원회에 의안을 제출한다, ⑤ 군사 법규를 제정하고 명령한다, ⑥ 군의 체제와 편제를 결정한다, ⑦ 무장력 구성원의 임면 등을 결정한다, ⑧ 무장력의 장비 체제 등을 결정한다, ⑨ 국무원과 공동으로 국방 경비와 국방 자산을 관리한다는 것 등이다.

국방법의 또 한 가지 중점은 군에 대한 당의 지도를 법으로 확정했다는 점이다. 제19조에 "중화인민공화국의 무장력은 중국공산당의 영도를 받으며 무장력 내의 공산당 조직은 당규약에 기초하여 활동한다"라고 되어 있다. 왜 이 시점에서 국법으로 '당의 영도'를 새롭게 정했는가? 우선 당·국가·군의 삼위일체가 무너지는 것은 곧 체제의 붕괴로 연결된다고 하는 위기감이 중국 리더의 뇌리에 주입되어 있었기 때문일 것이다. 소련 붕괴의 계기는 당의 붕괴, 군의 당으로부터의 이탈이었으며, 한편 톈안먼 광장의 '위기'를 구해냈던 것은 원로들과 중국인민해방군이었기 때문이다(遲浩田, 1997). 다음으로 1996년 3월의 '타이완 해협의 위기'이다. 당시에 타이완에서는 독립을 지향하는 리덩후이(李登輝) 총통이 최초의 민주선거를 통해 집권할 것으로 예상되었다. 중국은 이를 막기 위해 1995년 후반부터 타이완 해협에서 미사일 발사 훈련을 계속했으며 타이완 해협은 긴장이 고조되었다. 중국인민해방군 내 젊은 장교 사이에서 대타이완 주전파가 대두하였고 지도부, 특히 외교부를 강하게 비판했다고 한다.

당중앙은 군에 대한 통제 강화에 부심했을 것이다. 어쨌든 국방법이 만들어졌지만, 군대의 '국가화'로 향하는 길은 아직 멀었던 것이다.

2개의 중앙군사위원회

기묘한 것은 당과 국가의 중앙군사위원회가 완전히 동일한 기구라는 점이다. 1954년 9월에 '중앙정치국 및 서기처 아래에 군사공작 전체의 영도를 행하는' 기구로서 당의 기관이 발족되었다. 하지만 1958년 중반의 중앙군사위원회 확대회의에서 '군대의 조직·체제에 대한 결의(초안)'는 중앙군사위원회가 당중앙의 군사공작 부문, 전군을 통일적으로 지도하는 통수기관이며 군사위원회 주석(마오쩌둥)이 전군의 통수라고 규정했다.

그 이후 문화대혁명 시기에는 군의 정치화, 이어서는 군사독재로 향하는 움직임이 진전되어 혼란에 빠졌다. 1982년에 '전국의 무장력을 영도하는' 기관으로서 국가중앙군사위원회가 신설되어 오늘날에 이르고 있다. 국가중앙군사위원회를 만들면 당의 군에 대한 지도가 무너지는 것이 아닌가 하는 우려에 대해, 당시의 한 통달(通達)은 "국가중앙군사위원회의 설치는 군대에 대한 당의 지도를 약화시키는 것이 되지 않는다. … 당과 국가의 중앙군사위원회는 실제로는 하나의 기구이며 구성원 및 군대에 대한 영도 기능이 완전히 동일하기 때문이다"라고 설명했다(張天榮 外 編, 1989; 陳斯喜 外, 2001).

군의 이익집단화

중국의 군은 '무장한 당(黨)'이다. 옛 소련과 비교해보면 그 특질이 분명해진다. 소련에서의 군은 당과 분리되어 하나의 직능집단을 형성하였다. 당이 아니라 경제관료제와 결합함으로써 '군산복합체'를 만들고 완강한 현상유지 세력으로서 페레스트로이카에 저항했었다. 1991년 8월 소련 보수파의 최후의 쿠데타를 '3일 천하'로 끝나도록 만들었던 것도 군이 정치, 즉 당으로부터 떨어져 있었기 때문이다.

1990년대 말부터 '전쟁을 피할 수 있다'는 국제 상황, 걸프전 이후 세계에서의 전쟁 형태의 격변, 40년 동안 계속되어진 경제성장으로 세계 제2위의 경제대국으로 중국은 도약했다. 이로 인해 군의 위상에 중요한 변화가 생겨났던 것으로 여겨진다.

1997~1998년에 당·군 관계가 변화했다. 한 가지는 중앙정치국 상무위원회에 진입했던 류화칭(劉華淸, 해군 사령관)이 물러나면서 군이 중앙정치국에서 자신의 이익을 직접 대변할 수 있는 채널이 없어지게 되었다. 또 한 가지는 1998년 중공중앙의 통달(通達)에 의해 군의 경제 활동이 전면적으로 금지되었다. 바오리기업집단(保利企業集團, 1984년 중국인민해방군이 만들었던 바오리과학기술공사(保利科學技術公司)가, 1999년 국무원 산하로 들어가 무기 생산 등의 다각적 경영을 하였음) 등의 경영에 영향을 미쳤다.

2002년 군의 4개 총부(총참모부, 총정치부, 총장비부, 총후근부)와 해군·공군·제2포병의 각 사령(사령관)이 국가중앙군사위원회·당 중앙군사위원회의 정규위원이 되었으며, 중앙군사위원회와 중국인민해방군의 관계는 말끔해지게 되었던 것처럼 보인다. 한편 이 사이에 국방예산의 급격한 증가가 있었다.

이 책 제4장 1절의 〈그림 4-1〉은 1990년 이래 공표된 국방비 총액의 추이를 나타내고 있다. 매년 두 자릿수 대의 성장은 1990년대 후반부터 군의 국방예산 증가가 정치국 차원에서 컨센서스가 이루어졌다는 것을 의미하고 있다. 그 결과 2004년부터 15년 동안 중국의 국방비는 5배로 증가하게 된다.

1990년대 말부터 중국외교 또는 군을 둘러싼 상황에 일정한 변화가 발생했다. 이 책의 제5장에서도 설명하고 있는 바와 같이, 외교부의 비중이 줄어들고 그 대신에 경제관청, 국유기업, 금융자본, 석유자본, 지방정부 등의 '새로운 관여자'가 외교에 등장해온 점이다. 인터넷 사용자도 '새로운 관여자'이다. 스톡홀름 국제평화연구소(SIPRI)의 2010년 보고서가 '새로운 관여자'로서 삼았던 것은 상무부(商務部), 지방정부, 대기업, 연구자, 네티즌 등이었다. 특히 석유자본 등의 에너지 관련 대형 국유기업 및 중국수출입은행, 국가개발은행 등의 중앙 금융기관, 지방정부가 운영하는 국제경제 기술 기업집단 등이다. 바오산철강공사(寶山鐵鋼公司), 중국석유천연가스집단공사(中國石油天然氣集團公司, CNPC), 중국석유화학공업집단공사(SINOPEC), 중국해양석유집단공사 등이 국제적으로 거대화되면서 그들의 구체적 이익이 때로 '중핵적 이익', 국가적 이익으로서 떠오르게 되었다. 이 보고서는 이러한 상황을 '파편화된 권위주의(segmented authoritarianism)'이라고 일컬었다(Jakobson and Knox, 2011).

또한 중국의 무기 수출도 늘어나고 있다. 이것도 이 책의 제5장에서 다루고 있는 바와 같이, SIPRI가 2015년 3월 발표한 국제 무기거래 보고서에서는 2010~2014년의 5년간 세계의 무기거래량은 2005~2009년까지에 비해서 16% 증가하였으며, 국가별 수출량에서는 2005~2009년에 9위였던 중국이 2010~2014년에는 독일, 프랑스 양국을 제치고 미국과 러시아에 이어 3위로 부상하였다. 주요 수출 대상국은 파키스탄(41%), 방글라데시(16%), 미얀마(12%)였다["中國武器輸出3位に上昇", 朝日ネット(2015.3.16)].

아울러 군 장교의 고학력화가 진전되고 있다는 점도 주목된다. 2001년 말 시점에서 군에는 박사학위·석사학위 취득자가 2만 6,000명이었으며 약 1,000명이 유학을 경험했고, 작전 부대에서 고급 지도부(장교급)의 대학 및 전문학교 졸업생 비율은 군단에서 88%, 사단에서 90%, 여단에서 75%였으며, 중국인민해방군 장교 전체에서는 71.8%에 달했다(蕭裕聲, 2003).

삼위일체 체제의 아킬레스건?

이러한 가운데 당·군 관계가 당, 국가, 군의 삼위일체를 위태롭게 만드는 아킬레스건이 될 가능성이 출현하게 되었다. 군이 이익집단으로서 정치 및 외교에 개입하는 움직임을 보이고 '당이 군을 지휘하는' 체제에 대해 공개적으로 '이론(異論)'을 제기하게 되었던 것이다.

그러한 점도 영향을 미쳤는지는 몰라도 2011년 9월, 국무원 신문판공실(新聞辦公室)의 '평화발전 백서(平和發展白書)'인 『중국의 평화발전(中國的和平發展)』은 '중국의 핵심적 이익'을 ⓐ국가의 주권, ⓑ국가의 안전, ⓒ영토 보전, ⓓ국가의 통일, ⓔ중국 헌법이 확립한 국가의 정치제도와 사회의 대국적(大局的) 안정, ⓕ경제사회의 지속가능한 발전 등의 6가지로 확정했다. ⓔ와 ⓕ가 '핵심적 이익'에 포함되었던 것은 이때가 처음이다(平和發展白書, 2011). '국체의 수호' 자체가 당에게 있어서 가장 중요하며 수호해야 할 '국가이익'인 것이다.

거꾸로 당·군 관계를 재검토하려는 움직임도 있다. 법학자 마링[馬嶺, 중국청년정치학원]은 현행 헌법과 국방법 등의 군사 관련 법 및 당의 내규 사이에 존재하는 마찰을 다음과 같이 제기했다(馬嶺, 2011).

- 국방 또는 침략에 대한 저항 등의 의무 이외의 것을 '무장력의 임무'로 삼고 있는 것은 이상한 일이다.
- 중앙군사위원회 주석은 중국의 공직이자 유일한 종신제인데, 임기를 설정해야 한다.
- 중앙군사위원회를 전국인민대표회의에서 책임지도록 하고 전국인민대표회의의 감독을 받는 보통의 국가기관으로 변경해야 한다.

즉 실질적인 '군대의 국가화'를 위한 첫걸음이 되는 제안이다. 마지막으로 반부패 캠페인에 대해서 논해보도록 하겠다. 부패 및 반부패 전반에 대해서는 이 책의 제3장에서 논하고 있는데, 군에 있어서는 2012년의 제18차 당대회 이래로 한정하더라도 쉬차이허우(徐才厚, 중앙군사위원회 부주석), 구쥔산(谷俊山, 총후근부 부부장), 양진산(楊金山, 청두군구 부사령관), 궈정강(郭正鋼, 저장군구 부정치위원)이 오직[汚職, 관도(官倒)]·수뢰·직권 남용 등의 혐의로 구속되었다.

궈정강은 쉬차이허우와 함께 군사위원회 부주석을 맡았던 군 출신 수장이었던 궈보슝(郭伯雄)의 아들이다. 또한 쉬차이허우는 1년 남짓의 투병 끝에 2015년 3월 15일 방광암으로 사망했다. 가택 수색의 결과 은닉한 현금이 1톤을 넘었던 것으로 말해질 정도로 거액의 돈이 있었으며, 군대 인사를 철저하게 돈을 토대로 움직였던 것으로 간주되고 있다(財經網, 2015.3.16). 시진핑 아래에서 반부패 캠페인이 무엇을 의미하는 것인지, 군을 타깃으로 삼았던 이유는 무엇인지, 왜 중국의 군의 수장이 이처럼 오염되었는지에 대해서는 더 많은 자료와 분석이 필요하지만 어쨌든 당·군 관계는 현체제의 아킬레스건이라고 여겨진다.

5. 수뇌부 7명의 통치집단

이상이 현대 중국정치의 권력을 구성하는 당, 국가, 군의 삼위일체 체제이다. 이에 기초하여 중국의 통치집단을 구성하는 것은 다음과 같다. 총서기를 수반으로 하는 7명의 중앙정치국 상무위원회, 25명의 중앙정치국 위원회와 7명의 중앙서기처(中央書記處), 10명 미만의 중앙군사위원회 외에, 60명 전후의 지방의 리더 집단(당 서기와 수장)이다. 합계 100명 전후의 수뇌 집단에 의한 과두 지배이며, 오랫동안 이 점에는 커다란 변화가 없다.

시진핑 체제의 수뇌부 7명

여기에서는 시진핑 체제가 발족한 이후인 제18기(2012~2017년)와 제19기(2017~2022년)의 당 리더십을 중앙정치국 상무위원회의 7명의 리스트를 통해 제시해보도록 하겠다.

이 제18기와 제19기 두 시기의 리더십의 특징을 각각 열거해보면, 우선 제18기의 경우에는 다음과 같다.[6]

〈표 1-4〉 수뇌부 7명: 제18기(2012~2017) · 제19기(2017~2022) 중앙정치국 상무위원회

제18기 중앙정치국	
인물	직책
시진핑(習近平, 1953~)	총서기, 중앙군사위원회 주석, 국가주석
리커창(李克强, 1955~)	국무원 총리
장더장(張德江, 1946~)	전국인민대표대회 위원
위정성(兪正聲, 1945~)	전국정치협상회의 주석
류윈산(劉雲山, 1947~)	중앙서기처 서기
왕치산(王岐山, 1948~)	중앙기율검사위원회 서기, 부총리
장가오리(張高麗, 1946~)	부총리
제19기 중앙정치국	
인물	직책
시진핑	총서기, 중앙군사위원회 주석, 국가주석
리커창	국무원 총리
리잔수(栗戰書, 1950~)*	전국인민대표대회 위원장
왕양(汪洋, 1955~)*	전국정치협상회의 주석
왕후닝(王滬寧, 1955~)*	중앙정책연구실 주임
자오러지(趙樂際, 1957~)*	중앙기율검사위원회 서기
한정(韓正, 1954~)*	부총리

※ 설명: *는 신임(新任) 상무위원을 의미한다.

① 수뇌부 7명(top seven)은 시진핑·리커창(李克强)의 2명을 제외하면 모두
   60세 초반의 나이이며 70세 정년 규칙으로부터 논하자면 제19기까지 계속
   될 수 없는 과도적인 체제였으며, 게다가 상당히 보수적인 진용이었다.
② 하지만 일반 정치국원 중에는 나이가 젊고 개혁적인 인재가 많으며, 그들은
   다음의 제6세대 리더 집단을 형성하게 될 것으로 전망된다.

• • • •

6 2022년 10월 23일 발족한 제20기 중앙정치국 상무위원회의 구성은 다음과 같다. 시진핑(직책:
   총서기, 중앙군사위원회 주석, 국가주석), 리창(李强, 1959~)*, 자오러지, 왕후닝, 차이치(蔡奇,
   1955~)*, 딩쒜샹(丁薛祥, 1962~)*, 리시(李希, 1956~)*. *는 신임 상무위원을 의미한다. _옮긴이

〈표 1-5〉 제18기 · 제19기 중앙군사위원회의 멤버

직책	제18기(2012)	제19기(2017)
주석(主席)	시진핑(習近平, 1953~)	시진핑
부주석(副主席)	판창룽(範長龍, 1947~) 쉬치량(許其亮, 1950~)	장유샤 쉬치량
위원(委員)	창완취안(常萬全, 1949~) 팡펑후이(房峰輝, 1951~) 장양(張陽, 1951~) 자오커스(趙克石, 1947~) 장유샤(張又俠, 1950~) 우성리(吳勝利, 1945~) 마샤오톈(馬曉天, 1949~) 웨이펑허(魏鳳和, 1954~)	웨이펑허 리쭤청(李作成, 1953~) 먀오화(苗華, 1955~) 장성민(張昇民, 1958~)

③ 공산주의청년단 출신자가 많이 발탁되었다. 일반 정치국원 및 중앙서기처 서기 21명 중에서 10명이 중앙 또는 지방의 공산주의청년단에서 활동했던 이른바 '퇀파이(團派)'였다. 군인 2명이 중앙정치국에 진입했다는 것도 주목된다.

④ 중앙위원회의 멤버 가운데 다수는 젊고 초고학력이다. 새롭게 선출된 중앙위원 205명 중에서 1960년대 출생자는 60%를 차지하였으며, 학력은 95%가 대학 졸업자였으며, 65%가 석사학위를, 14%가 박사학위를 소지했다.

그렇다면 2017년 출범한 제19기는 어떠한가? 수뇌부 7명에게는 다음과 같은 특징이 있다.

ⓐ 시진핑을 포함해 전원이 1950년대 초반에 출생했으며 현재 60대 연령의 숙련된 인재이다.

ⓑ 수뇌부 7명의 대부분이 지방 간부로부터, 혹은 공산주의청년단 간부를 역임하며 거기에서 단련 받은 당 관료이다.

수뇌부 7명의 결정에 기초하여 당의 중앙군사위원회 멤버가 정해졌고, 그 이듬해 3월에는 그대로 국가중앙군사위원회 위원으로 임명되었으며 군의 최고지도부 체제가 확정된다. 제18기·제19기에 대해서는 〈표 1-5〉에서 제시되고 있는 바와 같다.[7] 그런데 군에 대해서는 그 지도 체제 및 무기 체계의 근대화 등이 급격하게 추진되었는데 인재의 확보, 세대교체는 매우 어려운 사안임에 틀림없다.

시진핑의 '중국의 꿈'

그런데 2013년 국가주석이 된 시진핑은 어떠한 인물인가? 시진핑은 1953년 6월 베이징에서 출생하였고[원적은 산시성(陝西省) 푸핑현(富平縣)] 그의 부친은 혁명의 제1세대이자 전 부총리였던 시중쉰(習仲勳)이기에 '태자당'으로 분류된다. 칭화대학(淸華大學) 인문사회학원에서 마르크스주의 이론을 학습하였고 문화대혁명 중에는 산시성의 옌촨현(延川縣)으로 하방되었으며, 1969년에 중국공산당에 입당하였고 1975년부터 칭화대학 화공학부에서 학습하였다. 1979년부터 국무원, 그 이후 허베이성(河北省), 푸젠성(福建省), 저장성(浙江省) 등에서 근무한 이후 2007년부터 정치국원에 발탁되었고 중앙군사위원회 부주석 및 국가부주석으로 선발되었으며, 2012년에 14억 명의 정점에 서게 되었다. 제18차 당대회를 끝마친 시진핑 신임 총서기는 500명의 내외 기자들 앞에서 부패, 관료주의 등과 싸우면서 5,000년의 문명대국에 대한 중대한 책임을 짊어지겠다는 결의를 다음과 같이 말했다(2012년 11월 15일). "책임은 태산처럼 무겁고 갈 길은 멀다. 우리는 인민과 한마음이 되어 … 밤낮을

• • • •

7 제20기(2022년) 중앙군사위원회의 구성은 다음과 같다. 주석: 시진핑, 부주석: 장유샤, 허웨이둥(何衛東, 1957~), 위원: 리상푸(李尙福, 1958~), 류전리(劉振立, 1964~), 먀오화, 장성민. _옮긴이

가리지 않고 일하면서 근면하게 역사를 향하여 인민으로부터 합격점을 받는 답안을 제시하지 않으면 안된다".

시진핑 총서기가 처음에 호소했던 것이 '중국의 꿈(中國夢)'이다(2012년 11월 29일). "중화민족의 위대한 부흥을 실현하는 것 자체가 중화민족의 근대 이래 가장 위대한 꿈이다"라고 천명했다. 구체적으로는 "중국 특색의 사회주의의 길을 걸어 나아가며", "국가의 부강, 민족의 진흥, 인민의 행복"을 실현하는 것이다. 그의 뇌리에는 '2개의 100년', 즉 하나는 중국공산당 창당 100주년 (2021년), 다른 하나는 건국 100주년(2049년)이 존재하고 있다.

그러나 이 '꿈'에 다가서기 위해서 새로운 지도부는 통치를 위태롭게 만들 것으로 여겨지는 3가지의 난제에 조치를 취하게 되었다. 우선 부정부패와 대중적 항의 사건으로 상징되는 일부 부유 특권계급과 대중 간의 긴장을 어떻게 완화시킬 것인가. 또 한 가지는 민족주의의 확산과 군사력 강화, 석유 등의 이권의 확보에서 강력하며 또한 강경해지고 있는 중국인민해방군 등 일부 세력을 정치적으로 어떻게 통제할 것인가. 더 나아가 난처한 일로서 신장(新疆), 티베트, 홍콩, 타이완 등 국가의 통합을 위협하는 '국가성(國家性, 제6장 참조) 문제'를 어떻게 처리할 것인가 등이다. 이와 관련된 조치는 모두 현재도 이어지고 있다.

6. 중국공산당의 변화와 기업가의 정치화

2012년에 '시진핑 시대'가 시작된 이래, 두드러진 변화가 2가지 있다. 경제성장에 의한 사회 변용을 반영하여 ① 주역인 중국공산당의 변화가 현저해졌다.

간부와 농민의 당에서 엘리트와 '가진 자의 당'으로 변화한 것이다. 그리고

〈표 1-6〉 중국공산당 당원의 직업 구성(2002~2018)

	2002년 6월	2007년 6월	2008년 말	2009년 말	2013년 말	2018년 말
당원 수(만 명)	7,239.1	7,336.3	7,593.1	7,799.5	8,868.6	9,059.4
공인(工人)(%)	45.1*	10.8	9.7	8.9	8.5	7.2
농업·목축업·어업(%)		31.5	31.3	30.8	29.7	22.6
기관간부·기업관리·기술요원(%)	28.0	29.1	30.4	31.2	36.6	
학생(%)		2.6	2.6	2.9	3.0	1.9
이직자·퇴직자(%)	16.4	18.8	18.8	18.6	18.3	20.0
군인·무장경찰(%)		2.2				
기타 직업(%)	5.6	5.0	7.4**	7.6	7.9**	
학력 및 기타(%)						
전문대학·대학 이상의 학력자		31.1	34.0	35.7	41.6	43.6
여성 당원		19.9	21.0	21.7	24.3	
소수민족 당원		6.4	6.5	6.6	6.9	
35세 이하 당원		23.7	23.5	23.7	24.5	

※ 설명: *는 공인(工人, 노동자), 향진기업(鄕鎭企業)의 직공(職工), 농업·목축업·어업을 합계한 숫자.
　　　　**는 군인을 포함하는 여부가 명확하지 않음.
※ 자료: 중국공산당 중앙조직부의 자료(신화사 발표).

② 시장경제화 속에서 사영기업가가 입당하여(그 때문에 중국공산당의 변화이기도 함) '기업가의 정치화'가 현저해졌다. 모두 20세기 말부터의 추세적인 변화이지만 두드러지게 눈에 보이게 되었던 것이다.

중국공산당의 변화와 3개 대표론(三個代表論)

세계 최대의 정당[8]인 중국공산당의 변신은 다음과 같다. 첫째, 1990년대 말부터 노동자·농민이 절반을 차지하고 그 한편으로 당 및 국가기관·기업의 간부(관료와 기업가)가 30% 이상을 차지하게 되었다는 것이다〈표 1-6〉 참조).

둘째, 당원의 학력이 급격하게 높아져 중국공산당 제17차 당대회(2007년) 이래 대학 졸업 및 전문학교 졸업의 비중이 일반 당원에서 30%를 넘었고(2013년 말 자료에서는 41%를 넘었음), 중앙위원에서 98%, 정치국원에서 99%를 넘게 되었다는 점이다. 셋째, 2002년 제16차 당대회 결정 이래 사영기업가가 새로운 세력으로서 당에 진입하게 되었다는 점이다. 2000년 시점에서 그들의 30%가 입당했던 것으로 여겨진다. 중국공산당의 '엘리트의 당' 및 '부유층의 대표'로의 변신은 중국 정치의 안정 및 민주화에 어떠한 의미를 갖게 될 것인가? 당은 새로운 정당성을 조달할 수 있을까?

제16차 당대회(2002년)에서의 보고의 중점은 '3개 대표(三個代表)'론이었다. 당대회에서의 정치보고는 '3개 대표'론을 "장기간 견지해야 할 지도사상, 집정의 기초, 힘의 원천"이라고 하며 "합법적인 비노동 수입을 보호한다"라고 천명했다. 중국공산당이 노동자·농민의 계급정당으로부터 국민정당, 나아가서는 엘리트의 당으로 거듭난 순간이다. 새로운 당규약 총강은 당이 "중국 선진 생산력의 발전 요구(中國先進生産力的發展要求, 자본가), 중국 선진 문화의 전진 방향(中國先進文化的前進方向, 지식인), 가장 광범위한 인민의 근본 이익(最廣大人民的根本利益, 노동자·농민)이라는 (3가지) 대표이다"라고 하며, '3개 대표'론이 "당의 이론적 무기, 입당(立黨)의 토대, 집정의 기초, 힘의 원천이다"라고 규정했다. 당원의 자격에 "기타 사회계층의 선진분자"가 더해지고, 당원 충원(recruit)의 대상도 '청년' 일반이 되었다(≪人民日報≫2002.11.18, ≪人民日報≫ 2002.11.29).

매우 흥미로운 것은 이 무렵부터 당내 이론파(異論派)가 현실적으로 허용되

• • •

8 1억 명에 가까운 당원을 보유하고 있는 거대한 조직을 정치학에서 말하는 통상적인 정당으로 볼 것인가 하는 문제를 내포하고 있지만 말이다.

었다는 점이다. 2001년 장쩌민(江澤民)의 창당 80주년 강화(講話, 3개 대표론, 사영기업의 입당을 허가)에 대해서는 기탄없는 활발한 논의가 이루어졌다. 한편으로 덩리췬(鄧力群, 1982~1985년의 당 중앙선전부장), 위안무(袁木), 우렁시(吳冷西) 등 보수파 원로가 '의견서'를 제기하며 계급성 자체가 당의 기본적 속성이고 사영기업가의 입당은 중대한 당규약 위반이며, 당대회 및 중앙위원회에 자문을 구하는 절차 없이 개인적으로 강화를 발표한 장쩌민에 대해 중대한 당규약을 위반했다면서 탄핵했다(新觀察網, 2001.7.22).

다른 한편으로 당 밖의 개혁파 및 리버럴파는 ① '3개 대표'론은 중대한 돌파이자 환영을 받을 일이고, ② '중국사회당'으로 당명을 변경하는 것도 고려해야 하며, ③ 당내에서의 경쟁, 정책 방면에서의 당내 분파를 인정해야 하고, ④ 당내에서 결정권, 집행권, 심사권의 삼권분립을 행해야 한다는 것 등을 제언했다(曹思源, 2002).

그만큼 당이 다양화되었던 것이다. 2006년에는 '신시산회의파(新西山會議派)'라는 일종의 '이론 그룹'이 생겨났는데, 이것은 엘리트 내부에 중대한 분기(分岐)가 존재하고 있으며 리버럴파가 결집하여 당내 이론파(異論派)를 형성하고 있다는 것을 보여주는 것이었다. 가오상산(高尙山, 신시산회의파 회장), 장웨이잉(張維迎, 베이징대학), 장수광[張曙光, 베이징톈쩌경제연구소(北京天則經濟硏究所)], 법학자 허웨이팡(賀衛方, 베이징대학) 등이 이 그룹을 이끌었다(加藤弘之, 2009).

고학력화와 엘리트화

당의 변신이 가장 분명해진 것은 2000년대에 들어서면서부터이다. 당원의 구성 등에 대한 공식적인 자료는 부족한 상황이지만, 어쨌든 수집한 2002년, 2007년, 2008년, 2009년, 2013년, 2018년의 당의 조직 상황에 대한 (당 중앙조직부의) 자료(〈표 1-6〉 참조)로부터 다음과 같은 사항을 지적할 수 있다.

- 2009년에는 전체 당원 중의 노동자 · 농민은 40% 미만이 되었으며 간부 · 전
  문가의 비율이 높아졌다.
- 2018년 말에는 대학 · 전문대학 졸업(2018년 말 자료에서는 종합대학 · 단과대학
  졸업)이 당원 9,000만 명 중의 43%를 넘으며 약 3,900만 명이 되었다. 직위
  (rank)가 높아질수록 당원의 고학력화는 현저하며 2012년 중국공산당 제18차
  당대회에서 선출된 중앙위원 및 중앙후보위원(정식명칭은 '중앙위원회 후보위
  원'_옮긴이) 380명 중에 대학 졸업자의 비율은 98.5%였던 것으로 알려져 있다.

이상과 같이, 1980년대 중반부터 노동자 · 농민의 당으로부터 간부의 당,
엘리트의 당으로 변화가 시작되었다. 1990년대 후반에는 결정적이 되었는데,
2000년대 이래 그것이 더욱 현저해지게 되었다는 것을 알 수 있다. 개혁개방
정책이 '부유한 자'에게 유리해졌다는 것과 '엘리트의 당'으로 변질되었다는
것 사이에는 관련성이 있다.

새로운 행위자: 민간기업가와 그 정치화

시장화의 진전으로 민간기업가(私營企業家)가 등장하고 그들이 당내에서 하
나의 세력을 형성하고 있는 중이라는 점도 당의 변신을 가져오고 있다. 아래
에서 제시하고 있는 〈표 1-7〉은 1990년부터 2010년에 이르는 20년 동안의
민간기업의 발전을 나타내고 있다. 1990년에 10만 개 미만이었던 민간기업은
그로부터 20년 후에 800만 개를 넘게 되었다(바이두백과(百度百科)에 의하면, 2018
년 말에는 1,561만 4,000개였다). 그러한 사영기업에서 일하는 종업원은 150만
명에서 7,600만 명으로 급증했다. 또한 이른바 민간기업의 80%는 유한책임
회사(有限責任公司)이다(汝信 外 編, 2012).

그들의 정치 지향을 2가지 자료로부터 살펴보도록 하겠다. 첫 번째의 것은
잡지 ≪차이징(財經)≫에 게재된 2002년의 자료이다〈표 1-8〉 참조). 민간기업

〈표 1-7〉 민간기업가 계층의 20년(1990~2010)

년도	1990년	1995년	2000년	2005년	2010년
기업주 (만 명)	22.4	134.0	365.3	1,109.9	1,794.0
민간기업 [만 호(戸)]	9.8	65.5	176.2	430.1	845.5
등록자본 총액 (억 위안)	95.2	2,621.7	13,307.7	61,331.1	192,000.0
고용 노동자 (만 명)	147.8	822.0	2,011.1	4,714.1	7,623.6
공업 생산액 (억 위안)	121.8	2,295.2	10,739.8	27,434.1	–
영업액 (억 위안)	51.5	1,499.2	9,884.1	30,373.6	–
납세액 (억 위안)	2.0	35.6	414.4	2,715.9	8,202.1

※ 자료: 汝信 外 編(2012), p.274.

〈표 1-8〉 민간기업가가 관여하고 있는 정치조직(2002)

전국공상업연합회	79.0%
각종 협회 조직	48.0%
정치협상회의	35.1%
중국공산당	29.9%
인민대표대회	17.4%
민주당파	5.7%
공산주의청년단	2.0%

※ 자료: ≪財經≫온라인판(2003年5月).

가의 약 80%가 당이 인가한 유일한 기업가 조직인 전국공상업연합회[전체 명칭은 중화전국공상업연합회(中華全國工商業聯合會)_옮긴이]에 소속되어 신변의 안전을 도모하고 있다. 매우 흥미로운 것은 중국공산당에 몸을 맡기고 있는 자가 약 30%라는 사실이다. 기업가들은 정치조직(권력)과 어쨌든 관계를 맺고 있다는 점이다.

또한 전국공상업연합회의 통계에 의하면, 사영기업가 중의 당원 비율은 1993년 13.1%, 1995년 17.1%, 1997년 16.6%, 2002년 29.9%, 2004년 33.9%, 2006년 32.2%였다(≪人民日報≫, 2007.6.11; 汝信 外 編, 2008).

두 번째는 본 연구자 조사에 의한 자료이다. 천제(Chen Jie)와 브루스 딕슨은 2006년 말부터 2007년 초에 걸쳐 연해 지역의 4개 성에 위치한 사영기업을 조사하였으며, 그 결과를 2007년과 2008년의 ≪차이나 쿼털리(China Quarterly)≫에 발표하였다. 〈표 1-9〉에 의하면, 2007년 시점에서 사영기업가의 약 40%가 관료 또는 국유기업 사장 등 다양한 전력(경력)을 갖고 있는 당원이며, 입당을 신청하고 있는 자를 포함하면 절반 수준에 달했다. 또한 전국정치협상회의 위원 중에 기업가는 제8기 23명, 제9기 46명, 제10기 65명, 제11기 100명 이상이었다. 또한 전국인민대표대회 대표 중의 기업가는 제9기 49명, 제10기 200여 명, 제11기 300명 전후로 급증하였다(張厚義, 2011).

딕슨은 민간기업가에 대해 다음과 같은 잠정적인 진단을 내리고 있다 (Dickson, 2007; Chen and Dickson, 2008).

① 민간기업가는 현재의 체제에 강한 지지를 보이고 있으며, 한편 민주주의적 가치 및 제도에 대한 그들의 지지는 대단히 약하다.
② 기존 질서에 대한 그들의 지향에 영향을 미치고 있는 것은 정부의 업적, 물질적·사회적 획득물에 대한 그들의 기본적 만족감이다.
③ 민간기업가의 의식, 정치 참가, 선호도와 '간부'의 사이에는 유의미한 차이점이 거의 없다.
④ 중국공산당은 민간기업가를 당에 흡수하고 또한 당원의 비즈니스계 진출을 진전시킴으로써 민간 부문과의 통합을 강화하고 있는 중이다.

<표 1-9> 민간기업가와 중국공산당(2007)

중국공산당의 멤버십	비율 (%)	인수 (명)
당원(전직 관리)	7.9	161
당원[전직 국유기업 경리(經理)]	10.3	211
당원(기타 유형)	21.0	430
당에 입당을 신청 중	8.4	172
비당원	52.4	1074
합계	100.0	2048

※ 자료: Chen/Dickson(2008), p.788.

⑤ 부와 권력의 통합에 의해 현존 권위주의적 정치체제에 대한 도전이 아니라 그 유지를 지향하고 있다.

⑥ 정치학자에 의한 통상적인 경험칙적 예측과는 반대로 중국에서 사유화, 민주화로 향하고 있지 않으며, 사유화 요인이 기존 정치 시스템에 통합되고 있는 중이다.

2012년의 중국 측 자료에서는 기업의 규모가 클수록 기업가는 정치적 참여에 열심이며, 중국의 부호 순위를 매기는 '후룬 바이푸(胡潤百富, Hurun Report)' 등에 올라가 있는 기업의 소유주 1,000명 중에 일정한 정치적 신분을 갖고 있는 자는 152명이었고 50위 이내에서는 15명이었으며, '부자 기업가가 정치에 관여하고 있는 것(富商從政)'이 2011년의 유행어가 되었을 정도로 기업가의 정치화가 진전되고 있다(張厚義, 2012).

'1개 대표'

기업가를 둘러싸고 최근 들어 현저해지고 있는 현상은 그들이 정치의 중추에 적극적으로 관여하기 시작했다는 점이다. 일부 자료에 의하면, 중국공산당 제18차 당대회의 대표 2,270명 중에 기업가가 145명이었으며 그 내역은 국유기업 111명, 민간기업 34명(제16차 당대회에서는 7명, 제17차 당대회에서는 17명)이었다. 국유기업의 절반은 대형 중앙독점기업이며 석유 관련 기업의 사장 또는 이사장 8명이 당대회 대표가 되었다. 인민망(人民網)의 2012년 11월 6일 자 ≪중국경제주간≫에는 이 111명의 전체 리스트가 공표되었다. 대다수가 ≪포브스(Forbes)≫ 등에서 글로벌 기업 500위 안에 랭크되어 있는 초거대기업의 사장 또는 이사장이다. 제18차 당대회에서는 상하이·홍콩에 상장되어 있는 거대한 국유기업, 예를 들면 중국통신, 중국국가전망공사(中國國家電網公司), 중국석유천연가스집단공사, 중국건설은행 등이다. 민간에서는 최대의 가전 메이커 하이얼의 회장 등이 포함되어 있다. 중기계 제조사로 유명한 싼이중공(三一重工, SANY Heavy Industry Co., Ltd)의 량원건(梁穩根)도 그 중의 한 명이다.

또한 상당수 기업가가 중앙위원회에 진입하고 있다. 중국공산당 제16차 당대회 및 제17차 당대회에 참여한 360명 정도의 중앙위원·중앙후보위원 중에서 20명이 중앙국유기업이고 초거대 규모의 은행(국유은행 및 준국유은행)의 경영자였다. 그들은 자신의 이익을 수호하는 이익대표 또는 파벌로서 움직이고 있다는 것은 적어도 불가사의한 일은 아니라고 할 수 있다(人民網, 2012.11.6).

중국공산당 제18차 당대회에서는 어떠했는가? 바이두백과 등의 자료에 의하면 중앙위원(전체, 205명)에 당선된 기업가는 6명이었고, 중앙후보위원(전체, 171명)이 된 기업가는 18명으로, 모두 24명의 기업가가 당중앙에 진입했다. 상당히 큰 세력이다. 중국은행주식공사(中國銀行株式公司), 병기공업집단공사

(兵器工業集團公司), 항공공업집단공사(航空工業集團公司), 중국석유화공집단공사 등 거대 기업의 책임자가 이름을 올렸다. 문자 그대로 그들은 사회적 지위, 부, 정치적 권력의 모든 것을 수중에 넣고 있는 엘리트이며, 가까운 장래에 그들 자체가 국가의 정책을 좌우하게 될 것으로 여겨진다.

또한 이 책의 제3장 제3절에서 소개하겠지만, 2012년 후난성 헝양시(衡陽市)에서의 회선(賄選, 부정선거)의 주역은 민간기업가였다.

이상의 자료와 분석으로부터 당 및 새로운 정치 행위자에 대해 다음과 같은 결론을 도출할 수 있다.

ⓐ 장쩌민 시대 특히 1990년대 후반부터 당의 엘리트화가 급진전되었다. 포괄적 정당화라기보다는 엘리트 정당화가 현저하며, 그러한 의미에서 당을 고위의 엘리트를 대표하는 '1개 대표'라고 부르는 쪽이 적절한 것으로 보인다.

ⓑ 당중앙·전국인민대표회의 등, 당 및 기관의 위계질서의 상층으로 올라가면 올라갈수록 엘리트화가 현저하다. 일반 사회보다도 당, 당 전체보다도 당의 중앙위원회, 그리고 당중앙 중에서도 최고위인 중앙정치국 상무위원회의 멤버가 부와 권력과 성망(학력)을 한 손에 장악하고 있다.

ⓒ 양지성(楊繼繩)의 연구가 제시하고 있는 바와 같이, 5%도 되지 않는 한 무리의 사람들(상급계층 및 중간계층의 상층부)이 재력, 권력, 지력을 독점하고 있는 중이다(楊繼繩, 2011).

ⓓ 가장 주목되는 것은 새로운 행위자인 민간기업가이다. 지금은 민간기업가라고 일괄하여 논하고 있지만, 기업의 규모 및 이익의 대소에 의해 민간기업가는 몇 개의 계층으로 나뉘어지게 된다. 어떠한 조건이 조성되면 그들은 '자본가'가 될 것인가? 자본가, 중간층, 노동자·농민이라는 3층의 구조가 만들어지게 될 때에 중국 사회의 변용은 하나의 단계를 끝마치고 새로운

단계에 진입하게 될 것인가?

ⓒ 이 3가지 계층을 중국공산당이라는 하나의 정치조직에 언제까지나 붙들
어 둘 수는 없다. 당내 파벌 형성과 그것에 대한 공인, 그리고 그로 인한
당의 분화, 아울러 다당제로의 이행을 예측하는 것은 그다지 어려운 일이
아니다.

그런데 최근 들어 중국공산당의 변신에 대해서는 당의 내부로부터도 당이
'엘리트 클럽화', '비만화', '부자화'되었다는 비판이 나오고 있다.

이미 왕샤오광(王曉光, 홍콩중문대학)은 중국공산당이 정신의 이완, 능력의
부족, 대중으로부터의 유리 및 부패에 더하여 엘리트화·비만화의 위험에
노정되고 있다고 경고를 행한 바 있다(人民網, 2012.11.6).

제2장
정책결정
기본 유형과 톈안먼 사건

1. 정책결정의 기본 패턴

중국의 중앙, 즉 베이징에서의 정책결정의 프로세스 및 구조를 밝혀내는 것은 대단히 어렵다. 그 최대의 이유는 의지할 수 있고 신뢰할 만한 정보가 완전히 부족하기 때문이다. 즉 그 불투명성에 있다. 다음으로 결정의 프로세스가 제도화되어 있지 않으며 인격적이고 또한 자의적이라는 점이 있다. 예를 들면, 당의 중앙정치국 회의는 한 달에 몇 차례 개최되지 않으면 안 되는지, 출석자 수 등 회의의 성립을 위한 요건은 무엇인지, 의안의 채택을 위한 요건은 무엇인지가 의사규칙 등에 의해 제도화되어 있지 않다(일부 제도화되고 있는 규칙도 있지만, 연구자가 그 내용을 눈으로 볼 수는 없다). 중국공산당 이 집권당이 된지 이미 70년이 되어가고 있지만 상황은 1950년대와 별로 변함이 없다.

그러나 팔짱을 낀 채로 방관하기만 한다면 중국의 정치 및 외교는 영원히 파악할 수 없다. 필자는 중국 내정[內政: 국내정치를 의미하며 이하 '정치'로 약칭]을 주로 분석한 『현대 중국정치(제3판)』(2012)와 외교 프로세스 등을 규명한 『현대 중국외교(現代中國外交)』(2018)에서 정책과정의 분석에 두 차례 도전한 바 있다. 전자의 제7장 '당과 국가의 정책형성 메커니즘', 후자의 제2장 '대외 정책결정의 메커니즘' 및 제3장 '외교로서의 대외 군사행동'이 그것에 해당한다.

통상적 결정, 비상시의 결정

위에서 언급한 전자에서는 마오쩌둥 시대, 덩샤오핑 시대, 포스트 덩샤오핑 시대를 통해서 정책형성과 정책결정 메커니즘에는 크게 3가지의 패턴이 있는 것으로 관찰하고 그것을 분석하였다. 3가지의 정책결정이란 ① 비상시의 결정: 전권집중적결정(全權集中的決定), ② 비상시의 결정: 팔로 정치(八路政治), ③ 통상적 결정: 문서 정치(文書政治)이다.

첫째, 긴급 사태가 발생했을 때 당, 국가, 군 및 지방의 지도자를 한 곳에 모아 여러 차례 중대 결정을 내렸던 중앙공작회의(中央工作會議, 1958~2003년 동안에 합계 27회 개최된 것으로 기록되어 있음)가 주역이다. 특히 마오쩌둥 시대에는 당, 국가, 군, 지방의 모든 고급 간부 수천 명을 모아서 집중적으로 결정하는 이 방식이 중심이었다. 당규약 및 기타 등에서 제도화된 기구는 없지만, 실질적으로는 대단히 유효하게 권력을 집중시키고 효율적으로 결정을 하는 것이 가능했다. 1962년 대약진 정책의 실패를 논의했던 중앙공작회의는 '7,000인 대회'라고 일컬어지고 있으며 유명하다. 그런데 마오쩌둥에게 있어서 상시는 없었으며 언제나 비상시였다(① 비상시의 결정: 전권집중적결정).

둘째, 1989년 톈안먼 광장에서의 민주화 운동에 어떻게 대응할 것인지를 놓고 중앙이 자오쯔양(총서기) 등의 진보적 지도자와 리펑(李鵬, 총리) 등의 보수파 지도자로 나뉘어져 계엄령을 내릴 것인지 여부, 계엄군을 투입할 것인지 여부를 둘러싸고 최대의 통치 위기에 직면했을 때, 최후의 결정이 어떻게 이루어졌는지를 밝혀내는 것을 통해서 '위기(비상시)의 정책

결정'의 특징을 규명하고자 했다. 그때 자료『톈안먼 문서(天安門文書)』영
어판(이에 대해서는 후술함)이 분석에 매우 도움이 되었다(② 비상시의 결정: 팔로
정치).

셋째는 자오쯔양 시대, 장쩌민 시대에 중요한 정책 문서가 어떻게 작성
되었는지를 분석함으로써 '통상적 정책결정'에서의 단면을 규명하고자 했
다. 사례연구로 삼았던 것은 ⓐ 제13차 당대회에서 원칙적으로 채택되었
던 (다만 대부분 실행되지 않았던) '정치체제 개혁 전체구상', ⓑ 제13차 당대회
에서의 자오쯔양의 보고, ⓒ 제14차 당대회에서의 장쩌민의 보고, ⓓ 제14
기 3중전회에서의 결의 「사회주의경제체제 확립에 대한 결정」(1993년 11
월), ⓔ 제14기 5중전회에서 내려진 결정인 「2010년 장기 목표에 관한
결정」(1995년 5월)의 5가지 문서였는데, 상시에는 이러한 중요 문서가 각각
1년 이상에 걸쳐 작성되는 과정 자체가 정책결정 과정이었다는 것이 밝혀
지게 되었다. 즉 중국의 '문서 정치'의 실체를 부각시킬 수 있었다(③ 통상적
결정: 문서 정치).

어쨌든 이상의 3가지 종류의 정책결정을 통해서 중국 정치에서는 비상시
개인 독재자 아래에서 대단히 비제도적인 정책결정(중앙공작회의 등)이 행해졌
으며, 중앙정치국을 떠났던 8명의 연령이 80세가 넘는 노인들에게 최종 결정
이 위임되는 등, 실로 비상 수법이 사용되었다. 한편 상시에 특히 일상적인
사항 및 정책 문서(10년 후의 경제목표 등)는 관료기구와 '문서 정치'가 충분히
기능하고 있다는 것을 밝혀낼 수 있었다.[9]

- - -

9 5개년 계획의 작성 패턴의 변화에 대해서는 이 책의 제4장 제4절을 참조하기 바란다.

대외개방과 군사행동의 결정

정책결정에 도전했던 또 한 가지는 전술한『현대 중국외교』의 제2장 '대외 정책결정의 메커니즘'이었다. 여기에서 대외 관계에 관련된 정책에서의 결정의 구조 및 프로세스를 개략적으로 서술했다. 한 가지 사례로서 1978~1980년에서의 대외개방 정책의 결정과 집행 과정을 분석해보았다. 검증 결과, 대외개방 정책의 결정에 있어서는 덩샤오핑의 리더십은 물론이고 지도자들 간의 연대와 분업이 잘 진행되었다[예젠잉(葉劍英), 구무(谷牧), 시중쉰, 리셴녠(李先念), 양상쿤(楊尙昆) 등]. 또한 중앙정치국·중앙관료기구[국가계획위원회, 대외무역경제합작부 등]·지방[광둥성 및 연해 지역의 각 성]의 삼자 간에 연대와 협력이 순조롭게 행해졌다는 것을 알 수 있었다.

실무 차원에서의 당, 관료기구, 지방의 연대를 확인할 수 있었던 것은 커다란 수확이었다. 또한『현대 중국외교』의 제3장 '외교로서의 대외 군사행동'에서 ① 한국전쟁(1950~1953년), ② 베트남에 대한 제재(制裁) 전쟁(1979년 2~3월), ③ 제3차 타이완 해협 위기(1995~1996년)에서의 군사행위는 3개의 사례를 다루면서 정책결정의 구조 및 행위자에 주목하면서 중국은 대외 군사행동을 전쟁으로서가 아니라 외교 활동으로 감행한 사례가 많다는 것을 검증하였다.

대외정책 결정의 양태에 대해서는 이 책 제4장에서 추가 설명할 것이다.

2. 톈안먼 사건의 재고찰: 자료의 소개

이 장에서는 매우 흥미로운 새로운 자료가 나왔기에『현대 중국정치(제3판)』의 제7장 내용에 일부 가필을 하며, 1989년 6월 톈안먼 사건에 대해 다시 한 차례 상세한 프로세스와 지도자들의 움직임을 분석하고 재음미한다. 새로운 자료란, 계엄령이 발동되어(5월 20일) 중국인민해방군이 대중을 향해 무력을 행사하며 탄압한(6월 4일 새벽) 이후 중국공산당이 중앙정치국 확대회의[베이징시 당위원회], 제13기 4중전회(6월 23~24일)를 개최하고 사태를 수습하는 내용의 기록이다.

그런데 이 자료를 소개하기 이전에 위에서 언급한 『톈안먼 문서』 영어판에 대해서 우선 설명하겠다. 이는 톈안먼 사건의 전반부에 대한 기본 자료가 된다.

자료 『톈안먼 문서』에 대해

『톈안먼 문서』 영어판은 2001년에 장량(張良)이라고 불리는 익명의 인사가 펴냈으며 미국 컬럼비아 대학의 앤드루 네이선(Andrew Nathan) 등이 편집·발췌하여 영문으로 정리한 것이다.

아래에서 이 『톈안먼 문서』 영어판을 이용하는 것은 덩샤오핑, 양상쿤, 리펑 등 톈안먼의 결단에 관여했던 주역들의 절박한 생생한 목소리를 전해주고 있기 때문이다.[10] 물론 장량이 건넸던 것은 "원자료(原資料)를 컴퓨터로 입력하고 그 복사본을 출력한 것"(『톈안먼 문서』 일본어판, p.461)이라고 되어 있고 그것을 둘러싼 진위 논쟁이 존재하고 있으며, 아직까지 결말이 나지 않고 있다. 가령 그것이 '진짜'라고 하더라도 편집 단계에서 모두 발췌되고 있으며, 해당 서적이 모든 중요 회의의 의사록을 채록했다는 보증도 없다. 또한 '진짜'라고 간주할 만한 결정적인 확증도 없다. 하지만 "수년의 세월과

⋯⋯

10 그런데 중국어판에 해당하는 장량(張良)이 편저한 『중국 '6.4' 진상(中國'六四'眞相)』(明鏡出版社, 2001)은 편집자가 회의록 등을 자의적으로 재단하고 있으므로 여기에서는 사용하지 않고, 그 대신에 앤드루 네이선 등이 편집한 영문 서적을 야마다 고스케(山田耕介)와 다카오카 세이텐(高岡正展)이 번역한 일본어판 『톈안먼 문서(天安門文書)』(文藝春秋, 2001)를 사용하기로 한다.

다양한 경로와 방법을 통해서 필자는 여러 자료가 진귀한 실물이라는 것에 만족했다", "톈안먼 문서가 갖고 있는 일관성, 풍부한 내용, 인간적인 신뢰성은 거의 위조가 불가능한 것이라고 할 수 있다"(『톈안먼 문서』 일본어판, pp.15~16)라는 네이선의 표현, 그리고 "이 문서는 실제의 분위기를 담고 있는 것으로 생각된다. 하나하나의 사실, 어조, 정치적 견지는 장기간에 걸쳐 중국을 관찰해왔던 우리들의 1989년 사건 및 중국 지도자와 관련된 지식과 완전히 부합한다"(『톈안먼 문서』 일본어판, p.461)라고 언급했던 영어판 공동편집자 오빌 셸(Orville Schell)의 판단을 존중하고자 한다. 또한 이 문서를 통해 밝혀진 '사실'과 일본에서 입수할 수 있는 자료 (기본적으로는 홍콩으로부터의 정보) 사이에 충돌되는 부분이 발견되지 않고 있으며, 현대 중국의 70년 동안 이처럼 최고지도부의 결정적 순간을 전해주고 있는 것이 없고, 또한 향후에도 나오지 않을 것이라는 이유도 있다.[11]

새로운 자료 『최후의 비밀』에 대해서

그리고 다른 한 가지는 새롭게 출간된 문서집 『최후의 비밀(最後的秘密)』(香港: 新世紀出版及傳媒有限公司, 2019)인데, 이것에 대해서는 그 내력을 언급해보도록 하겠다.

● ● ●

11 가장 권위 있는 중국연구 관련 학술지인 ≪차이나 쿼털리(China Quarterly)≫에 장량(張良)이 편저한 『중국 '6.4' 진상(中國'六四'眞相)』은 톈안먼 사건의 발생 이후에 공개되거나 비공개된 다양한 문헌을 모아 첨삭한 것이라거나, 영어판 『톈안먼 문서』의 편집 방침이 잘못되었다는 본격적인 비판이 게재되었다. 앤드루 네이선은 그것에 대해 날카로운 반론을 전개하고 있다(Chan/Nathan 2004). 톈안먼 사건에 대한 재검토가 행해지고 있으며, 게다가 중국 당국이 모든 문헌을 공개할 때까지는 진위 관련 논쟁은 계속될 것으로 보인다.

- 이 문서집은 1989년 톈안먼 사건 이후에 개최된 2개의 회의, 즉 베이징시 당위원회 제6기 제6차 회의와 당중앙 제13기 4중전회의 기록 중 일부이다.
- 이 문서는 성명을 구체적으로 알 수 없는 당의 고관이 복제하여 수년간 보존 해왔던 것이다. 27건의 문서, 합계 209쪽으로 구성되어 있다. 베이징시 당위 원회의 기록은 1~5번까지이며, 4중전회의 기록은 6~28번까지 이다. 이 중에 문서 15, 16, 25, 26, 27번은 그 이유를 알 수 없지만 누락되어 있다. 아래에 서 몇 가지의 서지 정보를 설명할 것이다.
- 베이징시 당위원회의 5개 문서와 제13기 4중전회의 5개 문서는 서로 동일 한 것이다.
- 이 문서집은 어떤 중개자를 통해 신세기출판사(新世紀出版社)의 손에 들어 왔다. 성명을 알 수 없는 중개자는 출판사의 편집자에게 USB를 넘겨 주었 다. 이 USB를 복사하여 편집자의 PC에 넣고 USB를 중개자에게 돌려 주었 다. 또한 해당 출판사가 전하는 말에 의하면, 이 문서에 대해서 출판사 및 편집자는 그 어떤 선택, 삭제, 수정도 행해지 않았다고 한다.
- 또한 본문 중에 누락된 2쪽이 있다. 리시밍(李錫銘)의 발언에 해당하는 9쪽, 그리고 리시밍과 천시퉁(陳希同)이 공동으로 행한 발언에 해당하는 8쪽인데, 본문에서 비어있는 쪽으로 남겨두었다. 어느 단계에서 오류가 발생했는지는 알 수 없다.
- ≪인민일보≫에 의하면, 6월 23~24일 제13기 4중전회에 출석한 자는 다음 과 같다. 중앙위원 170명, 중앙후보위원 106명, 중앙고문위원회(中央顧問委 員會) 멤버 184명, 관련된 단위의 책임자 29명이다. 베이징시 당위원회 출석 자는 명확하지 않다.

이 장에서는 1989년 4월부터 6월 말까지의 정치과정에 대해서 전반부는 주로『톈안먼 문서』영문판(이하『문서』일본어판으로 약칭) 및 톈안먼 사건의

발생 직후 대륙·홍콩 등으로부터 최대한의 정보를 수집하여 야부키 스스무(矢吹晋)가 편역, 출간했던『차이나 크라이시스 중요 문헌(チャイナ·クライシス重要文獻)』(全3卷, 蒼蒼社, 1989), 자오쯔양의 회고록으로서 두다오정(杜導正)이 서문을 쓰고 바오퉁(鮑彤)이 도언(導言, 서론)을 집필했던『개혁 역정(改革歷程)』(香港: 新世紀出版社, 2009)에 의거하고, 후반부는 방금 전에 논했던 새롭게 출간된 문서집『최후의 비밀』(이하『비밀』로 약칭)에 의거하여 밝혀내도록 하겠다.

3. 사건 전반부의 정책결정: 팔로 정치

사건이 발생하기까지

1986년 겨울 말단 선거(末端選擧)를 계기로 하여 베이징, 상하이, 허페이(合肥) 등에서 일어났던 학생들의 민주화운동은 그 이듬해 1월 후야오방(胡耀邦) 총서기의 '사임'과 '반부르주아 자유화(反對資産階級自由化) 캠페인'에 의해 일단 수습되었다. 하지만 선명하게 정치개혁을 내세웠던 중국공산당 제13차 당대회가 순풍을 타게 되었고, 이후 인플레이션과 고위 간부의 부패에 반발한 학생들에 의해 운동이 재연되었다. 1989년 4월 15일 정치개혁에 호의적이었던 후야오방의 사망은 학생들의 민주화운동을 전례가 없는 규모로 촉발시켰다. 게다가 1989년은 5·4운동 70주년이 되는 해였다. 애국과 민주주의의 '기수'로 자임한 학생들은 후야오방 추도에 맞추어 당·정부에 여러 가지 요구 사항을 들이밀었다.

그때로부터 6월 4일 새벽 중국인민해방군이 약 300명의 학생 및 시민을 총으로 살육했던 톈안먼 사건의 발생에 이르기까지 분기점이 되었던 것은 다음의 4가지 사태였다.

ⓐ 4월 26일, ≪인민일보(人民日報)≫의 사설이 학생운동을 '동란(動亂)'이라고 규정했다.

ⓑ 5월 4일, 자오쯔양 총서기가 아시아개발은행(ADB: Asian Development Bank) 총회의 대표를 향한 담화를 통해 ≪인민일보≫의 사설과는 다른 어조로 학생들에 대해 공감을 표시했다.

ⓒ 학생들은 5월 13일부터 단식 농성을 시작했다.

ⓓ 당·정부가 5월 20일 10시, 베이징 시내에 계엄령을 선포했다.

말할 필요도 없이, 베이징시에 대한 계엄령 선포는 건국 이후 최초의 비상사태였다. 그 결과, 6월 4일 새벽 '동란'은 '반혁명 폭란(反革命暴亂)'이 규정되었고, 결국 중국인민해방군이 무력으로 신성한 톈안먼 광장을 피로 물들이게 되었다.

4가지의 결정과 톈안먼 사건의 주역들

위에서 언급한 사건과 반드시 정확하게 겹치는 것은 아니지만, 4월 하순부터 6월 4일까지 위기 속에서 당·정부는 중요한 결정을 다음과 같이 4회에 걸쳐 행했다. 즉 ① 4월 26일의 ≪인민일보≫에서의 '동란'이라고 규정하는 사설의 준비, ② 5월 20일 집행된 계엄령의 결정, ③ 자오쯔양 총서기의 해임과 장쩌민 당시 정치국원 및 상하이시 당위원회 서기의 발탁(5월 19일 밤), ④ 6월 4일 새벽의 계엄령 발동이다. 문제는 위기 속에서 누가 어느 회의에서 어떠한 인식과 판단 아래에서 위와 같은 여러 결정을 행했는가 하는 것이다. 그러한 것이 제도 또는 규칙에 따른 것이었는지 여부도 묻지 않을 수 없다.

우선 4월 말부터의 2개월 동안 정책의 결단 및 결정에 중요한 역할을 수행했던 '주역'들을 살펴본다(〈표 2-1〉 참조). 자오쯔양, 리펑, 차오스(喬石), 후치리(胡啓立), 야오이린(姚依林) 등의 중앙정치국 상무위원 5명과 '팔로'가 가장 중

〈표 2-1〉 톈안먼 사건 당시의 중앙정치국과 '팔로(八老)'

중앙정치국 상무위원	자오쯔양(趙紫陽): 총서기, 중앙군사위원회 제1부주석 리펑(李鵬): 총리 차오스(喬石): 중앙정법위원회 서기, 중앙서기처 서기, 중앙기율검사위원회 서기 후치리(胡啓立): 중앙서기처 서기 야오이린(姚依林): 부총리, 국가계획위원회 주임
중앙정치국 위원	완리(萬里) 전국인민대표대회 상무위원장 톈지윈(田紀雲) 부총리 장쩌민(江澤民) 상하이시 당위원회 서기 리톄잉(李鐵映) 국무위원, 국가교육위원회 주임 리루이환(李瑞環) 톈진시 당위원회 서기 및 시장 리시밍(李錫銘) 베이징시 당위원회 서기 양루다이(楊汝岱) 쓰촨성 당위원회 서기 양상쿤(楊尙昆) 국가주석, 중앙군사위원회 부주석 우쉐첸(吳學謙) 부총리 쑹핑(宋平) 중앙조직부장 후야오방(胡耀邦) 공석(1989년 4월 사망) 친지웨이(秦基偉) 국무위원, 국방부장 (후보) 딩관건(丁關根)
중앙서기처 서기	후치리(胡啓立) 차오스(喬石) 루이싱원(芮杏文) 옌밍푸(閻明復) 중앙통일전선부장(中央統一戰線部長) (후보) 원자바오(溫家寶)
팔로(八老)	덩샤오핑(鄧小平) 중앙군사위원회 주석(84세) 양상쿤(楊尙昆) 국가주석, 중앙군사위원회 부주석(84세) 리셴녠(李先念) 전국정치협상회의 주석(80세) 천윈(陳雲) 당 중앙고문위원회 주임(84세) 보이보(薄一波) 당 중앙고문위원회 부주임(81세) 왕전(王震) 국가부주석(81세) 펑전(彭眞) 전(前) 전국인민대표대회 위원장(86세) 덩잉차오(鄧穎超) 저우언라이의 미망인(85세)

요한 역할을 수행하였다. 직접적인 책임자에 해당하는 베이징시 당위원회 서기였던 리시밍(정치국원)과 베이징 시장 천시퉁, 국가교육위원회 주임 리톄 잉(李鐵映, 정치국원), 국가교육위원회 부주임 허둥창(何東昌)도 최고위층에 어떠한 정보 및 보고를 제공했는가 하는 점에서 결정적인 역할을 했다.

물론 다른 한쪽의 '주역'은 학생들 및 리버럴한 지식인들이었다.

≪인민일보≫에서 '동란'이라고 규정하는 사설의 준비

"이것은 계획적인 음모이자 동란이다. 그 실질은 중국공산당의 지도와 사회주의 제도를 근본으로부터 부정하는 것에 있다. … 전당과 전국의 인민은 이 투쟁의 중대성을 충분히 인식하고 단결하여 기치선명하게 동란에 반대하고, 고생하여 간신히 쟁취해낸 안정·단결의 정치적 국면을 단호히 수호하고 헌법을 옹호하며 사회주의 민주와 법제를 유지하지 않으면 안 된다"라고 하는 내용의 4월 26일 자 ≪인민일보≫ 사설은 후야오방 추도회를 계기로 하여 고조되었던 학생들의 민주화운동을 가일층 급진적으로 만드는 절호의 촉매제가 되었다. 학생들의 입장에서 본다면, 평화적이며 질서 있는 애국과 민주의 시위가 문화대혁명과 마찬가지의 '동란'으로 단언되어 버리는 사태에 침묵할 수 없는 것은 당연한 결과로 여겨진다.

이 사설은 4월 24일 밤에 자오쯔양이 부재한 가운데 리펑의 주재로 개최되었던 중앙정치국 상무위원회에서 확인된 노선, 그리고 4월 25일 아침에 덩샤오핑의 자택에서 개최되었던 '중요 회의'에서의 덩샤오핑 강화에 기초한 것이었다.

4월 24일의 중앙정치국 상무위원회에서는 4명의 상무위원(리펑, 차오스, 후치리, 야오이린) 외에 양상쿤, 완리(萬里), 톈지윈(田紀雲), 리시밍 및 천시퉁, 허둥창, 국무원 대변인 위안무, 당 중앙선전부 부부장 쩡젠후이(曾建徽)가 출석했다. 중앙서기처가 작성한 회의록 발췌에 의하면, 천시퉁은 "베이징에서의 학조(學潮, 학생운동)는 이미 자연발생적인 후야오방 추도라는 출발점에서 선동과 동란으로 전환되었다"라고 운을 뗐고(『문서』 일본어판), 이에 따라 리펑은 "당에 대한 노골적인 도전에 대해서 부르주아 자유주의와의 준엄한 투쟁"을 요구하였다. 야오이린은 "중앙에 동란제지소조(動亂制止小組)"를 즉시 설치할 것을 요구했다. 그런데 야오이린은 리펑과 함께 최초부터 최후까지 민주화운동에 가장 준엄한 태도를 취했다. 결국 '동란제지소조'를 리펑의 주도하에 만들고, 그 이튿날 아침에 덩샤오핑에게 직접 보고하게 되었다(『문서』 일본어판).

4월 25일 아침 덩샤오핑 자택에서 열린 '중요 회의'에 출석했던 것은 4명의 상무위원 외에 양상쿤, 리시밍, 천시퉁이었다. 중앙서기처의 해당 회의록 발췌에 의하면, 우선 리펑이 학생운동을 '반당·반사회주의'라고 규정하면서 "창끝은 직접 당신(덩샤오핑) 및 선배 세대의 프롤레타리아 혁명가 분들에게 향해져 있다"라며 덩샤오핑에게 위기감을 더욱 부채질했다. 4월 24일 회의 결과를 청취한 덩샤오핑은 "상무위원회의 결정에 완전히 동의한다. 이것은 통상적인 학생운동이 아니다. … 계획적인 음모이며 그 진정한 노림수는 중국공산당과 사회주의 체제를 근저로부터 부정하는 것이다. … 기치 선명하게 이 동란에 반대하지 않으면 안 된다"라고 마무리를 지었다(『문서』 일본어판).

리펑은 즉시 이와 같은 덩샤오핑 강화를 ≪인민일보≫의 사설로 작성하자고 제안하였으며, 쩡젠후이가 기초하고 리펑과 후치리가 감수했다고 한다(『문서』 일본어판). 덩샤오핑이 최종 결단을 내렸다는 것은 물론이고, 최대의 문제는 직접적인 담당자인 천시퉁의 보고였다. 4월 24일 중앙정치국 상무위원회 회의가 열리기 직전에, 베이징시 당위원회는 중앙정치국 상무위원 회의를 개최하여 학생운동이 직접 당중앙을 겨누고 있으며 당의 지도에 대한 전복을 노리고 있다고 판단하며 중앙을 향해 기치선명하게 사건에 대한 태도를 표명해줄 것, 당중앙 및 국무원이 강경한 조치를 취해줄 것을 요구했다(陳文斌 外 編, 1999).

덩샤오핑은 이러한 현장 지도자의 인식에 한 점의 의문도 갖고 있지 않았다. 사설의 발표 이후, 4월 27일 학생운동 시위는 전례가 없는 규모로 팽창했다. 1주일 동안의 평양 방문을 마치고 4월 30일에 귀국한 이후 자오쯔양은 "덩샤오핑의 결단에 동의한다"라고 평양으로부터 답전했던 것을 후회하면서, 동란이라고 규정한 사설의 취소 또는 변경을 양상쿤, 덩샤오핑에게 요구했다. 하지만 4월 24~28일 평양 출장은 결정적이었으며, 자오쯔양을 고립시키려는 방책이 착착 진행되었다. 상하이에서는 당위원회 서기였던 장쩌민이 리버럴한 ≪세계경제도보(世界經濟導報)≫를 폐간시키는 것과 친번리(欽本立) 편집장을 해임시키는 데 성공했다(4월 27일).

계엄령의 결정: 위기의 3일간

자오쯔양은 한편으로 5·4운동 기념 강화(5월 3일), 아시아개발은행(ADB) 총회 대표를 향한 담화(5월 4일) 등에서 학생들 요구에 동정을 보이고 필사적으로 학생운동의 과열화를 방지하고자 했다. 다른 한편으로 중앙정치국 회의 및 양상쿤과 덩샤오핑에게 사설의 변경을 요청했다. 5월 10일에 결국 개최된 중앙정치국 회의에서는 자오쯔양과 리펑·야오이린 사이에서 격렬한 논의가 전개되었다. 중앙서기처에서 작성한 '중앙정치국 회의 의사록' 발췌에 의하면, 5월 10일의 중앙정치국 회의에 출석했던 인사는 상무위원 5명 외에 쑹핑, 친지웨이(秦基偉), 완리, 장쩌민, 리루이환(李瑞環), 톈지윈, 양루다이, 우쉐첸, 리톄잉, 리시밍 등의 정치국원, 그리고 양상쿤, 천시퉁이었다. 자오쯔양은 ≪세계경제도보≫를 정간으로 내몰았던 상하이시 당위원회의 결정은 "처리가 너무 일찍 이루어졌고 사소한 문제를 큰 소동으로 만들어버렸다"라며 장쩌민을 비난했다. 그것에 대해서 리펑, 야오이린은 격렬하게 반발했다. 6월 23일의 제13기 4중전회에서의 자오쯔양의 자기비판에 의하면, 5월 10일의 중앙정치국 상무위원회에서 자오쯔양은 ① 부패 박멸을 위해 대기업을 정리하는 것, ② 80세 이상의 고급 간부용 특별 제공을 폐지하는 것 등을 제언했지만 받아들여지지 않았다고 한다(『비밀』). 리펑은 "이것은 문화대혁명과 무엇이 다른가"라고 추궁하였고 야오이린은 "이것은 완전히 동란이다"라고 단언하였으며, 중앙정치국은 확실히 양분되었다. 또한 양상쿤은 이 시기에는 아직 자오쯔양에게 동정적이었다(『문서』 일본어판).

5월 10일 회의는 상무위원 역할을 분담하는 것과 함께, 완리 전국인민대표대회 상무위원장의 미국 · 캐나다 출장을 예정대로 행하도록 하였다. 계엄령의 공포 이후, 학생 및 지식인들이 전국인민대표회의의 임시 상무위원회 개최를 강하게 요구했음에도 자오쯔양마저도 사태를 그 정도로 심각하게는 받아들이지 않았던 것이 아닌가 하는 생각이 든다.

한편 양상쿤은 자오쯔양을 위해 마련한 덩샤오핑과의 삼자 회담은 5월 13일 학생들이 단식 농성에 돌입했던 그 날에 이루어졌다. '양상쿤의 신원이 명확하지 않은 우인(友人)'에 의한 회담 메모에서, 학생들은 헌법에 대한 지지, 민주주의 찬성, 부패 반대를 주장했다. 자오쯔양은 모든 계층이 이것을 지지하고 있고, 투명화, 인민대표대회의 기능 강화, 정치협상회의의 활발화, 인민에 의한 감시가 필요하다고 제안했다. 이에 대해 덩샤오핑은 "상무위원회는 이번과 같은 정치 위기에 직면했을 때에는 과감해지지 않으면 안 되고 원칙을 고수하지 않으면 안 된다"라고 단언하며 대답하였다. 결국 자오쯔양은 덩샤오핑을 설득하는 것에 실패했다(『문서』 일본어판). 덩샤오핑이 당초부터 사태를 '정치 위기'로 간주하고 대단히 심각하게 받아들였던 것은 명백하다.

단식 농성이 수그러들 기미가 보이지 않는 가운데, 5월 16일부터 5월 18일까지의 3일간 지도부는 최대의 '위기'를 맞이하게 된다. 긴급하게 개최된 3회의 중앙정치국 상무위원회 회의 및 1회의 '팔로 회의'의 개략을 『문서』 일본어

〈표 2-2〉 1989년 5월 16일~18일의 중요 회의 리스트

일시: 5월 16일 밤	
회의 명칭	긴급 중앙정치국 상무위원회
출석자	자오쯔양(趙紫陽), 리펑(李鵬), 차오스(喬石), 후치리(胡啓立), 야오이린(姚依林), 양상쿤(楊尙昆), 보이보(薄一波)
내용	• 자오쯔양이 4.26 사설의 수정, 학생운동의 공식적 평가에 대한 변경을 덩샤오핑에게 요구한다고 발언함 • 양상쿤이 이미 '무정부 상태'라고 말함 • 야오이린이 정면에서 자오쯔양에게 반론을 하며, 즉시 과단성 있는 조치를 취해야 한다고 주장함 • 덩샤오핑에게 보고, 자오쯔양은 학생들을 서면에 의해 설득을 하기로 결정

일시: 5월 17일 아침	
회의 명칭	중앙정치국 상무위원회(장소: 덩샤오핑의 자택)
출석자	자오쯔양, 리펑, 차오스, 후치리, 야오이린, 양상쿤, 보이보, 덩샤오핑
내용	• 리펑이 아시아개발은행 대표를 향해 이루어진 자오쯔양 담화를 비난함, 야오린은 고르바초프에게 비밀을 누설했다면서 자오쯔양을 비난함, 덩샤오핑은 중국인민해방군의 투입 및 계엄령 발동을 결의했다고 말함 • 자오쯔양은 그것은 집행할 수 없다고 말함 • 밤에 열린 중앙정치국 상무회의에서 계엄령의 구체적 방책을 정하고 결과를 덩샤오핑 및 '원로'들에게 보고하기로 결정함

일시: 5월 17일 밤	
회의 명칭	중앙정치국 상무위원회
출석자	자오쯔양, 리펑, 차오스, 후치리, 야오이린, 양상쿤, 보이보
내용	• 자오쯔양이 계엄령의 시비에 대해 의논하는 것을 제안하였지만 리펑과 야오이린이 반대함 • 보이보의 제안으로 채결이 진행됨 찬성: 리펑·야오이린, 반대: 자오쯔양·후치리 기권: 차오스 • 양상쿤·보이보의 제안으로 덩샤오핑 등의 '원로(老同志)'의 판단에 위임하기로 함, 자오쯔양이 사의를 표명함

일시: 5월 18일 아침	
회의 명칭	'팔로(八老)'와 중앙정치국 상무위원회·중앙군사위원회 회의
출석자	덩샤오핑, 양상쿤, 보이보, 천원(陳雲), 리셴녠(李先念), 펑전(彭眞), 덩잉차오(鄧穎超), 왕전(王震), 리펑, 차오스, 후치리, 야오이린, 홍쉐즈(洪學智), 류화칭(劉華淸), 친지웨이(자오쯔양은 '병결'함)
내용	• 덩샤오핑, 계엄령이 필요하다고 단언함, 리셴녠·천원·펑전 등이 지지함 • 후치리는 신중해야 한다고 말했지만 결정에는 따르겠다고 표명함 • 5월 21일 심야에 베이징의 일부 지역에서 계엄령을 실시하는 것 등이 결정됨

판으로부터 정리하여 〈표 2-2〉로 제시하여 보았다.

계엄령을 둘러싸고 5명의 상무위원회는 실제로 둘로 나뉘어졌다. 양상쿤, 보이보는 사태를 타개하기 위해 덩샤오핑 및 기타 '원로'에게 모든 것을 맡기자고 하였다. 『문서』에서는 이른바 '팔로'가 한 자리에 모인 것은 5월 18일 아침이 최초였으며, 이것을 포함해 '팔로 회의'가 합계 4회 개최되었다. 모두 결정적인 순간이었다.

자오쯔양 해임, 장쩌민 발탁의 결정

정보가 누설되기 때문에, 계엄령은 결정되었던 것보다 하루 앞당겨진 5월 20일 10시에 집행되었다. 명령자는 국무원 총리 리펑이다. 그 이후 언제 무력행사를 할 것인가, 후계 지도자를 누구로 삼을 것인가가 긴급한 과제가 되었다. 모두 '팔로'가 결정적인 역할을 수행했다.

덩샤오핑은 5월 17일 아침에 자신이 계엄령을 제기했을 때의 자오쯔양의 태도, 5월 18일 아침의 '병결', 5월 19일 새벽의 톈안먼 광장에서의 단식 농성 중인 학생들을 향한 최후의 연설 등 자오쯔양의 일련의 행동에 커다란 실망을 느꼈을 것임에 틀림없다. 5월 19일 아침에 "자오쯔양은 갈수록 종잡을 수 없다"고 양상쿤에게 말했을 때, 자오쯔양은 다음의 지도자를 '자신들의 세대' 즉 '팔로'가 결정하는 것을 결의했을 것으로 여겨진다.

5월 21일에 덩샤오핑의 자택에서 '팔로'만 모여 열렸던 회의는 오로지 인사 관련 사항만을 논의했다. 중앙서기처의 '5월 21일 중요 회의 각서'에 의하면, 리셴녠(李先念)이 "2개의 사령부가 있다. … (자오쯔양의 정치적 예정표는) 우리 늙은이들의 권한을 강제로 위양받아 은퇴시키고 그의 부르주아 자유화 계획을 추진할 수 있도록 하고자 했던 것이다. … 자오쯔양은 총서기에 적합하지 않다"라고 말을 꺼내자, 모두 찬동했다. 리셴녠, 천윈으로부터는 ≪세계경제 도보≫ 문제를 해치웠던 장쩌민이 총서기에 적합하다는 발언이 있었다. 물론 덩샤오핑의 뜻을 수용한 것이었다. 후치리도 "상무위원에 적합하지 않다"고 간주되었다. 또한 새로운 상무위원으로 쑹핑, 리루이환의 이름이 제기되었다 (『문서』 일본어판). 실제로 "8명의 원로(만)에 의한 이 최초의 회의는 자오쯔양 총서기와 후치리 상무위원의 해임을 위한 길을 깔았다. 그들은 5월 22일에 사실상 해임되었고, 6월의 4중전회에서 정식으로 (해임이) 결정되었다"(『문서』 일본어판).

자오쯔양의 해임은 군의 양해를 얻지 않으면 안 된다. 5월 24일 오전의 중앙군사위원회 확대회의(중국인민해방군 총부 및 군구 등의 책임자 대부분이 출석함)에서는 양상쿤이 총서기의 교체를 알리며 다음과 같이 말했다. "당의 지도자로서 자오쯔양의 업무상에 있어서의 결점은 처음부터 명백했다. 그는 후야오방과 마찬가지로 부르주아 자유화와 정신 오염에 대한 투쟁을 수행하지 않았던 것이다. … 이와 같은 사정에 의해 당의 원로가 개입하지 않을 수 없었다. 우리 자신들 사이에서 퇴각은 당과 국가의 붕괴를 의미하며, 실제로 해외의 자본주의 국가가 바라고 있는 것이라는 명백한 합의가 있었다. 당의 지도자 교체도 계엄령의 포고도 그렇게 하지 않을 수 없었던 것이다"(『문서』 일본어판).

또한 양상쿤은 이 회의에서 중앙정치국 상무위원회의 투표에 의해 자오쯔양을 해임하였고 덩샤오핑은 중앙군사위원회 주석의 자격으로 위원 전체에게 자문)을구 하며 계엄령을 명령했기 때문에 '적정한 절차'를 거쳤다고 해명하고 있지만, 『문서』는 그것을 뒷받침하고 있지 않다.

장쩌민의 발탁은 5월 27일 밤의 '팔로 회의'에서 덩샤오핑이 "새로운 중앙정치국 상무위원회는 다음의 6명의 동지, 즉 장쩌민, 차오스, 야오이린, 쑹핑, 리루이환으로 구성되며, 총서기는 장쩌민을 삼는 것을 제안한다"라고 제기하자, 그것이 승인되고 결정되었다(『문서』 일본어판).

계엄령의 발동

최후의 사안은 톈안먼 광장 및 주변의 학생·시민들을 물리력으로 배제하는 것에 대한 결정이었다. 베이징시 당위원회 및 베이징시가 6월 1일 자로 중앙정치국에 보낸 보고("동란의 진상에 대해서", 『문서』 일본어판)는 처음으로 '반혁명 반란'이라는 표현을 사용하며 다음과 같이 중앙이 '단호한 조치'를 취해줄 것을 요구했다. "한 줌의 무리가 무장 반혁명 폭동을 활발하게 선동하고 있다. … 우리는 당중앙·국무원 및 중앙군사위원회가 즉시 단호한 조치를 강구하고 베이징에서의 반혁명 동란을 진압할 것을 제안한다". 또한 해당 보고는 리펑의 지시로 리시밍과 천시퉁이 기초했던 것이라 한다(『문서』 일본어판).

즉시 그 이튿날 6월 2일 아침에 '팔로(천원과 덩샤오핑은 결석함)'와 중앙정치국 상무위원(리펑, 차오스, 야오이린 등 3명)이 덩샤오핑의 자택에서 회합했다. "동란이 이 상태로 계속된다면 당과 국가의 권위는 무너지게 되고, 그렇게 된다면 내전이다"라는 덩샤오핑의 발언에 이어 리셴녠, 양상쿤, 차오스 등이 번갈아서 실력 행사를 통한 배제의 필요성을 주장했다. 결국 덩샤오핑의 "계엄군 부대는 오늘 밤에 배제 공작(排除工作)을 실행에 옮기고, 2일 이내에 완료할 것을 제안한다"라고 말함으로써 실력 행사를 통한 배제가 확인되었다(『문서』 일본어판).

6월 3일 오후 4시에 양상쿤과 3명의 상무위원, 중앙군사위원회 멤버, 베이징의 대표가 '상무위원회 긴급(확대)회의'를 열었다. 우선 리펑이 "2일 밤 늦게 베이징에서 반혁명 폭란이 발생했다"라고 말을 꺼내며, 천시퉁 베이징시 시장에게 '반혁명 폭란'의 상황을 상세하게 보고하도록 시켰다. 그 결과 양상쿤이 "내일 새벽까지 문제를 해결하라"고 지시했으며 오후 9시부터 소탕 작전을 개시하기로 결정했다. 이 사이의 프로세스에서 주목되는 것은 작전이 평화 속에서 행해질 것으로 간주되었던 점, "톈안먼 광장에서는 유혈이 발생해서는 안 된다. 톈안먼 광장에서 한 사람도 죽어서는 안 된다. 이것은 덩샤오핑 동지의 의견이기도 하다'라고 양상쿤은 재삼재사 강조하고 있다는 점이다(『문서』 일본어판).

위기 속의 결정: 팔로 정치

톈안먼 사건이 발생했을 때의 결정은 상층부 집단이 둘로 양분되어 '2개의 중앙'의 상황이 되었다는 것, 무엇보다 덩샤오핑 등이 체제가 전복될 것이라는 강한 위기감을 갖고 있었다는 것으로 인해 문자 그대로 '위기 속의 결정'이었다.

위에서 언급한 4회의 결정을 개관해보면 적어도 다음과 같은 점을 지적할 수 있다.

첫째, 덩샤오핑의 결정적인 역할이다. '동란'이라는 평가도 계엄령도 자오쯔양의 해임도 장쩌민의 발탁도 모두 덩샤오핑의 결단이었다. 덩샤오핑은 당초부터 일관되게 '체제의 위기'로 받아들였으며 단호한 조치를 고려하였다. 하지만 덩샤오핑의 리더십은 결코 '독재'가 아니며 항상 합의 형성을 의도했다는 점이 마오쩌둥과의 큰 차이점이다.

둘째, 중요한 때에 중앙정치국 상무위원회가 분열하여 덩샤오핑·양상쿤을 포함하는 '팔로'가 모든 열쇠를 장악했다는 점이다. 이제까지 파악된 한에 있어서 이 사이 '팔로 회의'는 4회 개최되었는데, 그 중에서도 계엄령의 공포를 결정했던 5월 18일 아침, 자오쯔양의 해임을 결정했던 5월 21일의 회의는 결정적이었다. 80세 연령대의 노인들로 하여금 이러한 결정을 하도록 내몰았던 것은 무엇이었을까? 당초부터 '통상의 학생운동이 아니고 동란'이며, 체제 전복을 위한 '계획적 음모'라고 생각했던 덩샤오핑은 특히 '국제적 대기후(국제적 상황), 즉 폴란드 등에서 진행 중이었던 자유화운동과 서방의 민주화 압력을 우려했다. 4월 25일에 덩샤오핑은 "(학생들은) 폴란드, 유고슬라비아, 헝가리 및 소련의 자유화 사상의 영향을 받아 동란을 일으켰다. 그 목적은 공산당의 지도를 전복시키고 국민, 민족의 전도를 상실하게 만드는 것이다"라고 논하며 폴란드의 전철을 밟지 않도록 '쾌도난마를 행해야(복잡한 사건이나 문제를 명쾌하게 처리해야_옮긴이)' 한다고 격문을 올렸다. "폴란드에서는 양보하면 양보할수록 한 걸음씩 한 걸음씩 패퇴했었다. 우리는 폴란드와 다르다", "4항 기본원칙(四項基本原則)에는 인민민주독재가 있지 않은가, 이 수단을 사용해야 한다", "우리에게는 수백 만 명의 군대가 있지 않은가, 무엇을 두려워할 것이 있는가!"라는 말에 덩샤오핑의 중대한 위기의식과 단호한 결의를 읽어낼 수 있다 (矢吹晋 編譯, 1989).

'팔로'에게서 공통되었던 것은 문화대혁명이 다시 도래할 수 있다는 것에 대한 공포였다. 누군가가 "이것은 문화대혁명과 무엇이 다른가?"라고 느꼈다. 펑전은 계엄령의 포고를 결정한 5월 18일의 '팔로 회의'에서 "문화대혁명과 같은 흉폭한 무법 상태로 전락해서는 안 된다. 우리는 그것에 한 차례로 넌더리가 나지 않았는가? … 최근 수일 동안 행해졌던 100만 명의 시위는 문화대혁명 중에 있었던 홍위병의 대규모 집회마저도 상회한다"는 위기감에 사로잡히며 계엄령을 강하게 요구했다(『문서』 일본어판).

셋째, 매우 소수의 상무위원회에 모든 것을 맡기는 시스템 자체의 문제이다. 4월부터 6월에 걸쳐서 왜 그랬는지는 몰라도 중앙정치국 회의가 거의 열리지 않았다. 당초에 모든 것은 자오쯔양 이하 5명의 상무위원회에 위임되었다. 그것이 분열되어 기능을 하지 못하게 되었을 때, '팔로'가 개입하였으며 최후에는 덩샤오핑이 결단을 한다는 것이 기본 형식이었다. 왜 중앙정치국 회의가 열리지 않았던 것인가, 왜 전국인민대표회의 상무위원회를 개최하지 않았던 것인가? '팔로 정치'에 의존하는 것 이외에 다른 방도가 없었던 것에 혁명의 제1세대, 다시 말해 덩샤오핑 말기 권력의 특질을 살펴볼 수 있다.

이와 같은 이상한 '위기 속의 결정'이 앞으로도 계속되어질까? 네이선은 '팔로 정치'와 같은 권력이 그 이후에도 행사될 가능성을 부정하고 있지 않다 (『문서』 일본어판). 하지만 '팔로'에 필적할 만한 카리스마를 지닌 인물은 이미 존재하지 않으며, 중앙고문위원회도 제15차 당대회에서 없어지게 되었다. 향후 통상적 결정은 관료 주도하에 이루어지게 되었으며(毛里和子, 2012), 대외적인 '위기 속의 결정'은 2000년 가을에 만들어진 중국공산당 중앙국가안전공작영도소조(中央國家安全工作領導小組)및 중앙외사공작영도소조와 같은 위기관리 조직이 주도하게 될 것이다. 어쨌든 중국의 체제 및 제도가 폭동, 반란 등의 중대한 위기에 견고하지 않다는 것은 확실하다.

4. 사건 수습의 정책결정: 베이징시 당위원회와 4중전회

덩샤오핑의 결단

6월 4일 이른 새벽에 중국인민해방군에 의한 톈안먼 광장 및 그 주변에 대한 물리적 진압이 이루어진 이후, 사태의 수습은 다음과 같이 행해졌다. 6월 9일 덩샤오핑이 수도 계엄부대 군 이상의 간부를 접견하고 톈안먼 사건의 발생 이후 처음으로 대중 앞에서 연설했다. 우선 영웅적으로 희생되었던 중국인민해방군의 지전원(指戰員, 지휘관·사병), 무장경찰 지전원과 공안(경찰) 간부에게 묵도할 것을 촉구하고 애도의 뜻을 표명했다. 아래에서 제시하고 있는 덩샤오핑의 발언은, 이번의 사태를 어떠한 일이 있더라도 극복하지 않으면 안 된다는 강한 결의를 최고지도자로서 덩샤오핑이 갖고 있었다는 것을 여실히 보여주고 있다.

"이 풍파는 조만간 도래할 것이었다. '국제 대기후'와 중국의 '국내 소기후'에 따라 결정된 이 풍파는 반드시 도래할 것이었으며, 사람들의 의지로 움직이는 것이 아니라 단지 늦고 빠름의 문제이자 크고 작음의 문제였다. 그런데 지금 도래한다면 우리에게 비교적 유리할 것이다. 가장 유리한 점은 적지 않은 원로 동지들이 아직 건재하다는 것이다. 이들은 수많은 풍파를 거쳤기에 사안의 이해관계를 잘 파악하고 있으며, '폭력적 난동'에 대해 강경한 행동을 취하는 것을 지지한다. 비록 일부 동지가 잠시 이해하지 못하고 있지만, 결국 이해하게 될 것이며 중앙의 이 결정을 지지하게 될 것이다"("在接見首都戒嚴部隊 軍以上幹部的談話", 『秘密』).

다음으로 덩샤오핑의 육성에 가까운 발언을 들을 수 있게 되었던 것은 6월 16일에 주요 지도자들(8명 전원이 정치국원)을 향해 행했던 그의 담화이다. 톈안먼 사건의 도중에 유약한 모습을 속속들이 드러냈던 자오쯔양을 교체하고 새로운 지도자를 결정하지 않으면 안 된다고 여겼던 덩샤오핑은, 다음과 같이 논의를 이끌면서 ≪세계경제도보≫의 문제를 솜씨 좋게 처리했던 장쩌민에게 신임 총서기 자리를 맡겼다. 덩샤오핑은 "제11기 3중전회 이래 제2 대 영도집단 중에서 나는 가장 중요한 지위에 있었다. 나 자신은 줄곧 후계자를 준비하는 작업을 해왔다. 그 2명(후야오방과 자오쯔양을 지칭함)이 없어져 버리게 되었는데, 당시로서는 투쟁의 경험, 공작(업무)의 성과, 정치사상 차원에서 그것 밖에는 선택의 여지가 없었다. 실로 사람은 변하는 것이다"라고 말하였고, 또한 "그 어떤 집단도 하나의 핵심이 반드시 필요하다. … 제3대의 영도집단에서도 필요하다. 여기에 있는 모든 동지가 고도의 자각을 갖고 이해하고 처리하게 될 것이다. 의식적으로 하나의 핵심을 유지하지 않으면 안 된다. 여기에 있는 자네들은 모두 장쩌민 동지에 대해 찬동할 것이다"라고 논했다("鄧小平, 楊尙昆, 萬里, 江澤民, 李鵬, 喬石, 姚依林, 宋平, 李瑞環同志談話要 點", 『秘密』).

사태를 수습하기 위한 중앙정치국 확대회의가 6월 19일부터 6월 21일까지 열렸다(베이징시 당위원회와 병행하여 열렸던 것처럼 여겨진다). 『비밀』에서는 6월

19일 리펑의 보고, 리시밍(베이징시 당위원회 서기)과 천시퉁(베이징시 시장)의 공동 발언, 왕팡(王芳, 공안부장)의 발언이 수록되어 있다. 이와 관련하여 매우 흥미로운 점을 아래에서 소개해보도록 하겠다.

리펑의 보고 등

계엄령의 집행 책임자였던 리펑이 지적했던 자오쯔양의 오류는 주로 다음과 같은 점이었다. 즉 ⓐ 우선 4월 학생운동의 시위가 4월 22일에는 '동란'이 되어버렸음에도 불구하고 좌시했던 것, ⓑ 북한으로부터 귀국한 이후 5월 1일부터는 '동란'에 동정적이었으며 '동란'이라고 규정한 사설도 지지하지 않았던 것, ⓒ 5월 5일부터 5월 7일까지에 걸쳐서 자오쯔양이 동란에 양보하려는 듯한 태도를 취하여 사태를 확대시키고 덩샤오핑 동지에게 창끝을 겨누고자 했던 것, ⓓ 가장 중대한 오류는 5월 17일 밤의 중앙정치국 상무위원회 결정, 즉 계엄군 부대의 베이징 주둔, 베이징에서 계엄령을 실시하는 것에 반항했던 것, 그리고 ⓔ 고르바초프 소련공산당 서기장과의 회견에서 덩샤오핑이 최고의 권력을 계속 갖고 있다는 당의 중대 비밀을 입 밖에 내며 발설했던 것 등이다.

리펑이 강조했던 것은 이 위기 시에 있어서의 '팔로'의 공헌이었다. "덩샤오핑을 대표로 하는 원로 동지들 즉 천윈, 리셴녠, 펑전, 덩잉차오(鄧穎超), 쉬샹첸, 녜룽전(聶榮臻), 보이보, 왕전 등이 건재하며, 가장 중요한 때에 폭란을 진압하는데 있어서 중요한 역할을 수행했다"라고 특기하며 칭찬했던 것이다 (李鵬, "關於趙紫陽同志在反黨反社會主義的動亂中所犯錯誤的報告", 『秘密』).

다음으로 베이징시 당위원회 서기 리시밍과 베이징시 시장 천시퉁의 공동 발언이다. 공동 발언에서 이 2명의 베이징 지도자는 이 '학조(학생운동)'가 일어나게 된 이유로 다음과 같은 4가지 사항을 지적했다. ① 부르주아 자유화를 장기간 범람하게 만들었던 것, ② 국내의 여러 반동조직이 해외의 반동조직과 결탁했던 것, ③ 경제 공작에서 인플레를 억지하지 못했던 것 등의 오류를 범했던 것, ④ 당내 부패 현상이 대중의 커다란 반발을 샀던 것 등이다.

그 위에서 리시밍은 자오쯔양에 대한 격렬한 비판을 전개했다. 5월 4일 이후, 자오쯔양이 '변심'하여 '동란'이라고 규정한 사설 및 덩샤오핑 강화의 정신에 반대하는 발언을 거듭하며 세정(世情, 세상 물정)을 혼란스럽게 만들었다고 거론하였으며, 아울러 측근에 해당하는 싱크탱크(중국경제체제개혁연구소(中國經濟體制改革研究所), 국무원 농촌발전연구센터, 중신국제문제연구소(中信國際問題研究所), 베이징 청년경제학회 등)를 지명하며 '최악의 역할'을 수행했다고 비판했다[李錫銘北京市黨書記發言, "在政治局擴大會議上的發言"(1989年6月 19日), 『秘密』].

제13기 4중전회

그런데 당의 결론이 내려진 것은 6월 23일부터 6월 24일까지 열렸던 제13기 4중전회에서였다. 『비밀』에서는 천윈(서면), 리셴녠, 펑전, 덩잉차오, 쉬샹첸(徐向前)(서면), 네룽전, 왕전, 보이보, 쑹런츙(宋任窮), 양상쿤(서면), 완리, 장쩌민, 쑹핑(서면), 리루이환, 후치리(자기비판), 루이싱원(芮杏文)(서면 및 자기비판), 왕전(서면)의 발언이 수록되어 있으며, 최후에 장쩌민의 신임 총서기로서의 강화가 들어가 있다. 후치리, 루이싱원, 옌밍푸(閻明復)는 말할 필요도 없이 준엄한 자기비판을 하도록 강제받았으며 아울러 당중앙으로부터 쫓겨났다.

해당 기록을 읽는 한에 있어서, 제13기 4중전회(또는 중앙정치국 확대회의)에서 가장 격렬하게 자오쯔양에 대해 비판했던 것은 왕전 정치국원이었다. 왕전은 1982년부터 1985년까지 중앙선전부장을 역임한 이데올로기 부문의 책임자였다. 그 이후 중앙고문위원회 부주임, 1988년부터 국가부주석을 맡았다. 그랬던 만큼 자오쯔양의 '부르주아 자유화'에 대해서는 철저하게 적대하였으며, 1987~1988년에 왕성해졌던 중국의 전통 문화를 비판하는 캠페인 '허상(河殤)'의 문제로 자오쯔양을 극구 비난했다. 그는 다음과 같이 자오쯔양을 잘라 내버렸다. "자오쯔양 동지의 개혁개방은 자본주의의 길, 과도한 소비·과도한 낭비와 부패 현상을 제창하는 것이다. 자오쯔양 동지는 결코 덩샤오핑의 개혁개방을 집행하는 자가 아니었다. 그는 왜곡자였으며 파괴자였다"["王震同志在中央政治局擴大會議的書面發言"(1989年6月21日), 『秘密』].

또한 제13기 4중전회 이전의 6월 19일부터 6월 21일까지의 중앙정치국 확대회의에서의 자오쯔양의 상황은 전술한 그의 회고록 『개혁 역정(改革歷程)』에서 밝혀져 있다. 그것에 의하면, 발언을 10분 동안으로 제한받았던 자오쯔양은 준비해두었던 원고를 읽었는데, 20분 가량이 소요되었다. 그 이튿날, 자오쯔양의 총서기 해임과 관련된 인사 안건이 상정되었는데, 애당초의 제안은 중앙위원의 직책을 유지하도록 한다는 안이었지만 결국 총서기, 군사위원회 주석, 중앙정치국 멤버, 중앙위원 등의 직책이 모두 박탈되었고 당적만 남게 되었다고 한다["趙紫陽親述參加89年政治局擴大會議"(1989年6月19日~1989年6月21日), 『秘密』; 원전은 趙紫陽(2009)].

6월 23일부터 6월 24일까지 중앙위원회 전체회의가 열렸다. 자오쯔양 자신에 의하면, 회의의 분위기는 실로 문화대혁명 시기와 흡사했다. 즉 "4중전회에서의 일부 사람들의 발언은 완전히 문화대혁명 시기의 그것과 동일했다. 문서에 중국공산당 제13기 4중전회라는 글자가 적혀 있지 않았다면, 이것을 읽은 사람은 문화대혁명 시기의 것이라고 생각했을 것임에 틀림없다. … 규칙에 의하면 채택되기 위해서는 전체 투표의 3분의 2를 확보하는 것이 요구되었다. 하지만 실제로는 거수에 의한 재결이었다"(趙紫陽, 2009).

결국 자오쯔양은 총서기에서 해임되고 그 대신에 장쩌민이 총서기로 선출되었다. 새로운 체제는 다음과 같이 구성되었다.

총서기는 장쩌민이 맡게 되었고, 중앙정치국 상무위원 중에서는 후치리가 해임되고 그 대신에 쑹핑, 리루이환이 상무위원이 되었다. 중앙서기처에서는 루이싱원, 옌밍푸(중앙통일전선부장)가 해임되고 그 대신에 리루이환, 딩관건(丁關根)이 서기로 선출되었다.

마지막으로 제13기 4중전회는 다음의 4가지 중대 사항을 향후 과제로 삼게 되었다.

ⓐ 동란의 제지 및 반혁명 폭란에 대한 철저한 단속: 2가지의 서로 다른 종류의 모순을 엄격하게 구별하는 것
ⓑ 치리정돈(治理整頓): 개혁개방 및 경제의 발전에 유의하는 것
ⓒ 사상정치 공작의 강화: 애국주의 및 이데올로기 교육을 추진하며 부르주아 자유화에 반대하는 것
ⓓ 당 건설의 강화, 민주 법제 건설의 강화, 부패의 방지: 인민이 관심을 갖고 있다는 점에 유의하는 것

자오쯔양의 변명

제13기 4중전회에서의 자오쯔양의 변명은 『비밀』 및 『개혁 역정』에 수록되어 있다. 여기에서 그 개략적인 내용만을 소개해보도록 하겠다["13期4中全會上的發言"(1989年 6月 23日), 『秘密』].

자오쯔양은 "학조 문제에서 나는 스스로의 생각을 견지하고 폭력에 의한 진압을 거부하였다. … 어떠한 결과가 될 것인가, 어떠한 처우를 받게 될 것인가, 나에게는 충분한 사상적 준비가 되어 있었다. 자신의 의견을 견지하면서 하야하는 것 이외에 다른 방도가 없다는 것도 알고 있었다"라고 논하였다.

또한 자오쯔양은 "애당초 나 자신은 시위, 절식(단식 농성) 등에는 반대하였으며 평화적, 법적인 절차를 지지해왔다. 하지만 이번의 시위는 여느 때와는

상황이 달랐다. 첫째, 학생이 제출했던 헌법의 옹호, 민주의 추진, 오직에 대한 반대는 당의 정책 및 목표에 합치하였으며 부정할 수 없는 것이었다. 둘째, 학생을 지지하는 사람들이 매우 다수였다. 각계의 인사가 지지를 했었다"라고 주장하고 있다.

이와 동시에, 학생·시민들의 참여 속에 시위가 확대되고 있음을 목도하게 됨에 따라 그는 생각을 바꾸게 되었다. 자오쯔양은 "이제까지 줄곧 나는 경제 방면에서 개혁자이고 정치 방면에서 보수자라고 자인해왔다. 하지만 최근(近年) 들어 사상적 변화가 발생했다. 만약 정치개혁을 중요한 의제로 삼지 않는다면 경제개혁의 난제는 해결할 수 없게 되며, 사회·정치의 여러 모순은 날마다 첨예해져 버리게 될 것으로 여겨졌다. 이러한 사고방식이 구체적인 문제에 대한 관찰과 처리에 영향을 미쳤다고 할 수 있다"라고 말하고 있다.

한편 자오쯔양은 자신이 덩샤오핑에게서 보여지는 전략지향(戰略志向)과는 인연이 없었다는 것을 정직하게 말하고 있다. 자오쯔양은 "6월 9일의 중요 강화(講話)에서 덩샤오핑이 국제 대기후(大氣候)와 국내 소기후(小氣候)라는 이야기를 했는데, 당시 나는 이렇게 고도의, 그리고 깊이 있는 관찰을 하지 못하고 있었다. 덩샤오핑의 강화를 잘 학습할 필요성이 있다"라고 피력했다.

하지만 '당을 분열시켰다', '동란을 지지했다'는 등의 비난은 완전히 부당하다면서 당규약에 명기되어 있는 변명할 권리[신소권(申訴權)]를 행사하고자 한다고 주장했다.

결국 제13기 4중전회에서 자오쯔양에게 붙여진 '딱지'는 다음과 같은 것이었다. 즉 "4항 기본원칙의 견지, 부르주아 자유화 반대에 소극적이었으며, 당의 건설 및 정신문명 건설의 사상정치 공작을 철저하게 무시했다"(제13기 4중전회 공보).

그 이후 연금 상태에 처해져 있던 자오쯔양은 2005년 세상을 떠나게 된다. 그런데 위에서 언급한 회의 기록은 여러 종류가 있고 또한 관계자의 회고록도 다수가 출간되었으므로, 중국 현대사의 최대 비극인 톈안먼 사건에서의 정책 결정의 양태를 밝혀낼 수 있는 실마리가 존재하고 있다는 것은 후세의 역사가에게 있어서 다행스러운 일이라고 할 수 있다.

제3장

비대화하는 국가
국가자본주의의 실상

1. 시장화인가, 국유기업 보호인가

『중국 2030』 보고서

이 장에서는 중국 경제사회에서의 국가의 역할 및 위상을 규명한다. 직접적
인 분석 대상은 국유기업 및 공사의 회색지대에 있는 국가지주회사(國家持株會
社)이다. 중국의 시장화가 사실은 국유경제 우위로 진행되고 있다는 것, 국유
기업이 비대화하고 '국가자본주의'적 상황이 생겨나고 있다는 것, 그리고 거기
에서 발생하는 기업과 관료의 유착에 의해 거대한 국가가 거대한 재산을
형성하고 있는 중이라는 것 등의 '역설'을 지적해두고자 한다. 국가의 사유화
(privatalization)이다.

2006년 전후부터 중국의 시장화는 속도가 떨어지고 국유기업·국가지주기
업의 비대화('국진민퇴(國進民退)'라고 불림)가 현저하다. 세계은행(World Bank)과
국무원 발전연구센터(國務院發展硏究中心)의 공동 보고서 『중국 2030: 현대적,
조화적, 창조적인 고소득 사회의 구축을 위해(China, 2030 : Building a Modern,
Harmonious, and Creative Society)』는 '국진민퇴'에 반대하며 시장화를 추진하기
위해 2012년 2월에 제출되었다. 그러나 이 보고서를 발표할 당시 로버트

죌릭(Robert Zoellick) 세계은행 이사장이 연설하는 장소에 시장화 반대파로 알려진 중국인 학자가 난입했다. 그가 세계은행의 신자유주의를 비난하고 "미국으로 돌아가라"라며 항의하는 소동이 벌어졌다.

보고서의 작성 과정에서도 국유기업의 이익 대변자인 국무원의 국유자산감독관리위원회[國有資産監督管理委員會, 약칭 국자위(國資委); SASAC]가 격렬하게 저항하여, 내용이 상당부분 완화되었다(2030년 시장화의 목표치를 30%에서 10%로 떨어뜨렸다)고 알려져 있다. 보수파[신좌파(新左派)]의 웹사이트 '오유지향(烏有之鄕)'에 의하면, 국자위는 세계은행의 보고서에 대해 사회주의를 대원칙으로 삼고 있는 헌법에 위반한다며 저항하였고, 재정부가 중개하여 국자위와 국무원 발전연구센터가 협의하여 격론 끝에 사유화를 완화시켜 발표하는 것에 도달하게 되었다고 한다(鍾晟, 2012). 시장화를 요구하는 국무원 발전연구센터를 주도했던 사람은 당조 서기이자, 당 중앙재경영도소조판공실 부주임 류허(劉鶴, 2017년부터 당 중앙정치국 위원, 2018년부터 국무원 부총리)였다. 핵심 멤버는 린이푸(林毅夫), 류스진(劉世錦), 룽융투(龍永圖), 성훙(盛洪), 우징롄(吳敬璉), 장수광, 장웨이잉, 저우치런(周其仁), 저우샤오촨(周小川) 등, 베이징톈쩌경제연구소(北京天則經濟研究所)에 모여 있는 리버럴 경제학자이다. 일명 '50경제학자'라고도 불린다. 또한 민간 연구소로서 시장화를 주도했던 톈쩌경제연구소는 시진핑 정권에 의한 준엄한 언론 통제로 2017년 1월에 웹사이트가 폐지되었고 2018년 가을에는 결국 허가도 취소되었다(이 책의 종장 제5절 참조).

이 보고서가 전면적인 사유화 제안을 의미하는 것은 아니다. 단기적으로는 정부예산에 대한 국유기업의 배당 비율을 높이고, 중기적으로는 국유기업이 생산성 기업(生産性企業)에서 철수해야 한다고 하였다. 공업총생산 중에서 국유기업이 차지하는 비중을 2010년의 27%에서 2030년에는 10%로 낮춰야한다는 것이 보고서의 주요 취지였다[해당 보고서의 영문판은 세계은행의 웹사이트, 중국어판은 바이두백과 웹사이트를 참조하였다].

이 보고서를 계기로 하여 '국진민퇴'에 대한 비판론이 일시 세를 얻었다. 국무원 발전·개혁위원회 주임 장핑(張平)은 2008년의 글로벌 금융위기(일명 '리먼 쇼크') 이래 '국진민퇴'는 역사의 후퇴이며 철도, 시정, 금융, 에너지, 전신, 교육, 의료 등의 분야에 민간자본이 참여할 수 있도록 해야 한다고 주장하였고(張平, 2012), 우징롄(국무원 발전연구센터)은 투입 과대, 비용 과다라는 지금까지 경제발전 모델을 그만두고 이를 전환시키지 않으면 지속적인 성장이 불가능하다고 위기감을 보였다. 또한 싱가포르 국립대학(NUS)의 정융녠[鄭永年, 홍콩중문대학 글로벌·당대 중국고등연구원(全球與當代中国高等研究院) 원장_옮긴이]은 국유기업이 활동하는 장을 몇 가지의 전략적 업종에 한정해야 한다고 주장했다.

2. 국유기업과 '국가자본주의'

'국진민퇴'와 과점 상황

국유기업·과점기업의 약진, 진행 중인 '국가자본주의'화의 단면을 소개해 보도록 하겠다. 또한 이 시기의 중국 경제에 대해서 일본의 경제학자들 사이에서도 국가자본주의화를 강조하는 그룹(派), 그게 아니라 시장화 쪽으로 움직일 것이라고 보는 그룹이 존재하며 견해가 양분되었다. 전자의 대표가 가토 히로유키, 후자는 마루카와 도모(丸川知雄, 2013)이다. 이 책에서 본 연구자는 전자의 견해를 채택하고 있다.

주지하다시피 덩샤오핑의 남순 강화 이후, 특히 1994년부터 시장화가 진전되었다. 국유기업의 민영화 등이 이 상태로 급속하게 진전될 것으로 여겨졌다. 하지만 2006년 무렵부터 민영화는 그 속도가 떨어지고 반대로 기간산업 및 전략 부문에서의 국유기업의 독점 상태는 더욱 강해졌다. 이 상황을 우쿤

화(吳軍華) 등 일부의 중국인 경제학자는 '관료자본주의(官僚資本主義)'라고 일
컫고 있다(吳軍華, 2008). 이는 중앙에 부를 집중시킨 1994년의 세제 개혁,
대규모 국유기업을 부추겼던 1995년부터의 국유기업 개혁으로 인해 더욱
촉발되었다.

국유기업의 팽창은 다음과 같은 정책적 조치와 결부되어 진행되어 왔다.
과점화는 1995년의 '조대방소(抓大放小, *zhuada fangxiao*)', 즉 '대규모 국유기업
은 확실히 장악하고 소규모 국유기업은 방임(민영화도 포함)하는' 정책이 실시
되면서부터이다. 2003년에는 중앙국유기업(금융은 포함되지 않음)을 통제하는
강력한 관료기구, 국유자산감독관리위원회가 성립되었다. 핵심이 아닌 전략
성이 적은 중소 국유기업에 대해서는 '개제(改制, 제도 변경)', 실제로는 사유화
가 진행되었다. 또한 이러한 사유화로 인해 대량의 국유자산이 유실되었던
것으로 알려져 있다.

1995년에 11만 8,000개였던 국유공업기업은 2005년에는 2만 7,477개로
정리되었으며, 국유기업의 직원은 1995년부터 2004년의 10년 동안에 60%로
감소되었다. 하지만 국유기업이 이 상태 그대로 순순히 물러났던 것은 아니
다. 국가는 전략산업 및 독점산업을 확실히 장악했던 것이다(姚洋, 2008b).

그 계기가 되었던 것은 1999년 9월의 중공중앙의 통달 '국유기업의 개혁·
발전에 대한 약간의 중대 문제에 관한 결정'(이하 '1999년 결정'으로 약칭)과 2006
년 12월 국자위의 '국유자본의 조정과 국유기업 재편에 대한 지도의견'(이하
'2006년 지도의견'으로 약칭)이다. 전자는 국유기업이 통제해야 할 업종과 영역을
"국가안전에 관련된 업종, 자연독점에 관련된 업종, 공공산품 및 서비스를
제공하는 업종 및 지주산업과 핵심산업 중의 중요 산업"이라고 규정하였다.
또한 그로부터 7년 후에 공표된 '2006년 지도의견'의 지시에 대해 〈표 3-1〉에
그 핵심 내용을 정리하였다. 이리하여 중앙은 국자위를 통해서 중요한 전략
자원의 대부분을 장악했다(吳木金, 2008).

〈표 3-1〉 국유기업의 지배를 유지해야 하는 분야('2006년 지도의견')

국유기업에 의한 전체적인 통제를 유지해야 하며, 국민경제의 명맥에 관련되어 있는 7대 중대 업종 및 영역
군사공업, 송배전·전력, 석유석화, 전기통신, 석탄, 항공수송, 해운
해당 산업의 주요 기업에서 국가가 비교적 강한 통제를 유지해야 하는 분야
설비제조, 자동차, 전자·정보, 건축, 철강, 비철금속, 화학, 자원 탐사·설계, 과학기술

※ 자료: 중국국유자산감독관리위원회 주임 리룽룽(李榮融)의 보고(新華社, 2006.12.18).

다음으로 2008년 말의 글로벌 금융위기도 중국 국유경제의 강화로 연결되었다. 금융위기를 회피하기 위해 정부는 4조 위안이 넘는 경제 촉진 정책을 취했지만, 그 대부분이 국유경제와 부동산 부문으로 돌아갔다고 말해진다. 2012년 3월 당시 국자위가 통제하고 있는 중앙국유기업은 177개, 그 지배하에 있는 자회사는 1만 개를 넘는 것으로 여겨지고 있다(三浦有史, 2012).

그런데 미국은 이러한 국유기업이 우위를 차지하고 있는 중국의 '시장화'에 강한 우려를 갖고 있다. 2011년 7월, 미국 연방의회에 초당파적 자문을 제공하는 '미중 경제안보검토위원회'(USCC: United States-China Economic and Security Review Commission)는 국유기업에 대한 비판의 입장에서 '중국 자본주의'의 현 단계를 분석한 보고서를 냈다. 그 핵심 논점은 다음과 같다.

첫째, 각 분야에서 국유기업 및 국가가 주식을 통제하고 있는 기업의 비중은 기간산업에서 대단히 높으며 4분의 3에 달한다. 구체적으로는 정보·IT산업에서 96.2%, 석유화학공업에서 76.6%(〈표 3-2〉 참조), 자동차 산업에서 74.6%이다.

둘째, 국유기업을 협의로 해석할 경우 2011년 현재 국유기업의 비중은 중국 전체의 비중의 40%를 차지했다. 광의 개념에서 논하자면(국가가 주식을 50% 이상 지배하고 있는 기업, 즉 '국가지주기업'도 포함됨), 공적 소유 기업의 비중은 50%를 넘는다.

〈표 3-2〉 중국의 석유·석유화학공업에서의 국유기업의 비중(2010)

기업	매출 수입 (10억 위안)	전체 중 점유율 (%)
중국석유화공집단공사(中國石油化工集團公司)	1,913	21.4
중국국가석유집단공사(中國國家石油集團公司)	1,721	19.3
중국해양석유집단공사(中國海洋石油集團公司)	355	4.0
주하이전룽공사(珠海振榮公司)	61	0.7
초거대 국유기업 소계	4,050	45.3
기타 국유합작기업(추정)	2,794	31.3
국유·기타의 소계(추정)	6,844	76.6
기타	2,087	23.4
석유·석유화학공업 총계(추정)	8,931	100.0

※ 자료: Szamosszegi/Kyle(2011), p.37.

이것에 입각하여 해당 보고서는 아래와 같이 중국 경제의 성격을 진단하고 있다.

첫째, 국유 섹터가 국가의 정책과 경제 인센티브 쌍방에 반응하고 있다. 중국에서 현재 진행되고 있는 것은 '국가가 지도하는 자본주의'이다.

둘째, 이러한 국유 지향 경향은 특히 톈안먼 사건 이후에 현저해졌다 (US-China Economic Security Review Commission, 2011).

이와 같은 '국진민퇴'의 상황에 비판적인 민간 연구기관인 톈쩌경제연구소는 2010년의 보고서에서 다음과 같이 경종을 울렸다. "국진민퇴는 개별적인 현상이 아니라 노도와 같은 조류이다. 개별 기업의 단독행위가 아니라 국유기업, 특히 중앙국유기업의 공동행동이다. 민생 또는 안전과 관련된 산업뿐만 아니라 경쟁력이 있는 업종 거의 전체에 미치고 있다. … 이것은 (1930년대, 1950년대에 이어지는) 세 번째 국유화 운동이라고 할 수도 있다"(楊帆, 2010).

2000년대의 석유·천연가스 관련 국유기업을 살펴보도록 하겠다. 지금

중국에는 3개의 거대한 석유 관련 국유기업[중국해양천연가스집단공사(CNOOC),
중국석유화공집단공사, 중국석유천연가스집단공사]이 있는데 중국석유화공집단공사
와 중국석유천연가스집단공사 2개는 1999년 이래 원유와 관련된 정제와 유통
을 독점하고 있다. 〈표 3-2〉는 다소 오래된 것이기는 하지만 3대 석유회사의
중국 내에서의 비중을 제시하고 있다.

국유기업의 경영자는 당이 임명한다

'국진민퇴'의 상황은 2008년 말의 글로벌 금융위기 이후에 가일층 진전되었
다. 부와 관직과 당의 지위를 한 손에 쥐게 된 "권귀자산계급(權貴資産階級)이
생겨나고 있다"라고 하는 것이 올드 리버럴(old liberal)의 두광(杜光, 중국공산당
중앙당교) 등의 관찰이다(杜光, 2010). 국유기업의 약진이 문제가 되는 것은
① 민간기업의 발전을 방해하기 때문이고, ② 기업 경영자는 당의 완전한 지
배하에 있으며 당과 기업 간의 유착이 진전되어 권력과 재력을 한 손에 쥐게
된 특권층과 구조적 부패를 만들어내기 때문이다. '중공중앙이 관리하는 간부
직무 명칭표'(1990년 5월)에 의하면, 중국공산당 중앙조직부가 직접 관리하는
간부 직책은 다음과 같다.

① 중국공산당 중앙정치국 위원, 중앙위원·중앙후보위원, 중앙서기처 서기·
   후보서기를 필두로 하는 중앙·지방의 당 간부·국가 간부, 통계로 4,200명
   정도이다.
② 국유은행·국유기업에 대해서는 다음과 같은 직무가 당 중앙조직부에 의해
   임면된다.
 - 중국공상은행, 중국농업은행, 중국은행, 교통은행, 중국인민보험공사의 행
   장·부행장, 이사장·부이사장.
 - 중국선박공업집단공사, 중국석유화공집단공사, 중국석유천연가스집단공사,

중국석탄배급채굴집단공사, 중국핵공업집단공사, 중국병기공업집단공사, 중국유색금속광업집단공사, 중국해양석유집단공사 총경리·부총경리, 당조의 서기·부서기· 멤버, 전국공소합작총사의 이사회 주임.

또한 기타 국유은행, 중요한 국유기업 경영자는 중앙조직부에 보고·기록해야 할 자리가 되고 있다(中國共産黨黨內法規制度手冊, 1997a).

회색지대의 국가지주기업

그런데 국유기업이 시장화를 저해하고 있는지 여부, '국진민퇴'가 진행되고 있는지 여부를 확인하기 위해서는 국유기업이란 무엇인가를 확정할 필요가 있다. 중국에서는 회색지대가 대단히 많으며 국유와 사유의 경계가 대단히 모호하다. 국유가 실제로 큰 비중과 힘을 갖는 이유 중의 하나로 국유로서 다루어지는 '국가지주회사'의 존재가 있다. 이것은 '국가가 소유하는 자본이 다른 어떤 단독의 출자자보다 많으며 정부가 경영지배권을 갖고 있는 기업'을 지칭한다.

국가가 주식의 51%를 보유하고 있다면 실제적으로 국유기업이다. 중국에서는 통계상 공업기업은 국유, 집단, 주식합작, 공동경영, 유한책임, 주식유한, 사영, 홍콩·마카오·타이완, 외자 등의 9가지 종류로 분류한다. 문제의 '국가지주회사'는 이 중에서 유한책임, 주식유한이라는 형태를 취하는 경우가 많은 것으로 알려져 있다. 그리고 이 기업은 국유와 민간의 중간에 존재하는 회색지대에 위치해 있으며, 실질적으로는 국유기업과 마찬가지로 국가의 통제 아래에 있다. 한 경제학자는 이것을 "베트남과 중국에서만 볼 수 있는 대단히 특수한 기업 형태"라고 평가하고 있다(三浦有史, 2012).

이 회색지대의 '국가지주기업'에 대해서 미우라 유지(三浦有史)는 다음과 같이 지적하고 있다.

〈표 3-3〉 세계 100대 기업 중 중국계 기업의 총수입(2014)

세계 순위	기업	영업 수입 (백만 달러)
3	중국석유화공집단공사(中國石油化工集團公司)	457,201.1
4	중국석유천연가스집단공사(中國石油天然氣集團公司)	432,007.7
7	국가전망공사(國家電網公司)	333,386.5
25	중국공상은행(中國工商銀行)	148,802.6
32	훙하이정밀공업주식공사(鴻海精密工業株式公司)[타이베이(臺北)]	133,161.7
38	중국건설은행(中國建設銀行)	125,397.7
47	중국의업은행(中國衣業銀行)	115,392.1
52	중국건설주식공사(中國建設株式公司)	110,811.6
55	중국이동통신집단공사(中國移動通信集團公司)	107,647.3
59	중국은행(中國銀行)	105,622.6
76	라이바오그룹(來寶集團)[홍콩(香港)]	97,878.3
79	중국해양석유집단공사(中國海洋石油集團公司)	95,971.5
80	중국철도건축집단공사(中國鐵道建築集團公司)	95,746.8
85	상하이자동차집단주식공사(上海自動車集團株式公司)	92,024.8
86	중국중철주식공사(中國中鐵株式公司)	91,152.6
98	중국런서우보험집단공사(中國人壽保險集團公司)	80,909.4

※ 자료: Fortune Global 500(2014).

ⓐ 국유기업과 국가지주기업은 기업의 숫자는 감소하는 경향이 있다(전체의 6.1%). 하지만 이 2가지는 여전히 공업생산, 이윤 총액, 영업 수입 40%, 소득세의 50%, 자산·부채·소유자 권익의 60%를 차지했으며 2004년 이래의 이 상황은 특히 현저하다.

ⓑ 이 2가지 기업은 1개 기업 당 규모, 1인당 이윤이 확대되고 있으며 경쟁력을 강화하고 있다. 그런데 2010년 국유공업기업은 자산에서는 3.8배, 이윤에서는 1.8배, 종업원 임금에서는 1.8배 등으로 민간 기업에 압도적인 격차를 벌리고 있다.

ⓒ 2010년 국유기업과 국가지주기업의 공업생산에서 차지하는 비중은 전력, 교통수송, 석유, 유색금속, 석탄, 천연가스, 담배 등 7가지 업종에서 70%이다.

또한 미국의 잡지 ≪포춘(Fortune)≫에 의하면, 총수입을 기준으로 한 2014년 세계 10대 기업 순위 안에 중국 국유기업 3개가 들어가 있다. 〈표 3-3〉은 세계 100대 기업 순위 안에 들어가 있는 중국 기업을 나타내고 있다. 2010년에는 6개 회사였지만, 2014년에는 16개 회사로 급증했다. 제98위를 차지한 런서우보험(人壽保險) 이외에는 대형·과점 국유기업이다. 중국의 대규모 국유기업의 국제경쟁력은 대단히 강하다.

2019년에는 어떠했을까? 세계 10대 기업 중에 중국 기업은 3개가 포함되었고(〈표 3-4〉 참조), 세계 100대 기업 중에서는 중국 기업이 24개를 차지하며 국가별 순위에서 일본을 제치고 제2위가 되었다.

그렇다면 중국에서 시장화의 장래는 어떻게 될까? 중국식 '국가자본주의'가 지닌 생명력 및 국제경쟁력은 향후에도 좀처럼 쇠퇴하지는 않을 것이다. 특히 글로벌 경쟁에서 우위에 서기 위해서는 국유기업과 국가지주기업에 의한 경제 주도가 가장 지름길인 이상, '중국식 국가자본주의'는 한동안 계속될 것으로 여겨진다. 아래에서 제시한 미우라 유지의 전망에 찬성한다(三浦有史, 2012).

① 애당초 중국공산당은 시장경제화가 국퇴민진과 같은 것이라고 간주하고 있지 않다. 전략·자원·중핵 기업에 대한 국가의 주도를 결정했던 '1999년 결정'과 '2006년 지도의견'은 중국 당국의 기본적 및 장기적 입장이다.
② 중국 정부는 시장경제화에 의해 시장에 대한 지배력이 약화되는 것을 전혀 의도하지 않고 있다.

〈표 3-4〉 세계 500대 기업 중의 상위 10대 기업(영업수입 기준, 2019)

세계 순위	기업	영업 수입 (백만 달러)
1	월마트	514,405
2	중국석유화공집단공사(中國石油化工集團公司)	414,649
3	더치셸	396,556
4	중국석유천연가스집단공사(中國石油天然氣集團公司)	392,976
5	국가전망공사(國家電網公司)	387,056
6	사우디 아람코	355,905
7	브리티시 페트로	303,737
8	엑슨 모빌	290,212
9	폭스바겐	278,341
10	도요타 자동차	262,612

※ 자료: Fortune Global 500(2019).

③ 국가자본을 경제의 골간에 관련된 분야에 집중시킴으로써 경제 전체에 대
한 지배력을 강화하고, 나아가 세계 시장에 진출시킨다는 전략을 취하고
있다.

3. 부패와 반부패

대형화 · 구조화하는 오직

경제사회 국가라고 하는 점에서 중요한 주제 중의 하나가 부패 · 오직의
문제이다. 21세기에 들어와 중국의 권력을 가장 고뇌하도록 만들고 있는 문제
가 정치 · 경제 엘리트들(고급 관료, 국유기업과 민영기업을 불문한 기업가들 및 의원
등)에 의한 부패 · 오직이 만연하고 있다는 점이라고 할 수 있을 것이다. 필자
는 2012년의 보시라이 사건[薄熙來事件: 보시라이는 1993년부터 다롄시(大連市) 시

〈표 3-5〉 제18차 당대회 이후 구속·실각된 고급 관료 및 기업가(2012.11~2015.3)

인명(人名)	실각한 당시의 직책	전직(前職) 등
저우융캉(周永康)	중앙정치국 상무위원회 위원, 국무위원, 중앙정법위원회 서기	중국석유천연가스집단공사 총경리 및 당조 서기, 국무원 공안부장, 국토자원부장 및 당조 서기
쉬차이허우(徐才厚)	중앙정치국 위원, 중앙군사위원회 부주석	
류톄난(劉鐵男)	국무원 발전·개혁위원회 부주임 및 당조 멤버	국무원 국가에너지국 국장(局長)
장제민(蔣潔敏)	국유자산관리감독위원회(국자위) 주임 및 당위원회 부서기	중국석유천연가스집단공사 총경리 및 당조 서기
쑨웨이둥(孫衛東)	위먼유전공사 전 부총경리	
쑹린(宋林)	화룬그룹 이사장 및 당위원회 서기	
쉬민제(徐敏傑)	위안양운수집단공사 전 당조 서기	
쑹쥔(宋軍)	칭다오위안양운수공사 전 부총경리	
황샤오후(黃小虎)	안후이군공그룹 전 이사장	
쉬젠이(徐建一)	중국제일자동차집단공사 전 부총경리	
랴오융위안(廖永遠)	중국석유천연가스집단공사 총경리	

장, 2004년부터 상무부장, 2007년부터 충칭시 시장 등을 거치며 영달했지만, 2012년 수뢰·권력 남용죄로 실각하였으며, 2013년에 무기징역 및 정치 권리의 종신 박탈의 판결을 받았음 이래, 부패·오직 문제가 권력투쟁의 도구가 되었으며, 부패·오직 자체가 중국공산당의 지배체제를 붕괴시킬 최대의 원인이 아닌가 하고 생각하고 있다. 부패·오직은 권력의 사물화를 가져오고 국가의 사유화를 초래한다.

"부패는 일종의 사회·역사 현상이며 세계적인 병리이다. 공중이 중대한 관심을 기울이는 문제이기도 하다"라는 것은 2010년에 국무원 신문판공실이 발표한 백서『중국의 반부패와 염정 건설(中国的反腐败和廉政建设)』에서 지적한 내용이다. 2012년에 보시라이를 겨냥해 권력을 장악한 시진핑 정권은 반부패를 첫 번째의 과제로 내세우며 '호랑이도 파리도 때려잡는다'라며 부패 적발에

〈표 3-6〉 제18차 당대회 이후 실각한 중앙위원 및 중앙후보위원(2012.11~2015.3)

인명(人名)	실각한 당시의 직책
장제민	중국공산당 중앙위원, 국무원 국자위(國資委) 주임 및 당위원회 부서기
리둥성(李東生)	중국공산당 중앙위원
양진산(楊金山)	중국공산당 중앙위원
링지화(令計劃)	중국공산당 중앙위원, 전국정치협상회의 부주석
리춘청(李春城)	중국공산당 중앙위원후보
왕융춘(王永春)	중국공산당 중앙위원후보
판이양(潘逸陽)	중국공산당 중앙위원후보
완칭량(萬慶良)	중국공산당 중앙위원후보
천촨핑(陳川平)	중국공산당 중앙위원후보
왕민(王敏)	중국공산당 중앙위원후보
주밍궈(朱明國)	중국공산당 중앙위원후보
판충미(範長秘)	중국공산당 중앙위원후보
양웨이쩌(楊衛澤)	중국공산당 중앙위원후보
처우허(仇和)	중국공산당 중앙위원후보, 윈난성(雲南省) 당위원회 서기

※ 자료: 2012년 11월부터 2015년 3월까지 조사가 행해졌던 성, 부, 군 간부급 이상은 90명, 중앙위원 4명, 중앙위원후보는 10명이었다.

주력해왔다. 2015년 3월의 전국인민대표대회에 차오젠밍(曹建明) 최고인민검찰원 원장은 2014년의 1년 동안 100만 위안(약 1,700만 엔) 이상의 오직·수뢰·공금 횡령 사건은 3,664건으로 전년보다 42% 증가했으며, 현장급(縣長級) 이상의 공무원의 오직은 4,040명으로 전년 대비 40% 늘어났다고 밝혔다. 또한 중앙 레벨에서는 건국 이래 전례가 없는 높은 직급의 정치가 및 관료, 저우융캉(周永康, 전 중앙정치국 상무위원, 법의 파수꾼에 해당하는 중앙정법위원회 서기), 쉬차이허우(중앙군사위원회 부주석, 군인 출신 1인자)를 포함하는 성장급 및 각료급 이상 28명이 적발되었다.

〈표 3-5〉와 〈표 3-6〉을 참조하기를 바란다. 겨우 2년여의 기간 동안에 시진핑 정권의 '반부패 캠페인'으로 실각한 고급 관료·기업가, 18기 당 중앙

위원·중앙위원후보가 아래 도표에서처럼 다수가 되었다. 특히 주목되는 것은 세계 순위 3위의 초대기업인 중국석유천연가스집단공사의 3대에 걸친 총경리가 모두 체포되었다는 것이다. 최대의 보스인 저우융캉이 만들어낸 '부패 네트워크'이다. 또한 그들은 모두 경제 관료 시스템의 톱이며, 거대 국유기업의 보스이며 중국 경제의 핵심에 군림하는 엘리트들이다. 부패·오직이 중국의 권력 중추에 침투하여 구조화되고 있는 상황을 읽어낼 수 있다.

국무원 발전·개혁위원회 및 국자위 등 경제관료기구의 핵심 파워와 부패 간의 연계를 고려해보도록 하겠다. 중국공산당 제18차 당대회, 국무원 발전·개혁위원회 부주임 류톄난(劉鐵男)이 오직·수뢰 혐의로 구속되었다. 그는 10년간에 걸쳐 위원회의 국장급을 역임한 이후 부주임으로 승진하였다. 하지만 약 4,000만 위안을 수뢰했다고 하며 2014년 12월에 무기징역의 판결을 받았다. 그의 사건을 계기로 하여 수사의 손길이 해당 위원회 자체로 향해졌다. 그리고 11명이 수뢰 혐의로 체포되었는데, 대부분이 가격결정과 관련된 부처의 수장이었다. 부동산 가격, 석유 가격, 의약품 가격의 결정권을 무기 삼아 수뢰한 것이다. 특히, 의약품은 엄청난 이권으로 보인다. 과거에 명·청 시대에는 '3년간 현(縣) 지사를 지내게 되면 10만 량을 모을 수 있다'라고 말해졌지만, 지금 가격국(價格局)은 "가격을 결정하는 자리에 취임하면 수억 위안을 축재할 수 있다"라고 언급되고 있다(張曙光, 2014).

부패 근원 중 하나는 정부가 가격 및 규제·인허가, 경제 활동의 중요한 부분을 장악하고 있다는 점에 있다. 가격은 자유가 아니다. 전기 값도 석유 가격도 통제되고 있다. 그 부처에 둥지를 틀고 있는 공무원들이 산품의 생산, 유통, 가격, 사용의 결정자이며 시장을 장악하고 있다. 리버럴 경제학자인 장수광은 "중국의 개혁을 성공시켰던 것은 이중 가격제였지만, 그 실패도 또한 이중 가격제에 의한 것이다", "오직을 근절시키기 위한 유일한 길은 시장의 개방, 가격의 개방이다"라고 단언하고 있다(張曙光, 2014).

국자위는 어떠할까? 애당초 국자위는 2003년에 국무원 직속의, 국유자산을 감독·관리하는 거대한 관료기구로서 생겨났다. 석유 가격 및 가솔린 가격 전체와 주유소의 설치권을 장악하고 있으며, 해외 석유천연가스 자산의 유출에도 관여하고 있는 것으로 알려졌다. 그 주임 자리는 왕융(王勇), 리룽룽(李榮融)을 거쳐 2013년부터 장제민(蔣潔敏)이 이어받았다. 장제민은 저우융캉의 심복으로 2007년부터 중국석유천연가스집단공사의 총경리 및 당조 서기를 6년간 맡았던 유명한 '석유 파벌'이다. 국자위는 시장화 개혁에 반대하는 강력한 로비 집단이라고 평가하는 지적도 많다. 이미 논한 바와 같이, 2012년의 세계은행과 국무원 발전·개혁위원회의 공동 보고서『중국 2030』의 시장화 목표 수치를 저하시키기 위해 강력한 압력을 가했던 것은 다름 아닌 국자위였다(이 책의 제3장 제1절 참조). 하지만 2014년에 저우융캉의 추락과 함께 장제민도 체포되었으며 이 강력한 로비 집단을 향해 수사의 손길이 뻗치게 되었다.

2014년 말의 당 중앙정치국 회의는 만연되고 있는 오직에 대한 대책을 집중적으로 논의하고, 특히 부패가 구조화·집단화되고 있는 것에 주의를 촉구하며 도당·파벌이 한패가 되어 행해지고 있는 부패에 대한 공격을 강화하기로 결정했다. 신화사에 의하면, 다음과 같은 3개 도당·파벌이 만들어지고 있다고 한다(新華社, 2015.1.4). 즉 ① '비서 파벌[秘書派閥, 대표적인 인물은, 2013년에 체포된 궈융샹(郭永祥) 쓰촨성(四川省) 당위원회 비서장', ② '석유 파벌(石油派閥, 중국석유천연가스집단공사의 이사장 및 국자위 주임 등을 역임했던 장제민 등)', 그리고 ③ '산시 파벌[山西派閥, 일가가 부정을 저질렀던 링지화(令計劃) 등]'이다. 이 3개의 거대한 오직 파벌(汚職派閥)이 위세를 부리며 날뛰고 있었던 것이다.

반부패 캠페인

시진핑 정권이 출범시킨 반부패 캠페인이 시작된지도 이미 8년 이상 지났다. 중앙정치국 위원 2명을 포함해 관계 및 기업계의 우두머리, 군의 고급 장교 다수를 '중대한 규율 위반'으로 구속은 했지만, 좀처럼 재판에 이르지 못하고 있으며 죄명도 양형도 결정되지 않고 있다. 그 수사 과정 및 향후 결말은 상당히 불투명하다.

하지만 현재의 정권이 '패배하면 안 되는 전쟁'으로서 '반부패'에 필사적이 되고 있다는 것은 사실이다. 한 평론가는 반부패 전쟁에서 패배할 경우 다음과 같은 비극이 도래할 것이라며 시나리오를 제시한 바 있다(木然, 2015). 즉 ⓐ 당 권력 그 자체의 퇴장, ⓑ 문화대혁명 이후와 동일한 종류의 이극 대립(二極對立) 및 복수가 지배하는 사회의 재현, ⓒ 반부패 캠페인에 겁을 먹고 있는 군이 일정한 한계를 넘게 될 경우 군벌 혼전에 도달하게 되는 것, ⓓ현재의 정권 및 사회에 대한 신뢰도가 극도로 저하되고 중류(중산층) 이상이 난민으로서 해외로 유출되는 것, ⓔ옛 소련과 마찬가지의 붕괴극 등이다. 그러면서 반부패 전쟁에서 어떻게 해서라도 승리하지 않으면 안 된다고 해당 평론가는 강조하고 있다.

2015년 3월의 전국인민대표회의에서 최고인민법원의 저우창(周强) 원장은 저우융캉이 충칭시 당위원회 서기였던 보시라이와 결탁하여 "비조직적인 정치 활동을 행했다"라며 두 사람 간의 연계를 처음으로 공개적으로 언급했는데 (周强, 2015), 이것은 반부패 캠페인 자체가 격렬한 권력투쟁이라는 것을 보여주는 것이었다.

매관 · 매관현상: 헝양시 부정선거 사건

현대 중국에서의 부패의 심각성을 잘 보여주는 것은 의원직을 둘러싼 '매관(買官) · 매관(賣官)' 행위이다. 우선 후난성 헝양시(衡陽市) 인민대표대회(의회)와 랴오닝성(遼寧省) 인민대표대회에서의 대규모의 회선(賄選, 부정선거)을 설명하도록 하겠다. 이를 통해 부패 바이러스가 권력의 토대를 침식하고 있는 상황이라는 것을 파악할 수 있게 될 것이다.

2015년 3월 2012년 12월에 발생했던 후난성 헝양시에서의 경악할 만한 후난성 인민대표대회 대표(의원)의 부정선거가 폭로되었다. 이제까지 부패의 주역은 국유기업, 최고 경영자(사실은 최고 직급의 공무원)였지만, 이때 오직을 저지른 주인공은 헝양시 의회의 의원이었다. 부정에 관여한 사람은 민간기업의 사장들이었다.[12]

후난성 헝양시는 인구 713만 명(당시)의 중규모 도시이다. 헝양시 인민대표대회 의원은 518명이며 5년에 1회 성급의 인민대표대회 대표를 간접선거로 선출한다. 2012년 12월 간접선거를 실시했을 때 대규모의 부정선거, 매수 사건이 일어났다. 후난성 인민대표대회의 의원을 간접선거로 76명 선출했는데, 그 중에 56명이 '매수', 즉 '매관'을 행했던 것이다. 성 의원이 되고자 하는 의원은 20만 위안씩 지불했다고 한다. 56명 중에 기업가가 32명, 지방 레벨 공무원이 12명, 국유기업 책임자가 4명 등이다. 기업가는 스스로 20만 위안을 변통하였고, 한편 관료 및 국유기업의 의원은 출신 단체에서 각각 20만 위안을 마련했다고 한다.

부정선거의 전말은 20만 위안을 지불했음에도 성 의원에 당선되지 못하고 돈도 돌려받지 못했던 의원이 폭로하여 밝혀지게 되었다. 어쨌든 헝양시 인민대표대회의 전체 의원 518명이 사직하였고, 성 의원 선출은 모두 무효가 되었으며, 이 부정 공작에 관여했던 헝양시의 직원 68명도 처분을 받았다. 결과적으로 헝양시의 부정선거에서 움직였던 돈은 합계 1억 1,000만 위안의 거액에 달했다.[13]

• • • •

12 헝양시의 부정선거에 대해서는 李凡(2014), ≪財新網≫(2014.2.24.), 林金冰(2014) 등을 참조하기 바란다.

13 후난성 헝양시에서의 '매관(買官)·부정선거'에 대해서는 과연비기금연구(科研費基金研究)A '중난하이의 권력 구조(中南海の權力構造)'[대표: 히시다 마사하루(菱田雅晴)]에서 나카오카 마리(中岡まり)로

랴오닝성 인민대표대회의 회선 사건

더욱 충격적이었던 것은, 헝양시 부정선거 사건이 발생하고 다음 달인 2013년 1월에 일어난 랴오닝성(遼寧省) 인민대표대회에서의 전국인민대표회의 대표 선출 당시 뇌물선거[회선(賄選)]였다. 사건을 폭로하는 정보가 당국에 의해 공개된 것은 2016년 3월이다. 해당 사건의 개요는 다음과 같다.

- 랴오닝성 의회가 간접선거로 제12기 전국인민대표회의 대표를 102명 선출하고 그 중에 45명이 매수 선거로 당선된 부정선거 의원이었다. 그 45명 중에 42 명이 대기업 또는 중소기업의 기업주였다. 국유기업도 사영기업도 있었다(부정선거로 선출된 의원 45명의 이름이 공표되었다).
- 이 선거가 실시되는 과정에서 랴오닝성의 인민대표대회 대표(랴오닝성 의원) 619명 중에서 85%에 해당하는 523명이 부정선거와 관련되었다.
- 부정선거로 선출된 의원이 면직되어 그 결과 랴오닝성 인민대표대회 상무위원회 62명 중에 38명이 면직되고, 결국 상무위원회가 기능마비 상태에 빠졌으며 전국인민대표회의 상무위원회가 직접 신규 랴오닝성 인민대표대회 준비회의를 조직하게 되었다.
- 이 사건으로 랴오닝성의 정계 고위직 대부분은 수뢰죄, 뇌물공여죄, 직권남용죄 등으로 처벌되었다. 왕민(王珉) 랴오닝성 당위원회 서기(무기징역), 정위줘(鄭玉卓) 랴오닝성 인민대표대회 상무위원회 부주임(징역 3년 6개월), 쑤훙장(蘇宏章) 랴오닝성 정법위원회 서기(징역 14년), 왕양(王陽) 랴오닝성 인민대표대회 상무위원회 부주임(징역 16년 6개월), 리펑(李峰) 랴오닝성 인민대표

● ● ●

부터 자문을 받았으며, 아울러 자료도 제공받았다. 이를 기록하여 감사의 말씀을 전해드리고자 한다.

대회 상무위원회 부주임, 리원커(李文科) 랴오닝성 인민대표대회 상무위원회 부주임, 류창(劉强) 랴오닝성 부성장 등이다. 랴오닝성의 정계는 붕괴 상태가 되었다.

그런데 주모자로 간주된 왕민이 애당초 지린성으로부터 랴오닝성 서기로 취임했던 것은 2009년의 일이다. 다롄시 및 랴오닝성은 애당초 보시라이의 세력이 강했으며, 보시라이가 1993년 다롄시 시장, 1999년부터 랴오닝성 당위원회에 진입하였고, 2001년부터 2004년까지 랴오닝성 성장으로 랴오닝성에서 군림했다. 보시라이는 그 이후 충칭시 당위원회 서기로 승진했다. 실각 이후의 왕민은 보시라이의 일파로 언급되는 일이 많다. '검은 네트워크'가 만들어졌었을 것으로 여겨진다.

2016년 9월의 제12기 전국인민대표회의 제23차 상무위원회는 랴오닝성의 사안에 대해서 심의하고 랴오닝성이 선출한 제12기 전국인민대표회의 랴오닝성 출신의 의원 102명 중에 부정선거로 인해 45명의 당선을 무효 결정하고 이를 보고했다.

이와 관련하여 인민검찰원의 웹사이트는 다음과 같이 해설했다.

- 랴오닝성 인민대표대회 의원 중의 84%가 뇌물을 공여했다. 이것은 성급(省級) 권력기관의 대부분이 부패했다는 것을 보여준다.
- 랴오닝성 인민대표대회 상무위원회 위원 중의 61%가 수뢰를 했다는 것은 성급 권력기관이 기능하지 못했다는 것을 말한다. 이러한 사태는 신중국의 역사에서 없었던 일이며 (이를 처벌할 수 있는) 헌법 및 관련 법률도 없기 때문에 새로운 조치를 재고할 필요가 있다.

2016년 9월 이 안건이 전면 공개되었을 때 전국인민대표회의 상무위원장

장더장(張德江)은 랴오닝성 부정선거가 성급에서 발생한, 건국 이래 최대의 스캔들이라고 규정했다. 이어 ① 당규·국법, ② 정치 기율·정치 도덕, ③ 조직 규율과 규칙을 위반하였고 ④ 당내 선거제도와 인민대표대회 선거제도를 중대하게 침범했다면서, '4가지 중대'에 주의를 환기시켰다(張德江, 2016).

그런데 랴오닝성에서의 부정선거를 보도하는 일련의 기사를 작성했던 우스밍(武師明)의 다음과 같은 언급은 대단히 이념적이다. 즉 "사유제를 위주로 하는 시장경제 환경하에서는 권력이 일단 부패하게 되면 필연적으로 자본의 노예가 된다. 실제로 이 랴오닝성 부정선거 사건은 부패한 관료와 신생 자본 세력이 야합하여 사회주의 민주정치, 인민민주독재에 대해서 중대한 도전을 해왔다. 국가의 법률과 당의 기율에 대한 도전이자, 중국 사회주의 제도의 한계선, 중국공산당 집정의 한계선에 저촉되는 것이다". 그는 "랴오닝성 부정선거 사건에 대한 심리는 오탁(汚濁) 세력·자본 세력 복합체에 의한 국가정권에 대한 침식, 전복 음모에 대해 이를 타파하려는 시진핑 총서기의 지도하에 전개되고 있는 일대 전투이다"라고 논했다(武師明, 2018). 이 안건의 배후에는 사실 중대한 권력 쟁탈이 숨겨져 있을 지도 모른다. 그 실상은 명확하지 않다.

기업가가 지방의회 의원이 되고자 하는 이유

전술한 헝양시 부정선거에서 후난성 인민대표대회 의원으로 선발되었던 76명 중에 32명이 기업가였다. 랴오닝성의 경우 매관으로 부정하게 전국인민대표회의 의원으로 선발되었던 45명 중에 42명이 국유기업과 민영기업을 불문하고 기업가였다. 의원이 되고자 하는 기업가가 많기 때문에 '매관' 비용이 급등하고 있다고도 전해진다. 왜 그들은 의원 자리를 노리고 있는가? 그것은 우선 기업에 있어서 절호의 선전이 된다. 또한 의원이라는 것은 정치적으로 호신부(護身符, 방패막이)로 도움된다. 어쨌든 정부 등의 '윗선'이 뒷배를 봐주고 있기 때문이다. 또한 의회를 통해 관료 및 기타 기업가와의 '관상 네트워크'를 만들 수 있으며, 그것이 기업 활동에 큰 이익을 가져다 준다. 게다가 의회 활동을 통해서 정보를 축적할 수 있다는 것도 기업에게는 유리하다. 의원이 전업직이 아니라는 것은 의원과 기업가의 유착, 관상 야합체제(官商野合體制)를 만들어내기 쉽다. 이리하여 지방 차원의 선거에서는 부정이 대유행하게 된다. 후난성, 광둥성, 푸젠성 등의 중소 도시 의회에서 부정선거가 자주 발생하고 있으며, 형양시의 경우에는 10년간 부정선거가 계속되었다고 한다. 일부 연구자는 부정선거가 없어지지 않는 이유를 ⓐ 추천 프로세스가 투명하지 않고, ⓑ 경쟁선거가 아니라는 것 등 선거제도의 설계 그 자체에도 문제가 있기 때문이라고 지적하고 있다(쑨룽(孫龍, 중국인민대학의 '세계와 중국연구' 웹사이트); 李凡, 2014].

이와 같은 지방에서의 부정선거는 20년 동안이나 계속되고 있다고 하는데, 진보 성향의 리판(李凡)이 책임자인 '세계와 중국연구소(世界與中國研究所)'라는 싱크탱크에서 한 변호사가 개혁을 위해 다음과 같은 4가지 항목을 제시한 바 있다(李凡, 2014).

① 국민을 향한 계몽 활동이 우선 필요하다.
② 국민 한 사람 한 사람을 선거민으로 등록시킨다.
③ 선거권과 파면권을 행사할 수 있도록 선거민 교육을 추진한다.
④ 인민대표대회 대표(의원)를 직업화한다.

또한 과감하게 모든 행정단위에서 직접선거로 바꾸자는 제안도 제기되었다. 어쨌든 선거제도를 둘러싼 진정한 민주화·투명화, 보통선거를 포함하는 의회 제도의 재건 없이는 이러한 부정은 없어지지 않을 것이다.

부패와 권력의 쇠퇴

미국의 저명한 중국연구자 데이비드 샴보(David Shambaugh)는 2015년 3월 8일자 ≪월스트리트 저널(Wall Street Journal)≫에 「중국에서 공산당 통치의 최종막이 시작되었다(The Endgame of Communist Rule in China Has Begun)」라는 제목의 기고문을 게재하며 혼란 속에서 체제가 붕괴될 것이라고 예측했다. 그는 비교적 침착한 지중파(知中派)이다. 그의 '중국 붕괴론'은 커다란 반향을 불러일으켰다. 그때 그는 체제의 취약성에 대한 증거로서 다수의 엘리트가 대륙으로부터의 탈출을 기도하고 있다는 것, 시진핑 정권의 과도한 억압 정책, 권력자의 '벌거벗은 임금님'으로의 전락, 경제가 다층의 함정에 빠져들고 있는 것 등 외에 전체 영역에서 만연되고 있는 부패를 들었다.

특히 부패의 뿌리가 일당지배체제, 패트론·클라이언트 관계, 투명성을 결여하고 있는 경제 시스템, 국가에 의한 미디어 지배, 법치의 결여에서 초래되는 구조적인 것이다. 이 때문에, 시진핑이 아무리 몸부림을 치더라도 반부패 캠페인이 성공할 리가 없다고 준엄하게 지적하였다(Shambaugh, 2015).

필자는 체제의 붕괴가 가까운 시일 내에 일어날 것이라고는 생각하지 않지만, 부패에 대한 샴보의 지적은 말한 그대로라고 본다. 그렇다고 한다면, 반부패 캠페인은 오히려 정적을 때려잡기 위한 위험한 권력투쟁이라고 간주하는 쪽이 현실에 가깝다. 물론 한 걸음이라도 잘못 내딛게 된다면, 반부패 캠페인을 감행하고 있는 시진핑 정권을 향해 역류할 수밖에 없다. 시진핑 및 그 측근만이 오직에 오염되지 않다는 것은 있을 수 없기 때문이다.

전근대 시기부터 중국사를 훑어보면, 중국의 권력을 고뇌하게 만드는 다음과 같은 3가지 커다란 문제가 있는 것같다. 즉 ① 농촌의 피폐와 그것에서 유래하는 농민의 반란이다. ② 외국세력에 의한 침식·간섭·침략이다. 그리고 ③ 관료나 정경유착의 부패관료에 의한 권력의 쇠퇴이다. 중국에서의 왕조교체는 대부분의 경우 이러한 3가지 요인에 의해 촉발된 것이다. 19세기 후반, 세계 경제의 위기가 중국을 습격하였을 때, 피폐해진 농촌에서 대규모 폭동이 빈발했다. 태평천국 및 의화단 등의 '난'이다. 청조 권력은 이 속에서 쇠망하였다. 한편 국제 간섭은 근대 중국을 '과분(瓜分, 영토 분할)'했지만, 이 요인은 이미 중국에서 대외적으로도 미국과 어깨를 나란히 하는 대국으로 부상하게 된 지금, 그다지 현실감이 없을 지도 모른다. 하지만 ③의 부패·오직은 권력을 안에서부터 썩게 만든다. 청조 말기도 그러했으며, 1930년대부터의 국민당 세력도 부패에 의해 자멸의 길을 걸었다. 중국은 거대하지만, 동시에 안으로부터의 위협에 대해 사실은 대단히 취약하다.

4. 중국에서의 국가

적당성과 민주주의

이 장(章)의 마지막 부분에서 또 하나의 난처한 문제에 도전해본다.

중국연구에서 최대 장애는 중국에 있어서 '국가'란 무엇인가를 서방측 개념으로는 파악할 수 없다는 점이다. 그렇다고 해서 '동양학'으로 설명할 수 있는 것도 아니다.

마틴 자크(Martin Jacques)의 중국 국가론을 다루어보도록 하겠다. 그는 중국인에게 있어서의 '국가'에 대해서 다음과 같이 간주하고 있다(ジェイクス, 2014).

ⓐ 서양 근대의 원리에서 국가가 정당성을 담보하는 것이 아니라 민주주의가 정당성을 담보하는 것으로 간주된다. 중국의 사례는 그 원리와 완전히 합치되지 않는다. 민주가 부재하더라도 국가가 절대적인 정당성을 가질 수 있다.

ⓑ 서양에서는 국가가 (사회 또는 구성원에게 있어서) 국외자 및 침입자이다. 중

국(인)에게 국가는 국외자가 아니라 집안의 큰 것이라고 보며, 중국인들은 국가를 사회의 내재적 구성 부분이라고 간주한다. 중국에서의 국유기업은 한국 또는 일본의 그것과는 다르다.

ⓒ 중국에서의 국가는 고도의 합법성, 유구한 '정치의 전통', 국가가 갖고 있는 탁월한 전략 능력, 내재적 연속성, 국가와 시장의 독특한 결합 등 그 어떤 것도 흉내 낼 수 없는 고유성을 지녀왔다.

국가자본주의에서의 국가

이 책은 중국이 지금 '중국적국가자본주의(中國的國家資本主義)'의 단계에 있다는 입장을 취하고 있다. 그런데 국가자본주의에서의 '국가'란 무엇일까? '국진민퇴'의 국유경제의 담당자는 무엇일까? 국가기구 그 자체인가? 아니면 국가라는 이름을 취하고 있는 (중앙의 어떤 관청과 같은, 혹은 지방정부와 같은) 공적 집단인가? 그것도 아니면 (공산당과 같은) 국가를 참칭하는 거대한 사적 집단인가? 국가를 탈취하고자 하는 강력한 개인인가? (국가는 그들에 의해 찬탈된 것인가?) 필자가 지금 갖고 있는 가설은 중국에서는 현재 국가의 무한한 '사유화'가 시작되고 있다는 것이다. 환언하자면, 국가자본주의에서의 당국 체제란 중국 공산당에 의한 국가의 사유물화 외에 다름이 아닌 것이다.

제4장
중국외교의 고유성

1. 중국외교의 어려움: 미국이 범했던 오인과 착오

'글로벌 대국' 중국

세계가 주목하고 있는 것은 글로벌 대국이 된 중국의 세계인식, 외교정책, 대외 활동이다. 다시 중국의 경제성장 모습을 살펴보도록 하겠다. 특히 세계에서의 사회주의 와해를 곁눈질하며 1992년에 덩샤오핑이 "시장화를 가속하라"라고 호령한 이후부터 2012년까지 계속되었던 두 자릿수 대의 경제성장으로 순식간에 중국은 세계의 공장, 세계의 시장이 되었다. 국제통화기금(IMF) 리스트에 의하면, 2010년에 명목 GDP 총액에서 일본을 제치고 세계 제2위로 약진했다. 그 시점에서 제1위였던 미국의 GDP 비중은 23.2%, 중국은 9.3%, 일본은 8.6%였다. 2019년에도 중국은 제2위를 차지했으며 비중은 16.3%로 확대되었다(〈표 4-1〉 참조).

중국의 국제 경제 활동도 글로벌화하고 있다. 무역 총액에서는 2016년에는 수출 2조 982억 달러, 수입 1조 5874억 달러, 총액 3조 6856억 달러로 미국에 다음 가는 세계 제2위를 차지했다(中國年鑑, 2017). 외화준비고 3조 807억 달러(2017년 7월 기준)는 단독 세계 제1위이다(제2위는 일본으로 1조 2500억 달러).

〈표 4-1〉 세계 5대 경제대국(2019)

순위	국가	명목 GDP (10억 달러)
1	미국	24,333.23
2	중국	14,731.81
3	일본	5,079.92
4	독일	3,861.55
5	인도	2,868.93

※ 자료: 세계은행(World Bank)

1990년대 말에 앤드루 네이선과 로버트 로스(Robert Ross)는 중국에 대해 '글로벌 의제(agenda)를 가진 글로벌하게 존재하는 지역대국'이라고 평가했는데(Nathan and Ross, 1997), 그로부터 20년이 지난 지금 중국은 억누르려고 해도 억누를 수 없는 '글로벌 대국'이다. 정치적 파워, 경제적 파워에 더하여, 군사력도 글로벌해지고 있는 중이다. 2018년 3월 전국인민대표대회에서 채택된 국가예산에서는 국방비가 전년 대비 8.1% 증가한 1조 1,069억 달러가 되었다. 4년 만에 신장률이 전년보다 상회했으며 강군 노선이 선명해지고 있다. 〈그림 4-1〉을 살펴보더라도 약 30년간에 걸쳐 군비확대가 진행되고 있는 상황임을 잘 알 수 있다.

그렇다면 글로벌 대국화한 중국의 외교, 대외 관계란 어떠한 것일까? 이 장과 다음 장에서는 현대 중국의 외교에 대해서 건국 이후 70년간을 되돌아보면서 고찰해보도록 하겠다.

미국의 잘못된 대(對)중국 인식

그런데 현대 중국의 대외 관계를 분석하고 있는 연구자에게 중국은 다루기 힘든 대상이다. 어느 시대에도 중국외교는 세계를 고민하도록 만들어왔다. 어떤 사건이나 현상, 변화에 대해 상정 밖의 반응이 많으며, 무엇보다 정책결

〈그림 4-1〉 중국 국방비와 GDP 성장률의 추이

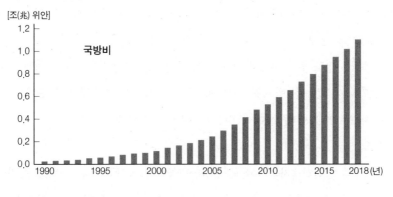

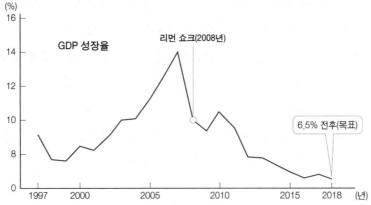

※ 자료: 국방비의 추이는 2007년도까지는 『국방백서』, 2008년도 이후는 재정부 자료 등. 2018년도는 예산안. GDP 성장률의 추이는 2018년 3월 전국인대 제3기 제1차 회의(〈도쿄신문〉 2018년 3월 5일).

정의 프로세스 및 행위자의 투명도가 대단히 낮다. 내정과 마찬가지로 누가 어떻게 어떤 정책을 결정했는가를 거의 알 수 없다. 게다가 중국의, 어떤 사태·사건에 대한 관찰 또는 반응은 국제정치학 및 정치학 일반의 논의로부터의 예측 혹은 추정을 벗어나는 일이 많다. 가장 고민스러운 일은 '중국은 중국적'이라고 하는 상정으로 모든 것이 해석될 수 있다면 그것은 그것으로 간단한 것이지만, 어디까지가 중국적이며, 어디부터가 일반적, 즉 '보통'인가에 대해 그 경계선이 그어져 있지 않다는 것이다.

그러한 사정도 있어 '비공식적 제국'에 해당하는 미국마저 대중 정책에 대해서 오인 및 착오를 범해왔다. 미국의 중국연구자 데이비드 램프턴(David Lampton)은 2000년데 들어서 다음과 같이 지적하고 있다(Lampton, 2007).

- 미국의 정책결정자는 1949년 중화인민공화국의 건국 이후 적어도 두 번에 걸쳐 중국의 힘을 과소평가하는 오류를 범했다. 첫 번째는 파멸적으로, 두 번째는 미합중국의 신뢰에 엄청난 상처를 입히게 되었다.
- 1950년 가을, 미국 당국은 한반도 통일에 대한 미합중국의 운행에 전쟁으로 피폐해졌던 베이징 정부가 개입할 가능성을 염두에 두지 않았다. 한 보좌진은 중국이 급변을 바란다고는 생각하지 않았다. 하지만 그것은 틀린 것이었다. 이것과 기타 잘못된 판단이 한국전쟁에 대한 베이징의 개입을 초래했으며 중국, 미국, 그리고 한반도의 사람들에게 커다란 대가를 치르도록 만들어 버렸다.
- 두 번째는 1993년의 일이다. 빌 클린턴(Bill Clinton) 미국 대통령도 중국의 힘을 과소평가했다. 이 해에 최혜국대우와 인권 문제를 연계시켰지만, 중국은 예측했던 것 이상으로 강경했다. 그래서 클린턴 정부는 꼴사나운 유턴을 했다. 그 결과 베이징 정부에게 워싱턴의 인권에 관한 강경 자세는 미사여구(rhetoric)에 불과하게 되었다. 워싱턴에게 있어서 인권은 전략적이며 비즈니스의 이익보다 하위에 있다는 확신을 갖도록 만들었다.

램프턴은 현재에 있어서는 거꾸로 미국이 한반도에서의 중국의 영향력을 과대평가하는 경향이 있다고 말한다.

중국연구자들의 참회

램프턴과 마찬가지로, 견실한 접근법으로 중국을 논하고 있는 해리 하딩 (Harry Harding)도 1970년대 말 미국은 대중 정책에서 중국을 오인했다고 말한다. 1970년대 말, 소련에 대항하기 위해 미국은 중국과 '준전략 관계'를 맺었는데, 이것은 중국의 '전략 파워'를 과대평가한 것이며 중국외교의 '예술'에 감쪽같이 넘어간 것이라고 말하고 있다(Harding, 1984).

가장 심각한 것은 1989년의 톈안먼 사건을 어떻게 볼 것인가였다. 당시 중국에서의 민주화의 미래에 대해서 대단히 낙관시하였다. 수많은 오판을 했으며 중국 연구자들 '모두가 참회'를 했음을 고백하고 있다고 미셸 옥센버그 (Michel Oksenberg)는 전했다. 그는 사건 직후에 "많은 동업자도 마찬가지일 것으로 생각하지만, 나는 이전의 교훈을 곱씹고 있는 중국 연구자이다"라고 논하며 리더십 내부의 분열의 심각성, 최상층의 정치개혁이 사실은 표면적인 것에 불과했다는 점, 리더의 세대 간 단절이 컸다는 점 등을 놓쳐버렸다고 고뇌에 가득 찬 고백을 할 수밖에 없었다. 그들은 자오쯔양 전 총서기 등의 개혁파 리더의 구상이 실현될 것이라고 낙관했으며, 미국형 민주주의가 곧 중국에도 뿌리를 내리게 될 것으로 생각했었다(News Week, 1989.6.16). 자신의 가치관이라는 안경을 통해 상대를 보는 미국인에게 공통되는 소박함이지만, 사태의 준엄함을 시야에서 놓쳐버리게 만들었다. 톈안먼 사건에 대해서는 물론 일본에서도 오인이 있었다. 1989년의 5~6월에 걸쳐 TV, 신문에서 논평했던 중국연구자 상당수가 톈안먼 광장에서의 비극 이후 '인민공화국은 해체되었다', '군대 내부의 항쟁으로 내전이 일어날 것이다'라고 공화국의 비극적인 결말을 예상했던 것이다. 하지만 톈안먼 광장에서의 비극으로부터 30여 년이 지나고 있지만 중국은 해체되기는커녕 양적으로는 미국과 어깨를 나란히 하는 '대국'이 되었다. 리더들은 '강국과 강군', '중국몽(中國夢)'을 열정적으로 논하고 있다.

마이클 필스버리의 비판

최근 미국의 중국론 중에서 전형적인 것을 한 가지 거론해보도록 하겠다. 마이클 필스버리(Michael Pillsbury)가 저술한 『100년의 마라톤: 미국을 대신하여 글로벌 초강대국이 되기 위한 중국의 비밀 전략(The Hundred-Year Marathon: China's Secret Strategy to Replace America as the Global Superpower)』[일본어판은 『China 2049: 秘密裏に遂行される'世界覇権100年戦略'』(日經BP社, 2015)]이다. 그는 미국 국방부 고문도 역임했으며 리처드 닉슨(Richard Nixon) 정권부터 버락 오바마(Barack Obama) 정권에 걸쳐 랜드연구소(RAND Corporation)의 분석관으로서 대중 국방정책을 담당해왔던 인물이다. 자신도 포함하여 미국의 유화 정책이 일관되게 [오인(誤認)이라기보다는] 착오를 범해왔다고 강한 어조로 다음과 같이 비판하고 있다.

미국의 대중 정책은 1971년 이래 8명 대통령의 정권에 걸친 수십 년 동안 거의 변화가 없었다. 닉슨이 중국과의 국교 회복을 향해 움직임을 보인 이후, 미국의 대중 정책을 결정하는 것은 주로 중국과 '건설적인 관계'를 구축하고 그 발전을 돕고자 하는 사람들이었다. 이 정책은 8명의 대통령의 기간 동안 변함없이 유지되어왔다. 필스버리 자신도 1969년에 중국과의 연대를 뒷받침하는 최초의 정보를 백악관에 제공했던 한 사람이었다. 그 이래 수십 년에 걸쳐 기술과 군사의 양면에서 중국을 원조하는 것을 양당의 정권에 촉구해왔다. 그리고 다음의 가설을 신봉하게 되었다. 즉 '중국은 우리와 마찬가지 사고방식의 지도자가 이끌고 있다. 취약한 중국을 돕는다면 중국은 결국 민주적이고 평화적인 대국이 될 것이다. 그리고 중국은 대국이 되더라도 지역 지배, 그리고 세계 지배를 의도하지는 않을 것이다'라고 말이다.

하지만 수십 년이 지나며 미국과 어깨를 나란히 하는 대국으로 부상하게 된 중국에 직면하여, 그는 다음과 같이 그 '오류'를 고백하고 있다. 즉 "이러한 가설은 위험해질 때까지 잘못된 것이었다. 현재 그러한 오류는 중국이 행하는 것, 행하지 않는 것에 의해 날마다 명백해지고 있다". 그의 관점에서 논하자면, '강한 중국'은 미국에게 있어서의 위협에 다름 아닌 것이다(Pillsbury, 2015).

실제로 2015년 무렵부터 미국에서는 대중 전략을 둘러싸고 격렬한 논전이 벌어졌다. 갑자기 중국이 커지게 되었기 때문일 것이다. 구체적으로 중국의 실력 및 의도를 어떻게 평가할 것인지, 중국의 국제 전략을 어떻게 판별할 것인지, 2008년 이래의 강경 외교에 권력 내부의 투쟁, 국유기업 및 지방과 연결된 이익집단의 압박이 있는 것은 아닌지, 문민 특히 외교부의 통제로부터 벗어난 중국인민해방군이 독자적인 행동에 나서는 것은 아닌지 등의 의문 및 억측이 소용돌이 치고 있다.

2. 중국외교는 어디까지 중국적인가: 6가지 질문과 잠정적인 해답

중국의 사상(事象, 사물·현상)은 상당히 '중국적'이다. 게다가 정보 및 체제의 관계로 인해 매우 불투명하다. 미국이 중국적이기 때문에 '오인'했던 것인가, 정책 과정이 불투명하기 때문에 '오인'했던 것인가(또는 '착오'를 범했던 것인가), 다양한 경우가 있을 것이다. 여기에서는 중국(외교)이 어디까지 중국적인가에 대해서 파악하기 위해 몇 가지의 가설적 문제를 설정하고 잠정적인 답을 제시해보도록 하겠다.

첫 번째 질문: 중국외교는 전통적인가?

현대 중국에는 예를 들어 조공질서 및 화이사상(華夷思想)과 같은 청나라 이전부터의 전통적인 대외 인식·대외 행동이 남아 있으며, 그것이 외교전략 또는 정책을 규정하고 있을까? 아니면 현대 일본과 마찬가지로 근대 주권국가 시스템[웨스트팔리아체제(Westphalian system)]을 전제로 하여 세계를 인식하고 대외 행동을 취하고 있는 것일까? 또는 위에서 언급한 그 어느 쪽도 아니고 냉전 시기에 취해왔던 것과 같은 국제주의 사고 및 3개 세계론(三個世界論)에 입각하여 세계를 인식하고 대응하고 있는 것일까?

이 점에 대해 우선 마오쩌둥 시대는 전통의 영향과 일종의 국제주의의 시대였다고 개괄할 수 있다. 하지만 지금 중국외교는 탈(脫)마오쩌둥을 실현했다. 현대 중국외교의 기본 사고는 속설과 달리 어디까지나 근대 주권국가 시스템을 모델 및 전제로 삼고 있다. 근대 국가로서의 중화인민공화국의 주권이 절대적 과제라고 필자는 여기고 있다. 주권 자체가 바로 '핵심적 이익'인 것이다. 그 배후에는 '주권이 침해받고 있다', '주권을 완전히 회복하지 못하고 있다'는 관념(특히 타이완의 '미회복')이 있으며, 지금도 주권의 완전한 회복을 실현하는 것이 최대의 외교 과제이기 때문이다.

두 번째 질문: 중국외교는 전략적인가?

현대 중국, 특히 톱 리더들은 어떠한 전략 사고를 갖고 있는가?

국제관계론의 학설에 따라 ①현실주의·실용주의, ②이상주의·이데올로기, ③도덕주의 등의 3가지 전략 사고를 상정해보도록 하겠다. 개혁개방 이후 중국의 리더들 및 주요 지식인의 전략 사고는 현실주의·실용주의라고 말할 수 있다.

다만 〈표 4-2〉에서 볼 수 있는 바와 같이, 중국의 전략 사고는 사실 동일한 것이 아니며 일관되고 있지도 않다. 마오쩌둥 시대에는 리더의 개성도 있어서 이상주의와 도덕주의가 지배했던 것에 반해서, 덩샤오핑 시대부터는 현실주의가 지배적이 되었다.

세 번째 질문: 중국의 국제인식은 중국적인가?

국제정치의 인식 틀에서 '중국적'이라는 것이 현저한 것일까?

〈표 4-2〉 중국의 전략 사고의 변화

시대	전략 사고
전통 중국[명(明)·청(清)]	도덕주의
중화민국(中華民國)	현실주의·실용주의
마오쩌둥(毛澤東) 시대	이상주의·도덕주의
개혁개방(改革開放) 이후	현실주의·실용주의

　개혁개방이 본격화되었을 때의 중국의 국제정치 교과서로서 펑터쥔(馮特君)
과 쑹신닝(宋新寧)이 함께 저술하여 펴낸 『국제정치개론』(中國人民出版社, 1992)
에서는 국제정치를 다음과 같은 4가지 레벨로 구분하여 고찰하고 있다. 첫
번째 레벨은 세계시스템, 두 번째 레벨은 시대성·시대 상황이며 세 번째
레벨은 광의의 국제정치 시스템[계통(系統, xitong)], 네 번째 레벨은 국가 간의
배치[격국(格局, geju)]이다.
　첫 번째 레벨인 세계시스템은 "국제 범위 내에서 각 행위주체(주로 국가)
간의 상호 정치경제 관계의 작용이 만들어내는 모순된, 또한 통일된 유기적
총체"이며, 러시아 혁명까지는 자본주의 시스템이, 제2차 세계대전까지는
2개의 정치경제 시스템이 공존하며 경쟁하였고, 제2차 세계대전 후에는 자
본주의·사회주의·제3세계의 3개의 세계시스템이 경합해왔다고 본다. 글
로벌리즘 시대란 1개의 세계시스템이 지배하는 것이라고 생각하는 것일까?
　두 번째 레벨인 시대성은 말하자면 국제적인 전략 정세이며 1950년대까지
는 '전쟁과 혁명의 시대', 그 이후는 '평화와 발전의 시대'로 구분한다. 중국의
국제정치관에서는 이 시대성이 대단히 중요한 요소가 되고 있다.
　세 번째 레벨이 국제 행위주체(주로 주권국가) 간 상호작용의 집합체인 것에
반하여[계통(系統)'이라고 불림], 네 번째 레벨은 국제정치의 각 파워(power, 대국)

간의 상호작용, 배치와 구조이다(‘격국(格局)’이라고 불린다). ‘격국’이란 “국제무대에서 주요한 정치적 파워 간의 어떤 일정한 시기에 있어 상호관계 및 상호작용이 만들어내는 구조”이며, 그 주체는 “독립적으로 역할을 발휘할 수 있는 국제정치에 강력한 영향력을 가진 정치단위”이다. 말하자면, “국제정치에서 주요 파워 간의 힘의 관계가 일정 균형상태에 도달했을 때 일정 상호제약 관계가 생겨나고 일정 격국상태가 구성된다”는 것이다(馮特君 · 宋新寧, 1992).

중국은 평화공존 5원칙을 국제관계의 준칙으로 삼아왔다. 1990년대 이후에도 내정불간섭을 포함하는 5원칙은 위에서 언급한 세 번째 레벨에서의 중국외교의 이론적 ‘보루’이다. 5원칙의 핵심은 국제관계를 평등한 주권국가 관계의 개개이자 총체라고 인식하는 점에 있다. 바로 그렇기 때문에 세 번째 레벨에서의 이념적 입장과 네 번째 레벨의 격국이란 개념과 세력균형이란 현실주의적 입장이 결코 정합한다고 할 수 없다.

이렇게 국제정치를 4가지 레벨로 분류하여 관찰하는 인식 방법은 아무래도 중국적이다. 이러한 인식 방법이나 기본 틀은 마오쩌둥 시대부터 오늘날까지 변함이 없다.

현대 중국의 대표적 국제정치학자인 왕지쓰(王緝思, 베이징대학)는 중국외교 사상의 틀이 다음과 같은 특징을 갖고 있다고 파악한다(王緝思, 1993).

- 국제 정세는 끊임없이 변화하며, 따라서 외교사상 · 외교정책을 그것에 맞추어 부단히 ‘조정’한다는 사고방식에 입각해 있다.
- 사고에서의 고도의 추상성을 갖고 있다. 예를 들면 “동풍이 서풍을 압도했다”(1957년 마오쩌둥의 발언), “당면하고 있는 세계의 큰 문제는 평화와 발전이다”(1985년 덩샤오핑의 발언)등이다.
- 행위자로서의 국가 간의 관계가 주요한 관심 사항이다. 적과 친구, 모순의 이용 등에 관심을 가지며 “중국의 대외정책은 기타 대국에 비해 가장 이데올

로기 색채가 옅은 것이 된다".

- 강렬한 도덕 색채를 갖고 있다. 높은 이념적 원칙을 통해 국제관계를 처리할
수 있다고 간주한다. "중국인은 마음으로부터 평화공존 5원칙으로 국제 신
질서를 수립하는 것이 국제분쟁을 해결하는 유일한 방법이라고 생각하고
있다".

이러한 왕지쓰의 지적을 전적으로 받아들이는 것은 불가능하지만 개혁개방
시기의 중국외교가 현실주의와 국가이익만으로 설명할 수 없다는 것은 확실
하다.

네 번째 질문: 공간인식은 중국적인가?

중국의 공간 인식에 '중국성(中國性)'이 존재하는가?

960만km²의 국토를 지닌 '대륙국가' 중국의 세계 및 지역에 대한 인식은
일본과는 큰 차이가 있다. 중국이 아시아를 단순한 자기의 '주변'으로부터
하나의 국제 주체·지역으로서 대응하기 시작한 것은 겨우 1990년대 후반부
터의 일이다.

필자는 이제까지 "중국외교에 '주변'은 있더라도 '지역'은 없으며, 아시아
지역외교는 존재하지 않는다"라고 평가해왔다. 위에서 언급한 왕지쓰도 중국
에서는 아시아·동아시아 개념이 고유하며 동아시아와 남아시아, 중앙아시
아·몽골·러시아 등을 추가한 지역을 일괄하여 '주변국가'로 삼고 있다고
지적한다(Kokubun and Wang, 2004).

팡중잉(龐中英, 난징대학)도 다음과 같이 매우 흥미로운 지적을 하고 있다.
즉, "중국은 장기간 지역 수준에서 자신과 아시아의 관계를 처리해오지 않았다.
주변과 중국과의 두 나라 간 관계의 연쇄의 결과로서 아시아를 고려해왔다",
"중국의 아시아 인식은 주변과 자기이며, 아시아 속에 융합되는 것으로서

<그림 4-2> 현대 중국과 외부 세계(2000년대)

자기인식이 아니다". 21세기의 글로벌한 지역주의 속에서, 그는 "중국은 '주
변'을 '지역'으로 승격시키고 중국을 지역에 철저하게 융합시키며 과거와 같은
전통적인 중국 중심 사고로 주변과의 관계를 인식하는 것이 아니라, '선린우
호' 정책을 '지역통합' 정책으로 발전시켜야 한다"라고 주장한다(龐中英, 2004a,
龐中英, 2004b). 하지만 이와 같은 국제정치학자는 중국에서는 소수이다.

　1990년대 중반부터 중국은 북방, 서방, 동남방에 대한 적극적 지역외교를
전개하기 시작했다. 동남아시아 지역과는 기존의 지역조직 아세안(ASEAN)과
대응하고, 중앙아시아에 대해서는 상하이협력기구(SCO: Shanghai Cooperation
Organization)를 2001년부터 창설하여 중국 중심의 지역기구로 삼는 것에 성공
했다. 하지만 중국의 공간 인식은 어디까지나 중국을 중심으로 한 '중국적'인
것이다. 〈그림 4-2〉를 참조하기 바란다. 세계, 지역, 인접의 3가지 공간이
모두 중국을 중심으로 한 동심원 위에 위치하고 있다. 그런데 일본은 일본을
포함한 지역과 일본을 포함하지 않는 여러 지역으로 구분하여 지역외교를
전개하고 있다.

〈표 4-3〉 현대 중국외교의 전반부 30년과 후반부 40년의 비교

	목표	가치	모델	대외 관계	적	외교 결정요인
마오쩌둥 시대	혁명	평등	자기희생	국제주의	제국주의	외압
개혁개방 이후	경제성장	부	축재	현실주의	테러리즘	내압

다섯 번째 질문: 중국외교에 연속성이 존재하는가?

국제대외 관계의 방면에서 마오쩌둥 시기, 덩샤오핑 시기, 포스트 덩샤오핑 시기는 연속되고 있는가, 아니면 단절되고 있는가?

70년 동안 특히 전반부 30년과 후반부 40년에서 중국이 180도 변화했다고 하는 논의가 많다. 〈표 4-3〉을 참조하기 바란다.

이와 같이 두 시기를 대비해보면 선명한 대비를 살펴볼 수 있다. 하지만 왕지쓰가 지적하는 중국외교사상의 틀처럼, 두 시기에 공통되는 것이나 연속되는 것도 있다. 또한 정책결정의 메커니즘도 대략적으로 말하자면 70년간 크게는 변하지 않고 있다.

현대 중국외교의 시기 구분에 대해서는 다음 절에서 더욱 자세하게 검토하도록 하겠다.

여섯 번째 질문: 국내 정치 및 경제와 연계되어 있는가?

중국의 외교·대외정책은 정치·경제와 어떻게 연계되어 있는가? 전자가 후자를 결정하는가, 아니면 그 반대인가?

이것은 이 책에서 던지고 있는 질문 그 자체인데, 한 가지 해답은 마오쩌둥 시대와 개혁개방 이후 간에 서로 다르다는 것이다. 마오쩌둥 시대는 국제관계에 제약을 받았던 외교였던 것에 반해서, 개혁개방 이후가 되자 국내 사정이

대외 관계를 규정하게 되었다. 과거에 연구자들은 마오쩌둥 시대의 외교는 국내정치 및 마오쩌둥 자신의 혁명 독트린에 의해 지배를 받았다고 하며 국내정치 요인을 강조하는 경향이 강했지만, '전쟁과 혁명'이라는 국제 환경이 중국의 정치 · 외교 전체를 지배했다고 생각하는 쪽이 납득이 간다. 마오쩌둥의 낭만주의는 외부로부터의 압력에 대한 내적 반응이었다고 생각하는 편이 합리적이다. 개혁개방 이후에 대해서는 다음에서 더욱 구체적으로 고찰하도록 하겠다.

앞에서 6가지 사항에 걸쳐 논의한 바와 같이, 현대의 중국외교는 상당히 '중국적'이며, 중국 특유의 성격 및 특징을 갖고 있다. 특히 세계를 4가지 레벨로부터 고찰하고 그것을 종합한 위에 대외정책을 구축해가는 점은 중국의 크기나 긴 역사와도 깊은 관계가 있을 것이다. 또한 앞에서 언급한 질문으로부터는 도출되지 않았지만, 중국외교가 가장 '중국적'인 것은 외교행위와 군사행위의 관계에 대해서이다. 이 점과 관련해서는 이 장의 제6절에서 관찰해보도록 하겠다.

3. 현대 중국외교의 시기 구분

위에서도 언급했지만 여기에서 현대 중국외교의 시기를 구분한다. 우선 이제까지의 시기 구분의 시도를 소개한 뒤에 필자의 생각을 논하겠다.

1949년부터 2020년까지 70년간의 현대 중국외교를 부감하면 중국의 국제 정치학자 대다수는 적 · 아군과의 전략 관계를 축으로 시기 구분을 한다. 예를 들면 1990년대 말에 현실주의 접근법을 선호하는 장샤오밍(張小明, 베이징대학)은 40년간을 약 10년마다 다음과 같이 구분하였다(張小明, 1997).

- 제1기(1949~1959년): 소련에 대한 일변도 시기
- 제2기(1960년대): 미국 및 소련을 적으로 규정했던 시기[이조선(二條線) 시기]
- 제3기(1970년대~1980년대 초): 소련을 주적으로 설정했던 시기[일조선(一條線) 시기]
- 제4기(1982년 이래): 적도 아군도 설정하지 않는 독립자주의 시기

이 연장선 위에서 논하자면, 제5기(1992년 이래)는 글로벌 대국으로서의 자립의 시기라고 할 수 있다.

한편 팡중잉은 같은 무렵에 1949년 이래의 40년간 중국외교를 제약해왔던 것은 ① 내정, ② 국제적인 대상황(大狀況, 냉전하의 양극 구조 등)이라고 보았다. 그에 의하면, 중국외교는 이 2가지의 제약 조건에 항상 다음과 같은 3가지 대원칙에 대응해왔다. 첫째, 국내정치와 외교의 불가분 원칙이다(외교는 정치에 봉사한다). 둘째, 세계경제와 국제정치 시스템에 대한 반응이다. 셋째, 정치·경제의 불가분 원칙이다. 그러한 것을 교차시킨 결과, 팡중잉은 국제 환경에 대한 중국의 대응을 축으로 하여 다음과 같이 시기 구분을 하고 있다(龐中英, 1998).

- 제1기: 1949년~1970년대 말
- 제2기: 1980년대~냉전 종식
- 제3기: 1990년대 후반~탈냉전 시기

다른 하나는 국제사회에 대한 중국의 태도 변화로 시기 구분을 하는 방법이다. 국제기구, 즉 기존의 국제 시스템에 중국이 어떻게 접근해왔는가를 연구했던 사무엘 킴(Samuel Kim)은 중국이 1950년대에는 반(反)시스템 접근, 1960년대에는 시스템 변경(또는 별도의 시스템 구축) 접근, 1970년대에는 선택적 시스

〈표 4-4〉 현대 중국외교의 변화

	① 외교를 제약하는 요건(要件)	② 전략론(戰略論)	③ 국제 시스템에 대한 태도	④ 국제 시스템에 대한 이론적 접근법
1950년대	국제정치 환경	대소(對蘇) 일변도	시스템 변경	마르크스주의
1960년대	국제정치 환경	반미·반소 이조론(二條論)	시스템 변경, 반(反)시스템	종속론
1970년대	국제정치 환경	반소 일조론(一條論)	선택적 시스템 변경	신현실주의
1980년대	국내 압력(경제성장)	독립자주	시스템 유지·활용	신현실주의
1990년대	국내 압력(경제성장)	도광양회 (韜光養晦)	시스템 유지·활용	신현실주의
2000년대	국내 압력(경제성장), 국제 환경(안정)	파트너십	시스템 만들기의 모색	신현실주의

템 변경 접근, 1980년대에는 시스템 유지·활용 접근을 채택했다고 한다(Kim ed., 1994). 이 표현을 빌리자면, 1990년대 후반 이래의 중국은 신중하게 '시스템 만들기 접근'으로 향하고 있다고 말할 수 있다. 이 변화를 기존 세계시스템에 대한 중국의 관심이 마르크스주의, 종속론, 신현실주의를 거쳐 '이익으로 유도된 신기능주의'로 이동하고 있다고 바꿔 말할 수도 있다.

그런데 〈표 4-4〉는 앞의 내용에 입각하여 필자가 70년간 중국외교의 변화를 ① 외교를 제약하는 요건, ② 전략론, ③ 기존 국제 시스템에 대한 태도, ④ 국제 시스템에 대한 이론적 접근법 등의 4가지를 축으로 하여 구분한 것이다. 이로부터 10년 마다 변화가 발생했다는 것, 외교를 제약하는 요건이 1980년대에 국제 환경에서 국내 압력으로 크게 바뀌었다는 것, 국제 시스템에 대한 태도 및 관심도 변화했다는 것 등이 명백해진다.

4. 현대 중국외교의 정책결정 유형

외교와 외사

다음으로 현대 중국의 외교정책이 어떻게 책정되고 있는가를 살펴본다. 이 절에서는 정책결정 프로세스와 그 패턴에 대한 연구를 소개한다.

그 전에 우선 이 책에서 다용하고 있는 '외교'라는 용어에 대해서 다시 설명하고 정의해보도록 하겠다. 중국외교를 연구하는 중국의 연구자인 장리리[張歷歷, 중국외교대학(中國外交學院)]의 정의는 명쾌하다. 필자도 그것에 의거하고자 한다. 장리리는 '외교'와 중국에서 흔히 사용되는 '외사(外事)'에 대한 구별을 다음과 같이 설명하고 있다. "외교란 주권국가 중앙정부의 원수·정부 수뇌 및 정식 대표기구(외교부)의 대표가 진행하는, 국가의 안전과 발전을 보장하고 국제 지위를 제고하며 평화 방식으로 기타 국가와의 관계를 처리하고 국제 사무에 참여하는 높은 레벨의 정치 활동이며, 자국의 이익을 수호하고 대외정책을 관철하는 중요한 수단이다". 그것에 반해서 '외사'란 "중앙정부의 외교 부문을 제외하고 중앙정부의 비외교 부문, 지방정부, 국가의 기타 사회단체 및 기구가 진행하는 대외 사무, 대외 활동 및 대외 공작이다"(張歷歷, 2007). 즉 장리리가 논하고 있는 '외교'의 정의는 중앙정부기관 및 그 리더들의 행위에 한정되는, 이른바 '협의의 외교'이다. 또한 이 책에서는 외교정책 작성, 결정과정, 결책(決策) 등의 용어를 사용하고 있는데, 최종 결정까지의 순번을 함의하고 있다.

정책결정의 프로세스: 아서 도크 바넷의 연구

중국외교정책에 대한 구미에서의 연구 중에서 간편하고 도움이 되는 것은 (다소 오래된 것이기는 하지만) 아서 도크 바넷(Arthur Doak Barnett)의 『현대 중국의 외교: 정책결정의 구조와 프로세스(現代中國の外交: 政策決定の構造とプロセス)』(教育社, 1986)[원서명 『The Making of Foreign Policy in China: Structure and Process』

(Westview Press, 1985) _옮긴이]와 스톡홀름 국제평화연구소(SIPRI)의 린다 야콥슨(Linda Jakobson)과 딘 녹스(Dean Knox)에 의한 보고서 『중국의 새로운 대외정책(中國の新しい對外政策)』(岩波書店, 2011)[원서명 『New Foreign Policy Actors in China』(SIPRI, 2010)_옮긴이]이다. 이에 대해 간략하게 아래에서 소개해보도록 하겠다.

바넷은 1984년 봄에 2개월 동안 베이징에 체류하며 당시 총리였던 자오쯔양 등 고위직 간부들과 직접 인터뷰를 행한 이후 『현대 중국의 외교』를 세상에 펴냈다. 자오쯔양은 현대 중국에서 최초로 미국인 기자의 인터뷰를 받고 중요 정책을 어디에서, 누가, 어떻게 결정하고 있는가에 대해 상세하게 설명했는데 귀중한 '자료'이다. 해당 책의 논점은 다음과 같은 4가지이다(Barnett, 1986).

첫째, 중국공산당 중앙정치국 및 동 상무위원회는 매일매일 정책결정에 그다지 관여하지 않는다. 당 중앙서기처 및 국무원의 이너 캐비닛(inner cabinet, 국무원 상무회의)이 긴밀한 조정하에 대부분의 문제에 관한 정책결정의 중심적 존재가 되고 있다.

둘째, 국무원 상무회의는 총리 아래 부총리 4명, 국무위원 10명으로 구성되는 15명의 소규모 조직으로 1주일에 2회 정도 정례회의를 개최한다.

셋째, 중앙외사공작(영도)소조가 외교정책의 실행에 대해서 직접 책임을 지는데, 사정에 정통한 당·정부의 중요 지도자 및 전문가를 소집하여 빈번한 회합을 열고 중앙서기처에 대한 조언을 행한다. 결정기관이라기보다는 조절·협조하는 기관이라고 말할 수 있다.

넷째, 덩샤오핑은 최종 결단자였던 것과 동시에 1979년의 베트남 제재전쟁의 결책 및 홍콩 반환 방식[일국양제(一國兩制)] 등 새로운 정책의 제창자이기도 했다.

한마디 추가하자면, 바넷의 저작이 집필되었던 1980년대 중반은 현대 중국에서 가장 개방적이며 정치체제에 대해서도 혁신적인 10년간의 시기였다. 정책 형성도 상당히 개방되어 있었으며, 논의도 활발했다.

중국에서 사회과학 계통 연구가 가장 매력적이었던 것은 1980년대 후반이었다고 생각된다. 하지만 1989년 톈안먼 사건으로 상황은 뒤바뀌었으며, 지적 폐쇄 상황은 오늘날까지 계속되고 있다.

새로운 행위자: SIPRI의 보고서

한편 SIPRI의 보고서는 2000년대에 들어서 중국 내부에서 70여 회의 인터뷰를 행한 이후 그 성과를 1권의 책으로 정리한 것이다.

저자들은 최근 중국의 대외 관계, 외교정책, 외교행동이 명백하게 변질되고 있다고 간주한다. 정책과정에 대한 새로운 관여자가 증가하고 외교부 등 전문기구의 영향력이 저하되고 있다고 말한다. SIPRI가 새로운 관여자로 들고 있는 것은 상무부, 지방정부, 대기업, 연구자, 네티즌 등이며 특히 석유자본 등 에너지 부문의 기업 및 수출입은행, 국가개발은행 등 금융기관, 지방정부가 운영하는 국제경제기술기업집단 등이다. 그리고 바오산철강공사, 중국석유천연가스집단공사, 중국석유화공집단공사, 중국해양석유집단공사 등이 국제적으로 전개됨에 따라 그들의 구체적 이익이 때로 '중핵적 이익'으로 주장되어지고 있다고 지적한다. 해당 보고서로부터는 다음과 같은 논점이 도출된다(Jakobson and Knox, 2011).

ⓐ 대외정책의 결정에 관한 권한이 세분화되어 왔다. ⓑ 중국인민해방군 및 장교들이 공개적으로 논의를 하게 되었으며 행동 방면에서도 힘을 과시하게 되었다. ⓒ 석유자본 및 대형 국유기업이 자기의 이익을 추구하며 대외적으로 움직이기 시작했다. 즉 정책결정을 둘러싼 '파편화된 권위주의' 상황이 존재한다. ⓓ 중국의 향후 국제화에 대해서는 다양한 정책결정 참여자 간에 의견이 상이(相異)하다. ⓔ 새로운 관여자 간에 중국은 적극적으로 국익을

추구해야 한다는 견해가 우세하다. 다시 말해, 국제적 규칙 제정에 적극적으로 참가해야 한다고 말하고 있는 것이다.

대외정책 결정의 패턴: 장리리의 연구

그럼 대외정책에 대해서 정책과정에 초점을 맞추어 구체적으로 검토해 본다.

중국인이 행한 연구 중에서는 전술한 장리리의 『외교 결책(外交決策)』(世界知識出版社, 2007)이 비교적 체계적이다. 그는 중국의 대외정책에는 다음과 같은 3가지 패턴이 있다고 한다.

① 말초신경이 준동하는 사례: 1969년 주폴란드 미국 대사[월터 스토셀(Walter Stoessel)_옮긴이]에 의한 대중 접촉 요청의 제기에 대한 관여 등이다.

② 신경중추가 자극되는 사례: 1969년 리처드 닉슨 미국 대통령의 괌독트린(Guam Doctrine), 1982년 레오니트 브레즈네프(Leonid Brezhnev) 소련공산당 서기장의 타슈켄트 연설(Tashkent speech)이 모두 당 중앙정치국 및 최고지도자에게 전해지고 대미 · 대소 정책의 대전환으로 연결되었다고 한다.

③ 최고지도자(마오쩌둥, 덩샤오핑 등)가 발동하는 사례: 항미원조(抗美援朝, 한국전쟁에 대한 출병 등), 미중 접근의 전략 결정, 1982년 중국공산당 제12차 당대회에서의 외교 노선의 '조정(調整, 현대 중국어에서 대부분의 경우 '조정'은 '변경'을 의미함)' 등으로 중국에서의 외교정책결정의 다수는 이 유형(type)이라고 한다.

최고지도자가 주도했던 한국전쟁 개입에 대한 결단은 이제까지 중국의 통설에 의하면 마오쩌둥이 중앙정치국 내부의 반대론을 물리치며 10월 초순에 단독으로 결정했다고 말해지는 일이 많았다. 하지만 장리리는 풍부한 자료를 사용하며 ⓐ 10월 1일부터 10월 4일까지 중앙정치국에 모인 리더들은 출병해야 할 것인지 여부를 놓고 긴장 속에서 논의했으며, ⓑ 핵심 인물은 저우언라이(출병에 소극적), 가오강(출병에 적극적), 펑더화이(彭德懷, 10월 4일에 베이징으로 들어옴)이며 결국 전원일치로 개입이 결정되었고, ⓒ 펑더화이가 인민지원군(人民志願軍)의 사령관을 맡게 되었다고 지적한다.[14]

5개년 계획 작성의 패턴: 옌이룽 등의 연구

여기에서 옌이룽(鄢一龍, 칭화대학), 왕사오광(王紹光, 중국공산당 중앙당교), 후안강(胡鞍鋼, 칭화대학)이 5개년 계획의 작성 과정을 제11기까지 계속하여 공동으로 분석한 것도 참고를 위해 소개해보도록 하겠다. 그들에 의하면, 5개년 계획(1953~2020년)의 작성 과정은 다음과 같은 4가지 패턴으로 수렴된다(鄢一龍·王紹光·胡鞍鋼, 2017).

첫 번째 패턴 '내부집단형 정책결정': 관료기구 중의 기관이 주도하는 경우가 많은 패턴이다. 제1차 5개년 계획, 제5차 5개년 계획, 제6차 5개년 계획이 이에 해당한다.

두 번째 패턴 '절대권위형 정책결정': 이것의 특징은 정책과정이 개인의 절대적 권위에 의한 것이라는 점, 프로세스가 고정적이지 않다는 점, 임의성이 높다는 점 등이다. 대약진 시기부터 문화대혁명 시기의 제2차 5개년 계획부터 제4차 5개년 계획(1971~1975년)이 이 패턴이다.

세 번째 패턴 '자문형 정책결정': 첫 번째 패턴의 특징에 더하여 자문하는 범위가 정부 외부의 엘리트 및 전문가에까지 넓혀지며 다양한 메커니

●　●　●

14 중국에서의 중소 관계 연구의 제1인자인 선즈화[沈志華, 화동사범대학(華東師範大學)]도 사실은 복잡했던 출병에 이르기까지의 프로세스를 상세하게 분석하였다(沈志華, 2013). 한국전쟁의 결정에 대해서는 毛里和子(2018)의 제3장 제2절 및 제6장 제2절도 참조하기 바란다.

〈표 4-5〉 '5개년 계획' 작성의 4가지 정책결정 패턴

패턴	5개년 계획	정책결정 주체	정책결정 방식	정책결정 특징
내부집단형	제1차 제5차 제6차	정부 내부	집단 또는 질서 있는 정책결정	민주집중, 실사구시
절대권위형	제2차 제3차 제4차	소수의 국가 지도자	임의성	돌출된 개인의 권위
자문형	제7차 제8차 제9차	정부 내부 + 외부 엘리트	집단 또는 질서 있는 협의	민주집중, 실사구시, 정책결정의 과학화
준공공형	제10차 제11차	정부 + 외부 엘리트 + 공중	집단 또는 질서 있는 협의	민주집중, 실사구시, 정책결정의 과학화, 민주화

※ 자료: 鄒一龍·王紹光·胡鞍鋼(2017).

즘으로부터 결정 프로세스에 참가한다. 제7차 5개년 계획(1986~1990년)부터 가 이 패턴이며, 정부 외부의 엘리트 및 전문가 집단이 활발하게 참가하고 있다.

네 번째 패턴 '준공공형 정책결정': 세 번째 패턴의 특징에 더하여 다음과 같은 특징을 갖고 있다. 즉 ⓐ일반 공중이 참가하고 있으며, ⓑ정책과정이 비교적 오픈되어 있고, ⓒ대규모의 공중에 의한 정책 토론이 행해지는 등 제10차 5개년 계획(2001~2005년) 이래 이 패턴이 출현해왔다. 최근 들어 일반적인 정책에 대해서는 점차 '공공정책결정형'으로 향하고 있는 중이다〈표 4-5〉 참조).

외교정책결정 모델: 쉬즈자의 연구

하지만 옌이룽 등에 의한 정책결정 관련 논의는 외교정책의 분석에는 별로 도움이 되지 못한다. 특히 국가의 안전보장에 관련된 외교 과제는 관여자가 적고 정보가 협소한 범위 외에는 공유되지 않기에, 매우 좁은 써클에서 논의하고 결정되는 경우가 많다. 외교 문제에 있어서도 공개도가 높고 참여자가

많은 것이 대상이 되는 경우에는 그들의 모델을 이용하여 검증하는 것이 불가능한 것은 아니지만, 많은 경우에 있어서 기밀성·전문성의 장벽에 부딪히게 된다.

또한 어디에서, 누가, 어떻게, 무엇을 결정하고 있는가에 대한 정보가 결정적으로 부족한 외교 문제의 경우, 특히 그 정책형성 과정에 대한 분석의 난이도는 높다. 건국 이래의 외교 문제에서 결정 프로세스를 해명할 수 있는 대상은 거의 없다고 할 수 있다. 중국인 연구자도 자료에 접근할 수 없다는 고민은 마찬가지이다. 그러한 가운데 타이완의 연구자 쉬즈자[許志嘉, 밍촨대학(銘傳大學)]의 『중공 외교정책 모델 연구(中共外交政策模式研究)』가 덩샤오핑 시대에 한정되어 있기는 하지만 외교에 특화된 분석을 체계적으로 행하고 있으므로, 그의 3가지 모델을 아래에서 소개해보도록 하겠다(許志嘉, 2000).

쉬즈자는 올레 홀스티(Ole Holsti)의 연구(Holsti, 1989)에 의거하면서 덩샤오핑 시대 중국에서의 외교정책 결정에 아래와 같이 3가지 모델이 있었다고 말한다.

① 지도자 주도형의 정책결정 모델: 구체적인 사례는 다음과 같다.
- 1982년 중국공산당 제12차 당대회에서 채택된 독립자주의 외교정책
- 1984년 덩샤오핑이 주도했던, 50년간 체제를 불변하는 것을 통한 홍콩 문제의 해결 방식
- 1982~1989년 대소 관계의 정상화와 관련된 몇 가지의 정책결정 등

"1982년 독립자주 외교정책의 결정은 전형적인, 지도자 주도의 결정이며 후야오방이 원형을 제안하고 덩샤오핑이 정책으로 만든 것"으로, '덩샤오핑이 최종적 결정자'라는 것이 쉬즈자의 결론이다.

② 지도자 집단형의 정책결정 모델: 구체적인 사례는 다음과 같다.

- 1978년 대외개방 정책
- 1979년 대베트남 징벌전쟁
- 1984년 미중 간의 최혜국 대우 문제 관련 교섭에서의 결정 등

1979년의 대베트남 징벌전쟁에 대해서는 이 장의 제6절에서 검토하고 있으므로 그것을 참조하기 바란다. 또한 대베트남 징벌전쟁에 대해서 쉬즈자는 지도자 집단에 의한 결정의 전형이라고 논하고 있지만, 필자의 분석에 의하면 실로 돌출된 지도자였던 덩샤오핑의 이니셔티브에 의한 결책(決策), 즉 '덩샤오핑의 전쟁'이었다.

대외개방 정책에 관하여 논하자면, 개방정책의 어젠다 제안은 덩샤오핑, 천윈, 후야오방, 자오쯔양 등 중앙정치국의 주요 멤버가 정책의 주요 옹호자가 되었으며, 정책 논의의 장은 중앙정치국 회의였다는 것이 쉬즈자의 분석이다[1978년부터, 1984년까지의 대외개방의 정책과정에 대해서는 전술한 필자의 졸저(拙著) 『현대 중국외교(現代中國外交)』 제2장 제3절을 참조하기 바란다].

③ 관료조직형의 정책결정 모델: 구체적인 사례는 다음과 같다.

- 무기 수출의 정책결정에서 이 분야는 모두 군사 관료 계통에 의한 결정이었으며, 외교부에는 권한이 없었다고 한다. 말단의 무기 수출 관련 회사가 사실은 중요한 권한을 갖고 있었던 것으로 여겨진다.
- 대외 경제원조에서 결책은 때로 높은 레벨의 지도자로부터 내려오게 되는데, 그 집행은 대외경제무역합작부, 대외무역부 등 국무원의 관료기구가 행한다.
- 제3세계의 작은 국가와의 사이에서 발생한 돌발 사건에 대한 처리 등에 있어서, 이것은 주로 외교부가 결책하고 집행한다.

이 '관료조직형'의 결정에 대해서 쉬즈자는 다음과 같이 정리하고 있다. "… 관료조직 결정 모델의 중요성은 점차 현저해지고 있다. 국무원의 조직 규정에 대외경제무역부와 문화부가 각각의 분야에서 상당한 결정권을 갖고 있는 것으로 규정되었다. … 1990년대 이래 당의 외사 관료조직의 결책 능력 은 제고되었으며, 관료조직 결책 모델은 중국의 외교정책결정 중의 한 가지 중요한 방식이 되고 있다"(許志嘉, 2000).

하지만 쉬즈자도 인정하고 있는 바와 같이, 앞의 3가지 정책결정 모델에는 각각의 한계점이 있다. 우선 모델은 기본적 윤곽을 제공할 수 있을 뿐이며 고도의 기밀 속에 있는 '당의 정책'과 관련된 전모를 이것으로 파악할 수는 없다. 다음으로 정책결정 모델로부터는 정책형성의 프로세스를 설명할 수 있을 뿐이며 무엇이 정책에 영향을 미쳤는지에 대해서 해명하는 것은 불가능 하다.

5. 현대 중국외교의 정책결정기구

영도소조 체제(領導小組體制)

다음으로 외교정책결정에 관계되어 있는 당 및 국무원의 기구에 대해서 분석해보도록 하겠다.

현대 중국에서의 정책결정의 열쇠를 쥐고 있는 것은 중앙영도소조라고 일 컬어지는 그룹이다. 괴로운 것은 그 중요성에도 불구하고 이 소조에 대한 정보가 결정적으로 부족하다는 점이다. 애당초 영도소조 방식은 대약진 시기 에 마오쩌둥이 모든 권한을 당중앙에 집중시켰을 때에 시작되었다. 1958년 6월 10일 당중앙은 중앙정치국에 재경(財經, 재정·경제), 정법(政法, 정치·법률), 외사, 과학(科學), 문교(文敎)의 5가지 소조(小組, 그룹)를 설치하고 각각에 대응

<표 4-6> 중공중앙(中共中央)과 국무원의 업무 대응 관계(1959)

중공중앙의 기구, 주임	국무원의 판공청(辦公廳)	대응되는 행정기구
중앙외사소조(中央外事小組), 천이(陳毅)	외사판공실 (外事辦公室)	외교부, 대외무역부, 대외문화연락위원회, 화교사무위원회(華僑事務委員會) 등
중앙정법소조(中央政法小組), 펑전(彭眞)	정법판공실 (政法辦公室)	내무부(內務部), 공안부(公安部), 최고인민법원, 최고인민검찰원(最高人民檢察院) 등
중앙재경소조(中央財經小組), 천윈(陳雲)	재무판공실 (財務辦公室), 공업교통판공실 (工業交通辦公室)	국가계획위원회(國家計劃委員會), 국가경제위원회(國家經濟委員會), 국가기본건설위원회(國家基本建設委員會) 등
중앙문교소조(中央文敎小組), 루딩이(陸定一)	문교판공실 (文敎辦公室)	문화부(文化部), 교육부(敎育部), 위생부(衛生部), 신화통신사(新華通信社) 등
중앙과학소조(中央科學小組), 녜룽전(聶榮臻)		과학기술위원회(科學技術委員會) 등

※ 자료: 唐亮(1992).

하는 정부 부문 등을 그 소조(또는 그 책임자)가 직접 지도하게 되었다. "대정방침(大政方針)은 중앙정치국이, 구체적 배치는 중앙서기처가 한다. 정치설계원(政治設計院)은 1개여야 하며 2개가 있을 수는 없다. 대정방침과 구체적 배치는 모두 일원화하고 당정은 분리하지 않는다. … 대정방침 및 구체적 배치에 대해서 정부기구와 그 당조는 제안권을 갖지만, 그 결정권은 당중앙에 있다"(毛澤東, 1989)라고 하는 6월의 중앙 지시(中央指示)의 문언(文言)에서 명백히 알 수 있는 바와 같이, 어쨌든 집권화·일원화를 추구했던 것이다(毛里和子, 2012).

당시 5개 소조의 주임은 모두 중앙정치국 멤버였다. 소조를 구성하는 것은 주임 이하 5~10여 명의 소수이다. 1958년 당시의 중앙외사공작영도소조의 멤버는 천이(陳毅, 외교부장), 왕자샹(王稼祥), 장원톈(張聞天), 루딩이, 랴오청즈(廖承志), 예지좡(葉季壯)이었다. 외교에 관계되어 있는 집행기구는 중국공산당 중앙대외연락부 및 국무원 외교부이다(門洪華, 2013). <표 4-6>은 1959년 당시

<표 4-7> 1990년대의 중앙영도소조(상설)

	조장(組長)	부조장(副組長)
중앙정법위원회 (中央政法委員會)	서기: 차오스(喬石) 정치국원	비서장: 런젠신(任建新)
중앙재경영도소조 (中央財經領導小組)	조장: 장쩌민(江澤民) 총서기	부조장: 리펑・주룽지
중앙외사공작영도소조 (中央外事工作領導小組)	조장: 리펑(李鵬) 총리	부조장: 첸치천(錢其琛) 외교부장
중앙농촌공작영도소조 (中央農村工作領導小組)	조장: 주룽지(朱鎔基) 부총리	부조장: 원자바오(溫家寶) 부총리 ・천쥔성(陳俊生)
중앙대타이완공작영도소조 (中央對臺灣工作領導小組)	조장: 장쩌민	부조장: 첸치천

※ 자료: 鄒錫明(1998).

의 5개 소조와 그것에 대응되는 국무원의 사무기구[판공실(辦公室)] 및 행정기구이며 지도・피지도의 관계에 있다. 또한 〈표 4-7〉은 1990년대 중앙영도소조(中央領導小組)의 체제를 제시한 것이다.

또한 일반적으로는 1958년부터 오늘날까지 계속되고 있는 상설 중앙영도소조는 마오쩌둥 시대에는 중앙정치국이 직접 지배하는 명령형 조직이었지만, 1990년대부터는 부문 간・기구 간의 '협의・조정'의 기능이 중요해지고 있다(Miller, 2006; 吳曉林, 2009).

이러한 소조 체제는 문화대혁명 시기에 폐지되었지만, 1980년에 중앙재경영도소조가 부활한 이래 오늘날에 이르기까지 당정을 연계하는 강력한 '협조・조정기구'로서 권력을 계속해서 갖고 있다. 또한 2018년 1월에 시진핑 체제하의 당정 체제에 대한 대개혁이 시작되어 중핵기구인 '중앙○○영도소조'는 '중앙○○위원회'로 개칭되었다[중앙영도소조 일반에 대해서는 陳玲(2015)을 참조하기 바란다].

외교에 관한 정책결정 및 정책조정에서 최상급 조직은 중앙외사공작영도소조라고 생각해도 좋다. 단정적으로 말할 수 없는 것은 이 조직이 '어떠한 기능과 권한을 갖고 있는가', '누가 멤버인가'가 이제까지 명확히 밝혀진 바가 없기 때문이다.

지도자 및 정부 관료에게 인터뷰를 하며 정책형성 과정에 대해 깊이 천착했던 전술한 바넷은 "외교 문제에 대해서는 당내에 외사소조라는 것이 있다. 외교 문제에 관계되어 있는 모든 조직이 이것에 참가하고 있다'라는 자오쯔양의 말을 소개하면서, "이 그룹이 외교정책의 실행에 대해서 직접 책임을 지고 있거나, 또는 더욱 사정에 정통한 당·정부의 중요 지도자 및 전문가를 모아서 상당히 빈번한 회합을 열고 중앙서기처에 조언을 행하는 것을 목적으로 하는 기관이다"라고 설명하고 있다(Barnett, 1986).

이미 논한 바와 같이, 바넷이 중시했던 것은 국무원 상무회의였다. 이 "이너 캐비넷의 멤버에는 대외정책, 대외경제정책, 국방의 전반에 걸친 실무상의 책임을 지는 정부의 최고지도자가 포함되어 있으며 … 외국과의 정부 간 관계에 관련된 대외정책 안건 중에서 가장 중요한 것의 대부분도 이 장에서 협의되고 있다는 것은 의심할 바 없다"라고 바넷은 말하고 있다(Barnett, 1986).

다만 이 정보는 매우 귀중하기는 하지만 문제도 있다. 그것은 △정보가 국부적이라는 점, △정치체제에 대해서 개방되어 있고 개혁적인 지향을 갖고 있었던 자오쯔양의 시대, 그것도 1980년대 후반의 한정된 한 시기의 것이라는 점, 그리고 △그 이후 상황이 크게 변화했다는 점을 미루어 살펴볼 수 있기 때문이다. 중국의 연구자에 의한 연구, 인터넷 정보 등에 의하면, 중앙외사공작영도소조에 대해서는 다음과 같은 것을 논할 수 있다.

- 1981년 중공중앙(中共中央)의 결정으로 1960년대까지 중앙외사공작영도소조(中央外事工作領導小組)가 부활하고, 그 아래에 실무기구로서 국무원 외사

판공실(外事辦公室)이 설치되었다.

- 1998년 국무원 외사판공실을 폐지하였으며 중공중앙 직속의 중앙외사판공
  실(中央外事辦公室)을 설치했다.
- 한 문헌에 의하면 2010년대의 중앙외사공작영도소조('중앙국가안전영도소조'
  와 동일체)의 멤버는 아래와 같다(바이두백과에 의하면 정규 멤버는 16명이라는
  설도 있다).
  · 조장 : 국가주석
  · 부조장 : 국가부주석 · 국무위원
  · 국무원 : 외교부, 국방부, 공안부, 국가안전부, 상무부, 홍콩 · 마카오사무판공실,
    교무판공실(화교사무판공실), 신문판공실의 책임자
  · 중공중앙 : 중앙정치국 멤버, 중앙선전부 · 중앙대외연락의 책임자, 총참모부의
    고급 장교 및 기타

바이두백과에 의하면, 해당 소조는 다음과 같은 사항을 직무로 삼고 있다.

① 국제정세 및 외교정책 집행 시의 중대한 문제, 외사관리공작에 대해 조사 ·
   연구를 행하고 제안한다.
② 중앙외사공작영도소조 전체회의 및 판공실 회의를 개최한다.
③ 당중앙을 대신하여 외사 공작에 대한 전국적 규정을 제정 · 수정하고 성급
   의 중요한 외사관련 규정을 심사 · 확정한다.
④ 중앙국가기관, 각 부, 각 성의 중요한 외사 문제에 대해서 중앙에 지시를
   요청하고 보고한다.
⑤ 중앙외사공작영도소조, 국무원 외사판공실 및 기타 사항을 처리한다.

주의해야 할 것은 기본적인 기능이 각 관계기관을 조정하는 것이라는 점,

<그림 4-3> 외교정책에 관계된 결정에 참여하는 행위자들

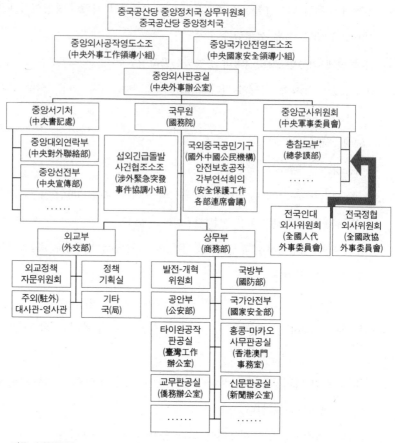

※ 자료: 張驥(2013).
* 2015년 11월 연합참모부(聯合參謀部)로 개편되었다. _옮긴이

또한 정례회의를 개최하는 일이 없으며 회의는 임시 및 비공개로 열리고 있다는 점이다.

또한 2012년 이래 해양 공작의 강화가 중요 과제가 되어 중앙해양권익공작영도소조(中央海洋權益工作領導小組) 또는 국가해양위원회 등을 설치하는 움직임이 출현하고 있다. 해양 권익과 관련하여 어디에 결정권 및 조정권을 갖도록 할 것인지('중앙기관'인가, '외교부'인가, 아니면 '군'인가 등)에 대해서는 유동적이다.

〈그림 4-3〉은 중국인 연구자가 정리한 외교정책결정에 관한 당과 국가의 기구 및 기관이다. 말할 필요도 없이 결정의 중추는 중앙정치국, 특히 그 상무위원회이다.

또한 한 연구에 의하면, 1980년대 이래 군사와 관련된 모든 사항의 결정은 중앙군사위원회에 한정되고 있다고 한다(松田康博, 2009).

중앙국가안전위원회

미국의 국가안전보장회의(NSC)에 상당하는 중앙국가안전위원회(CNSC)는 2013년 11월 12일에 중국공산당 제18기 3중전회에서 설치가 결정되었으며, 실제로 가동되었던 것은 2014년 1월 24일 중앙정치국 회의부터라고 한다. 정보, 군대, 외교, 공안 등 국가의 안전에 대한 추진 및 건설에 책임을 지는 기구이며 미국 대통령에게 직속되어 있는 NSC와 마찬가지의 조직을 지향하고 있으며, 바이두백과에 의하면 "국가의 안전체제와 안전책략을 개선하고 국가의 안전을 확보하는 것"을 목적으로 삼고 있다. 또한 위에서 언급한 1월 24일 중앙정치국 회의는 해당 위원회의 설치를 결정하는 것과 동시에 다음과 같은 인사도 결정했다.

- 주석: 시진핑 국가주석
- 부주석: 리커창 총리, 장더장 부총리,
- 위원: 섭외 사무에 책임을 지는 부총리 및 국무위원, 외교부, 국방부, 공안부, 국가안전부, 상무부, 홍콩·마카오사무판공실, 교무판공실(화교사무판공실), 신문판공실의 책임자, 중국공산당 중앙선전부장 및 중앙대외연락부장, 중국 인민해방군 총참모부의 고급 장교

이 '중앙국가안전위원회'와 위에서 언급한 '중앙외사공작영도소조'는 '2개의 간판'을 내걸고 있는 합동 조직이다(李文, 2014).

중앙국가안전위원회의 발족은 1990년대 중반부터의 과제였다. 1995년부터 1996년까지의 제3차 타이완 해협 위기상황을 거치며 미국처럼 강력한 권한을 지닌 NSC를 조직해야 한다는 목소리가 높아졌으며, 또한 1999년 5월의 주유고슬라비아 중국대사관에 대한 오폭 사건이 발생했을 때에 중앙외사공작영소조가 적절하게 대응하지 못했다는 것에 대한 반성도 있었기 때문이다(松田康博, 2009).

2014년에 설치될 때에는 국가안전위원회가 국가의 안전전략을 통일적으로 책정하고 실시함으로써 중국 대외정책의 안정성 · 일관성 · 권위성을 담보하고 대외 관계를 제도화 · 규범화를 하는데 있어서 중요한 일환이라고 자리매김되고 있다. 미국 측(특히 클린턴 정권의 안보 담당 대통령보좌관이었던 케네스 리버설(Kenneth Lieberthal))으로부터 미국형 NSC를 중국에 설치함으로써 미중 양국의 관계를 대칭화 · 안정화시키자고 하는 조언이 있었다라는 말도 전해져온다. 또한 중국의 대미 정책에 큰 영향력을 갖고 있는 왕지쓰는 2014년에 미국형 NSC와 마찬가지의 기구를 설치하는 것에 대해 국가안전위원회가 만들어지기 이전에 중국에는 중앙외사공작영도소조가 있지만 미국과는 몇 가지의 차이점이 있다며, 다음과 같이 논한 바 있다(Hachigian ed., 2014).

첫째, 중국에서는 국가안보가 대외 안전보장에 한정되어 있는 미국보다도 폭넓은 함의를 갖고 있으며, 타이완 · 신장 · 티베트 등의 분리주의 문제 등 국내 문제도 포함된다.

둘째, 중국에서는 멤버가 많으며 회의는 정례화되어 있지 않다.

셋째, 대외정책결정 프로세스의 개선이 필요하지만 중국에서는 미국형 NSC 시스템은 의제로 올라가고 있지 않다. 대외 안전보장보다도 국내 문제의 쪽이 중요한 의제이기 때문이다.

국가안전위원회에 대해서는 정보도 없고 아직 그 전모가 명확하지 않음에도 불구하고 세계의 중국전략연구자가 다양하게 논의하고 있다. 그 중에서 홍콩대학의 후웨이싱(胡維興)의 분석을 소개한다. 그는 해당 위원회가 다음과 같은 4가지 임무를 갖고 있다고 분석한다. ⓐ 전략에 대한 계획·방침·책정을 진행하고, ⓑ 자문기관이라기보다는 정책결정기관이며, ⓒ 위기관리·위기대응을 수행하며, ⓓ 안전보장을 연구·해결한다는 것이다. 하지만 그는 또한 비효율적이고, 각 기관 간의 협조가 이루어지지 않고 있으며, 상호 간에 투명성이 결여되어 있고, '횡적 분할·종적 분할'[일명 탸오탸오-콰이콰이(條條塊塊, tiaotiao-kuaikuai), '탸오(條)'는 중앙정부의 각 부문으로부터 내려가는 수직적 권위, '콰이(塊)'는 지방의 성급 또는 1급 정부에서의 횡적 권한을 지칭함_옮긴이]이라는 숙병(宿病, 고질병)이 존재하는 등의 본질적인 장해를 갖고 있으며, 이것을 돌파할 수 있을지 여부는 불투명하다면서 비관적인 견해를 제시하고 있다(Hu, 2016).

또한 조엘 우드노[Joel Wuthnow, 미국 국방대학(NDU)]는 중국의 국가안전위원회가 대부분의 예상과 달리 내정(국내정치) 뿐만 아니라 대외 안전보장도 관장하고 있는 조직으로서 20년간에 걸쳐 신설되었다고 논하면서, 해당 위원회가 직능을 발휘하기 위해서는 ① 중앙외사공작영도소조, 중앙군사위원회 등 기존 기관과의 역할 분장이 불명확하다는 점, ② 중국인민해방군과 외교부 간의 관계를 조정하는 것이 어렵다는 등의 장해가 있다고 지적하고 있다. 그런데 우드노는 중국인민해방군은 (속설과 달리) 일반적으로 안전보장상의 정책결정 과정에 중요한 관여를 하고 있지 않으며, 또한 국가안전위원회를 설치함으로써 중국인민해방군이 안전보장의 기본 전략에 영향력을 확대시키는 것 등의 일은 없다고 관찰했다(Wuthnow, 2017).

외교부

외교정책의 결정 및 집행에 있어서 결여될 수 없는 것은 국무원의 외교부이다. 외교부의 홈페이지로부터 2017년 시점의 내부 기구를 간단하게 소개해보도록 하겠다(2021년 6월 20일 검색).

하부 기구로서 다음과 같은 지역국[局], 사(司)]이 7개, 사무국[局], 사(司), 실(室) 등]이 14개 남짓 있다.

- 지역국(局): 아시아국(亞洲司), 서아시아 · 북아프리카국(西亞北非司), 아프리카국(非洲司), 유라시아국(歐亞司), 유럽국(歐洲司), 북미 · 대양주국(北美大洋洲司), 라틴아메리카 · 카리브국(拉丁美洲和加勒比司)
- 사무국(局): 판공청(辦公廳), 정책기획실(政策規劃司), 국제국(國際司), 국제경제국(國際經濟司), 군비관리국(軍控司), 조약법률국(條約法律司), 신문국(新聞司), 예빈국(禮賓司), 영사국(領事司), 홍콩 · 마카오 · 타이완사무국(香港澳門臺灣事務司), 경계 · 해양사무국(邊界與海洋事務司), 섭외안전사무국(涉外安全事務司), 문서관(檔案館), 행정국(行政司) 등

외교부에 대해서 지적해두고자 하는 것은 정책 입안 및 결정에 있어서 권한이 상당히 제한되어 있다는 점이다. 쉐리[薛力, 중국사회과학원 세계경제정치연구소(世界經濟政治硏究所)]는 미국 국무부와 비교하면서 중국외교부의 취약점을 한탄하며 대체적으로 다음과 같이 지적하고 있다.

- 미국에서는 외교 사무에 대한 연구와 결정기관 간의 관계가 비교적 성숙되어 있지만, 중국의 경우에는 정책 제안의 선정(選定)과 종합(綜合)의 방면에서 약점이 많다.
- 외교부에 정책기획실(定策規劃司)이 존재하며 거기에서 기획 입안 및 정책결

정을 다루고 있지만 별로 기능하지 못하고 있다. 외교부 산하의 중국국제문제연구원은 국가안전부 산하의 현대국제관계연구원(現代國際關係研究院)에 비해서 기획 입안의 방면에 뒤쳐져 있다. 외교부 산하의 중국외교대학(中國外交學院)은 국제관계 이론 및 방법론의 연구에서는 성과가 많지만 종합의 방면에서는 취약하다.

- 정책 입안에서는 중앙외사판공실(中央外事辦公室) 및 중앙정책연구실(中央政策研究室) 등이 외교정책을 조정하는 기능을 수행하고 있지만 약체이다.
- 최근 설치된 중앙국가안전위원회(와 중앙외사공작영도소조)가 종합적인 역할을 발휘할 것으로 기대되고 있지만, 국내의 안전 사무(티베트, 신장 및 홍콩 등)를 처리해야 하는 상황에 내몰리고 있다.
- 외교부는 기구로서 순위가 낮으며 외교정책 관련 제안을 하는 일도 적다. 애당초 외사를 담당하는 국무위원[2018년 3월 19일에 왕이(王毅)가 취임함_옮긴이]이 중앙정치국에 진입하지 못했으며, 인사의 순위에서 30위 이하이며 외교부장[2013년 3월 16일에 왕이가 취임함_옮긴이]은 더욱 순위가 낮다[15]는 것도 커다란 문제이다.

그 위에 쉐리는 다음과 같이 말하고 있다. 즉 "과거 수년간 객관적인 효과를 결여하고 있는 몇 가지 외교행위는 위와 같은 외교부 부처의 낮은 순위, 인재의 부족 등과 깊은 관계가 있다", "정책 집행 시에 권위 있는 주도기관이 없기 때문에 해양 사무를 관리하는데 있어서 과거에 '5마리의 용이 대해에서 난폭하게 돌아다니고 있다'는 곤란한 상황이 발생했다", "유라시아의 대륙국가 및 아시아의 중핵국가로서 중국이 잘 해 나가는데 있어서 핵심이 되는

• • •

15 그 이후 2022년 10월 왕이(王毅) 국무위원 겸 외교부장이 중앙정치국에 진입했다. _옮긴이

외교 체제가 대단히 불충분하다"(薛力, 2017).

또한 2018년 3월 전국인민대표대회 제13기 제1차 회의에서 양제츠(楊潔篪) 국무위원이 중앙정치국 위원으로, 그리고 왕이 외교부장이 국무위원으로 각 각 승격되었는데, 외교부의 권위가 상승하는 것으로 이어지고 있다고 할 수 있을까?16

외교정책결정에 관련되어 있는 현대 중국의 특색

외교정책의 결정에 관련되어 있는 현대 중국의 특색을 정리해보도록 하겠다. 앞에서도 소개했던 바넷의 『현대 중국의 외교』에서는 다음과 같은 결론이 도출되고 있다(Barnett, 1986).

- 정책결정 과정에 대해 참가하는 엘리트의 수가 증가하고 있다.
- 이제까지보다 계통화·제도화되어가고 있다.
- 중앙정치국 및 상무위원회는 일상 사항을 담당하지 않는다.
- 중앙서기처 및 국무원의 고층(高層, 고위층)에서 결정하는 일이 많다.
- 베이징의 외교 사무는 상당히 전문화되고 있는 중이며, 외사 공동체가 만들 어지고 있다.
- 타이완·신장·티베트 등 '국가의 안전'이 최대의 과제이다.
- 민족주의(애국주의)는 외교정책의 형성에 있어서 중요한 요소이다.

또한 루닝[魯寧, 싱가포르 ≪비즈니스타임스(Business Times)≫ 통신원]은 1990년

---

16 양제츠는 이후 중국공산당 중앙외사공작위원회판공실(中央外事工作委員會辦公室) 주임으로 있었다. 2023년 1월 1일 왕이가 후임으로 주임에 취임했다. 또한 2022년 12월 30일 중국의 신임 외교부장에 친강(秦剛)이 임명되었다. _옮긴이

대 말에 중국의 정책결정 프로세스 일반을 상세하게 분석한 결과, 다음과 같은 결론에 도달했다고 한다(Lu, 1997).

- 외교, 군사, 당 조직 인사에 대한 결정이 특히 고도로 집권화되고 있다.
- 중국공산당 중앙정치국 및 상무위원회, 중앙서기처, 중앙외사공작영도소조, 중앙 관료조직 등 최고지도자 또는 최고 수뇌부가 결정하는 경우가 많다.
- 덩샤오핑 시기가 되자, 중국외교의 과제는 국가안전에서 경제발전으로 중점이 이동되었으며, 경제가 외교의 핵심 요소가 되었다. 그로 인해 외교결정 권력의 분권화가 발생하여 외교부·대외연락부 등의 힘이 저하되고 있다.

대륙(중국 대륙) 연구자의 사고방식도 살펴보도록 하겠다. 궈웨이웨이[郭偉偉, 중국공산당 중앙편역국(中國共産黨中央編譯局)]는 중국의 외교정책결정이 갖고 있는 특징을 다음과 같이 지적한다(郭偉偉, 2011).

- 외교관리 체제와 정책결정 메커니즘이 고도로 중앙 및 지도자 개인에게 집중되고 있다.
- 중국공산당 중앙외사공작영도소조가 최고의 외교 영도기구이자, 외교 권력의 신경 중추이다.
- 고도로 집중된 메커니즘에서 결정의 높은 질과 효율이 보장되는데, 외교 정책결정에 개인적 요소가 크게 반영되어 버리고 있다.
- 하지만 지도자의 권위도 시대에 의해 변하게 된다. 마오쩌둥은 절대적 인 권위를 지녔으며 누구도 이의를 제기하지 못했다. 덩샤오핑의 권위는 상대적이며 반대 의견은 제기할 수 있지만 최종적으로는 덩샤오핑의 의견으로 정리되었다. 장쩌민의 경우에는 집단 지도가 행해졌다. 중대한 결정은 장쩌

민이 핵심이 되어 결정했지만, 심의 도중에서 반대 의견이 제기되었으며 외교 부문의 책임자는 전문 의견을 제기할 수 있었다. 후진타오 시대에는 공공여론, 미디어, 인터넷, 학계, 싱크탱크, 실업계, 사회단체 및 비정부조직 등의 새로운 행위자가 정책결정에 상당한 영향을 미치게 되었다. '사회적 요소가 중국외교 결정에 영향을 미치고 있으며 매우 중요한 변수가 되어가고 있는 중이다'.

그럼 시진핑 시대에 대해서는 어떻게 말할 수 있는가? 이것에 대해서는 다음 장에서 검토해보도록 하겠다.

6. 외교로서의 대외 군사행동

정치적 행위로서의 전쟁

이 장의 마지막 부분에서 이제까지 행해져왔던 중국의 군사행동에 대해서 논해보도록 하겠다.

필자는 졸저『현대 중국외교』의 제3장에서 3가지의 '국경을 초월한 군사행동'을 검토한 바가 있다. 제기했던 질문은 ① 대외 군사행동의 의도는 어디에 있었는가, ② 공통되는 특징은 무엇인가, ③ 의도는 실현되었는가, ④ 당·군부도 포함한 중국의 지도자가 '힘의 행사'를 어떻게 인식하고 있는가 등이었다.

한국전쟁에 있어서 중국의 지도자는 거듭 주저한 끝에 압록강을 넘었다. '전쟁의 천재'라고도 말할 수 있는 마오쩌둥이 이처럼 갈피를 잡지 못하고 헤맸던 결단은 전례가 없었을 것임에 틀림없다. 큰 비용을 치르며 군사 개입을 했던 것은 ⓐ형제에 해당하는 조선(북한)에 대한 '국제적 의무', ⓑ미국이 한반도를 제패할 경우에 중국의 안전이 근본으로부터 위협받게 된다는 안보

상의 우려로 인한 것이었다. 군사전략의 차원에서는 초기 단계에 군사적 '결의'를 보임으로써 이후의 대규모 전투를 미연에 방지한다는 것이었을 것이다. 이 전쟁에서 중국의 지도자가 결정적인 것을 배웠을 것임에 틀림없다. 미국과의 직접 대결은 절대로 회피하고, 미군의 전면 개입을 초래하는 전략 결정은 절대로 하지 않는다는 것이다. 1954년에 철저한 항전을 주장하는 베트남을 억누르고 제네바 회담에서 베트남을 남북 분단 상태에서 휴전협정을 실현시켰던 것은 인도차이나 분쟁의 '한국전쟁화'는 어떻게 해서라도 피하고 싶다는 강한 결의였던 것으로 여겨진다. 1958년의 진먼다오(金門島)·마쭈다오(馬祖島) 폭격에서도 미국과 직접 대결은 하지 않는다는 정치적 메시지를 보냈던 것으로 여겨진다. 또한 1964~1965년에 북폭으로 베트남의 상황이 최대의 위기에 빠졌을 때에조차 중국의 지도자는 결코 베트남을 향해 정규군을 파병하는 것에는 움직이지 않았다. 한국전쟁의 경험은 그 이후의 대외 군사행동에서의 한계선을 결정했다.

'덩샤오핑의 전쟁'이라고 불리는 1979년의 베트남을 제재하기 위한 '자위반격전쟁(自衛反擊戰爭)'은 당초부터 지역적, 전략적, 공간적, 시간적으로 대단히 한정되어 있었다. 전쟁의 목적은 '배신을 한 베트남'에 대한 제재와 소련에 의한 '중국 포위'에 대한 선제적 억지였다. 군사적 목적보다도 정치적·도의적 목표가 앞서 있었다. 한편으로 중화제국 시대의 계통적 국제질서관, 즉 중화사상을 살펴볼 수도 있다.

1995~1996년에 타이완에 대한 무력 위협을 베이징의 지도자가 군사행동으로 고려하여 행했던 것은 아니다. 독립을 향해 움직이는 타이완, 그것을 지지하는 미국에 대해서 중국의 '단호한 결의'를 표시하는 정치적 행위였다. 포스트 덩샤오핑 시기로의 권력 이행기였던 점도 있어, 현대 중국의 군사적 결정에 있어서 예외적으로 군이 주도권을 잡았던 흔적을 엿볼 수 있다.

한국전쟁과 베트남전쟁에 대한 '개입'을 분석했던 주젠룽(朱建榮)은 '중국외교의 특색'으로 4가지 사항을 지적하고 있다. 매우 흥미로운 것이기에 아래에서 소개해보도록 하겠다(朱建榮, 2001).

첫째, 공식적 언사와 실제의 행동 사이에 괴리가 존재한다. 3개 세계론 등 1960년대 중반의 중국외교는 화려한 언사를 구사하는 것과 함께 공격적이었지만, 사실은 국위를 발양하고 아울러 미국을 교란시키기 위한 '공포'가 많았다. '외부의 연구자에게 있어서 중국외교의 겉모습과 속내를 분간해내는 것은 영원한 과제'라고 한다.

둘째, 중국외교를 개인 및 민간의 레벨에서는 오래된 친구를 중시한다. 하지만 국가 간의 관계에서는 영원한 적도 영원한 친구도 모두 믿지 않는 실용주의를 관철하는 일이 많다.

셋째, 중국외교는 우선 자국이 전쟁에 휘말리지 않도록 하는 것을 최우선 과제로 삼는다. 침략을 당했던 역사, 그리고 국내 안정을 가장 중시하는 것 등이 근저에 있다. '소규모의 군사행동을 취함으로써 거꾸로 대규모 전쟁, 본토로의 전쟁 확대를 회피할 수 있다는 발상도 있다'라고 한다.

넷째, 본질적으로 논하자면 중국외교는 보수적이다. 강한 언사는 '공격으로 수비를 삼는다'는 양동 작전이라고 한다. '마오쩌둥 시대의 중국은 실로 화려한 외교를 전개하며 국력상의 약함을 커버'해왔던 것이다.

군사행동을 둘러 싼 신화와 실제

토마스 크리스텐슨(Thomas Christensen)은 한국전쟁(1950~1953년), 제1차 타이완 해협 위기(1954~1955), 제2차 타이완 해협 위기(1958년), 중국·인도 분쟁(1959~1962년), 베트남전쟁(1964~1965년), 중소 국경분쟁(1969년), 시사군도(西沙群島) 분쟁(1974년), 중국·베트남 전쟁(1979년) 등의 8가지 '전쟁'을 사례로 삼아 베이징의 '힘의 행사'를 분석했다. 그는 이러한 것에 대해서 기회의 창문, 취약성의 창문이라는 논리 및 예방 전쟁, 선제 전쟁의 전략 이론을 원용하여 분석하였다. 그 결과, 베이징의 전략적 사고를 ⓐ 만약 힘이 가까운 장래에 행사되지 않는다면 취약성이라는 위험한 창문이 열리게 되고 어떤 목적을 달성하기 위한 기회의 창문이 영원히 닫혀버리게 된다는 신념, ⓑ 만약 힘이 사용되지 않는다면 우월한 상태에 있는 적이 갈수록 우월해지게 된다는 인식, ⓒ 힘의 행사는 전략 문제의 해결을 위해서라기보다는 전략 정책의 장기적인 설계를 위해 행해지는 대증요법이라기보다는 치료요법이라고 말할 수 있다고 정리하고 있다. "많은 경우에 있어서 취약성의 창문이 열리고 기회의 창문이 닫혀버리게 된다고 베이징이 생각했을 때, 중국의 '힘의 행사'가 행해졌다"는 것이 그의 결론이다(Christensen, 2006). 크리스텐슨이 말하는 '선제 전쟁'은 중국의 연구자가 표현하는 방식으로는 '적극 방어'에 해당하기도 한다. "중국 혁명은 시종일관 적이 강하고 아군이 약한 상황에서 전투를 벌여왔다. 소극 방어를 한다면 혁명 세력을 확대시키는 것이 불가능할 뿐만 아니라 세력의 보존마저 불안해지게 된다. 여러 해 동안의 전쟁 경험을 축적해온 장군들의 뇌리에는 적극 방어의 관념이 깊게 물들어 있다"(劉國新, 2004)라는 성향은 덩샤오핑까지를 포함하는 '제1세대' 지도자에게 공통되고 있다.

한편 앤드루 스코벨[Andrew Scobell, 미국 육군참모대학(U.S. Army War College)]은 현대 중국의 지도자는 평화적·방어적이고 온건한 문인(文人) 정치가가 강경파에 해당하는 군으로부터 끊임없이 압력을 받고 있으며, 문인이 우위에 있고 무인이 하위에 있으며, 또한 무력에 의거하지 않는 국체 문제의 해결이라는 중국사의 전통은 지금도 계속해서 이어지고 있다는 '통설'에 과감하게 도전했다. 그가 선택한 사례는 한국전쟁, 문화대혁명에 대한 군의 개입, 중국·베트남 전쟁, 톈안먼 사건과 군, 그리고 제3차 타이완 해협 위기 등의 5가지이며, 사용했던 것은 '전략 문화'의 논의로부터의 접근법이다. 결론으로서 그는 군사에 관한 2개의 신화, 즉 ① 장성(만리장성)이 상징하는 평화적·방어적이라는 것, ② 장정(長征)이 상징하는 군인은 문인에게 복종한다는 것은 어디까지나 신화에 불과하며 현대 중국이 취했던 군사행동을 살펴보면 현실 정치와 유교적 전통이 결합되어 있으며, 그것이 만들어내는 '방어 숭배(중국 문명은 항상 방어적이라는 신념)'에 다름 아니라고 한다. 자신에게 있어서는 방어적이더라도 공격을 받는 주체의 관점에서 볼 때에는 결코 방어적인 것이 아니라는 사실을 받아들이려고 하지 않는다고 주장한다(Scobell, 2003).

이 절에서 재검토를 진행하며 재차 말할 수 있는 것은 ① 중국은 대외 군사행동을 대부분의 경우에 있어서 군사적 목표 또는 영토 확장의 목적을 위해 행하지 않고 정치 및 도의(물론 중국 관점에서의 도의)가 선행되고 있으며, ② 군사 전략의 차원에서는 선제 전쟁(적극적 방어) 전략의 발상이 강하고, ③ 어떤 정치적 목적물을 수중에 넣기 위해 군사적 수단을 사용하는 쪽이 더욱 효과적이라고 판단될 경우에 군사적 수단을 불사한다는 점이다. 단적으로 논하자면, 현대 중국에서는 '국경을 초월한 군사행동'은 어디까지나 외교의 연장이자, 정치의 연장인 것이다.

다시 언급할 필요도 없는 일이지만, 필자는 중국이 호전적이라고 생각하고 있지는 않다. 오히려 군사력의 군사적 행사에 있어서 중국은 억제적이라는 것을 지적해두고자 한다. 다만 이제까지는 그러했지만, '제5세대 지도자' 시진 핑이 이것을 계승할 것인지 여부는 단언할 수 없다.[17] 다음 장에서는 이 점에 대해서도 검토하겠다.

• • •

17 이 장(章)은 필자의 졸저(拙著) 『중일 표류: '글로벌 강대국'은 어디를 향해 가고 있는가(日中漂流: グローバル・パワーはどこへ向かうか)』(岩波新書, 2017)의 제7장 및 제8장, 『현대 중국외교(現代中國外交)』(岩波書店, 2018)의 서장, 제1장, 제2장 및 제3장 등을 토대로 하여 집필되었다.

제5장
글로벌 대국화와 '강경 외교'

1. 국제관계를 둘러싼 새로운 구상

신민족주의와 '도광양회'

1992년의 남순 강화를 유언으로 남긴 덩샤오핑은 무대에서 물러났다. 최고 지도자가 장쩌민으로 바뀌자, 중국의 정치·외교 방침에도 변화가 보여졌다. 시장경제화가 급속하게 진전되고 이데올로기를 대신하여 국가 주도의 민족주의가 지도사상이 되어간다. 1990년대의 핵심어는 국가이익, 애국주의이다. 그 배경에는 글로벌 차원의 사회주의 붕괴로 정체성의 위기, 체제의 위기를 초래할 수밖에 없는 상황이 있었다. 그 때문에 대외적으로는 '냉정하게 형세를 관찰하고(冷靜觀察), 자신의 내부 역량을 먼저 공고하게 하며(穩住陳脚), 상황에 침착하게 대응하고(沈着應對), 빛을 감추고 몰래 실력을 키우면서(韜光養晦), 꼭 해야 할 일이 있을 경우에만 나서서 행한다(有所作爲)', 즉 간략하게 논하자면 '도광양회(韜光養晦)'를 외교의 기본 방침으로 삼았다(이른바 덩샤오핑의 '28자 방침' 중 일부, 이 밖에 '섣불리 능력을 드러내지 않고(善於守拙)', '우두머리가 되어 나서지 않는다(決不當頭)'가 있다_옮긴이).

우선 일본과도 큰 관계를 갖고 있었던 애국주의 교육 캠페인을 살펴보도록 하겠다. 1994년 8월 23일에 중국공산당 중앙선전부가 '애국주의 교육 실시 강요(愛國主義敎育實施綱要)'를 공포하여 전국의 초등학교·중학교에서 애국주의가 커리큘럼화되었다. 그 이듬해 3월에는 민정부(民政部)가 제1차 애국주의 교육 기지(愛國主義敎育基地) 100개소를 선정하고 1997년부터는 제2차 기지, 제3차 기지를 증가시켜 전국적으로 353개소가 되었다. 어떠한 지점이 기지가 되는 것일까? 중일전쟁 관련이 가장 많지 않을까 하는 생각이 들겠지만 그렇지는 않으며 제1차 기지의 내역은 역사문화 기지가 19개, 애국주의·침략주의에 반대하는 기지가 9개, 인민혁명과 사회주의 건설의 기지가 75개소이다. 즉 중일전쟁뿐만 아니라 고전 중화문화에 자부심을 갖도록 만들고 중국공산당의 역사적 고적을 재차 강조함으로써 국가와 당의 정통성을 과시하기 위한 전국민교육인 것이다. 1994년의 실시 요강은 "현대 중국에서 애국주의와 사회주의는 본질적으로 일치하고 있다. 중국의 특색을 지닌 사회주의를 건설하는 것 자체가 새로운 시대의 애국주의이다. … 애국주의·집단주의와 사회주의 사상교육이 삼위일체가 되어 중국의 특색을 지닌 사회주의의 위대한 실천 속에서 유기적으로 통합된다"라고 논하고 있다.

2005년의 반일 시위 당시 중국인 학생 다수가 '애국무죄(愛國無罪)'라고 외치며 시위 행동에 나섰던 것을 기억하고 있는 사람들도 있을 것이다. 재미 중국인 연구자인 자오쑤이성[趙穗生, 덴버 대학(University of Denver)]이 성격을 규정했던 것처럼, 1990년대 애국주의 교육은 배외주의·과격한 민족주의와 친화성이 매우 강했다. 자오쑤이성은 "애국주의는 혁명 또는 민족주의가 정통성의 기초로서 쇠퇴한 가운데 출현하게 된 '국가가 이끌고 있는 민족주의'의 상징이다"라고 논하고 있다(Zhao, 1998).

중국 지식인의 일부에는 이 캠페인에 비판적인 사람들도 있었다. 충르윈(叢日雲, 중국정법대학)은 다음과 같이 중국의 애국주의 교육, 역사교육 일반이 배외적 민족주의의 원흉이라고 확실히 지적하고 있다(叢日雲, 2017).

"애국주의 교육 자체는 나쁜 것이 아니지만 우리나라의 그것에는 커다란 결함이 있다. 중국과 서방의 역사와 현실을 종합적으로 객관적으로 정확하게 서술하고 있지 않기 때문에, 우리나라의 청년을 오도하고 있다. 이슬람 극단 분자가 모스크로부터 생겨난다고 한다면, 중국의 극단민족주의는 중학교·초등학교의 교실로부터 생겨난다. … 식민지주의는 어떤 시대 특유의 현상이다. 전 세계의 대부분이 식민지주의이거나 아니면 식민지였다. … 하지만 전 식민국가와 전 종주국은 이미 우호 관계를 맺어 각각 화해하고 있다. 중국도 1980년대에 예전 적대국가(미국 및 일본)와 화해하거나(化解言和) 밀월 시대를 보내지 않았는가? … 과격한 민족주의는 극권주의(전체주의) 이데올로기의 사고방식, 언어 습관, 행위 양식이 개혁개방 시기라는 특수한 환경 아래에서 성장하게 된 하나의 변종이다. 극권주의가 결함이 있는 애국주의와 결합되어 과격한 민족주의의 사상적 근원을 구성하였다.

요컨대 과격한 신민족주의는 통상의 일반적인 것도 아니고 중국사에 있어서 종종 출현했던 것과는 다른, 현대 중국 사회 특유의 산물이며 인위적으로 만들어진 '기형아'인 것이다."

또한 재일 중국인 연구자 장커스[姜克實, 오카야마대학(岡山大學)]도 중일 양국 모두 역사교육에 문제가 있다며 다음과 같이 날카롭게 문제를 지적하고 있다 (姜克實, 2017).

- 일본의 역사교과서는 역사의 구조·피해자의 관점만 있을 뿐이고 무력을 모두 부정하며 정의의 전쟁마저 인정하지 않는다.
- 일본에서의 평화교육은 희생자·피해자의 관점만 있을 뿐이고 무력을 모두 부정하고 정의의 전쟁마저 인정하지 않고 있다.

한편 중국의 애국주의 교육에는 다음과 같은 문제가 있다고 한다.

- 중국은 피침략자로서의 원한을 가르치며 주입시키고 있기에, 원한이 제2차 세계대전 이후 제3세대·제4세대에도 심어지고 있다. 젊은 세대가 명심해야 할 것은 정확한 역사적 사실이지 역사적 원한이 아니라는 것은 분명하다.
- 역사의 주체가 모두 국가로서 인식된다. 국가적 의사로서의 역사 밖에 존재하지 않는다.
- 중국의 역사연구에는 국제 교류의 결여가 두드러진다.
- 중국 현대사에서의 문제, 즉 대약진 및 문화대혁명에 대해 다루어지지 않는다.
- 올바른 역사인식에 있어서 역사 자료의 공개는 불가결하다. 그 점에 있어서 중국도 타이완도 일본의 높은 '자료 공개' 경향을 배워야 한다.

과격한 민족주의는 '양날의 검'이다. 그 무기를 과도하게 사용할 경우에 스스로 상처를 입게 되도록 만들어버린다는 장커스의 지적은 경청할 만한 가치가 있다.

파트너십

1990년대 후반부터 중국은 주요 대국과의 관계를 '파트너십[화반(伙伴), huoban]'의 사고방식으로 자리매김하기 시작했다. 중국에서는 파트너십을 다음과 같이 정의하고 있다.

즉 "상호 간에 상대를 적으로 간주하지 않고 서로 평등하게 존중하며 내정에 간섭하지 않고 공통의 정치경제 이익을 추구하며 쌍방의 관계를 양호하게 발전시키고자 하는 관계이다"(蘇格, 2000). '화반'은 애당초 군사용어이며 '한 군영 내부의 사람'을 지칭하고 함께 리스크를 짊어지고 이익을 공유하는 것을

〈표 5-1〉 1990년대 후반에 중국이 체결한 파트너십 관계

1996년	4월	중국·러시아 전략 협력 파트너십
1997년	5월	중국·프랑스 포괄적 파트너십
1997년	11월	중국·미국 건설적 전략 파트너십
	12월	중국·캐나다 포괄적 파트너십 중국·멕시코 포괄적 파트너십 중국·아세안 선린 파트너십 중국·인도 건설적 협력 파트너십
1998년	2월	중국·파키스탄 포괄적 협력 파트너십
	4월	중국·유럽연합 건설적 파트너십
	10월	중국·영국 포괄적 파트너십
	11월	중국·일본 우호 협력 파트너십
1999년	2월	중국·남아프리카공화국 건설적 파트너십
	4월	중국·이집트 21세기를 향한 전략 파트너십
	10월	중국·사우디아라비아 전략 협력 파트너십

의미하는 용어라고 한다.

중국은 우선 러시아와 '전략적 파트너십'을 구축했다. 1996년 4월의 보리스 옐친(Boris Yeltsin) 대통령이 중국을 방문했을 때의 공동성명은 "평등과 신뢰를 취지로 한 21세기를 향한 전략 협력 파트너십을 발전시킨다는 결의"를 구가했다. 그 이듬해 4월에 러시아를 방문한 장쩌민은 러시아 연방의회에서 '전략 협력 파트너십'이란 ① 양국 간의 장기적인 협력, ② 국제 사무에서의 협의와 협조, ③ 국제관계의 완화와 안정 등에 있어서의 협력이라고 설명했다(≪人民日報≫1997.4.24).

미중 양국 간에는 1997년 10월의 공동성명에서 "미중 양국의 건설적 전략 파트너십의 확립에 함께 주력한다"는 문장이 들어갔다. 중일 양국 간에는

1998년 11월에 장쩌민이 일본을 방문하여 '우호 협력 파트너십'이 구가되었으며 2006년의 아베 신조(安倍晋三) 일본 총리의 중국 방문 시에는 '전략적 호혜 관계'가 합의되었다.

중국은 1990년대 후반에 합계 14개의 상대국과 파트너십을 체결하였다(〈표 5-1〉참조). 2000년대에 들어서는 그것이 아프리카를 제외한 세계 전역으로 확대되었다. 2010년대에는 아프리카의 다수 국가와 파트너십 관계를 맺고 있다.

그런데 다음의 세 가지 사항에 주의를 할 필요가 있다.

첫째, '파트너십'에는 준동맹에서부터 마찰과 불신의 관계에까지 이르는 대단히 폭넓은 관계가 포함되어 있다는 점이다. 소극적인 차원에서는 '3개의 노(no)', 즉 ① 동맹을 맺지 않고, ② 대항하지 않으며, ③ 제3자를 겨냥하지 않는다는 관계라고 말할 수도 있다(Cheng and Wankun, 2002).

둘째, '파트너십'에는 전략 협력, 선린 우호, 건설적, 전면 협력 등의 여러 가지 수식어가 붙여져 있다는 점이다. 이것은 원근의 차이라기보다는 협력의 영역, 정도, 방식의 차이로부터 연원한다(王巧榮, 2002). 일반적으로는 '전략 협력 파트너십'이 가장 높은 레벨이다. 중국과 러시아 간의 '전략 협력 파트너십'에 대해 쑤거(蘇格)는 일치된 전략 목표, 광범위한 공통의 이익, 그리고 중대 문제와 관련하여 공통되거나 혹은 유사한 견해를 갖고 있으며, 근본적인 이해 충돌이 존재하지 않고, 민감한 군사 부문을 포함한 광범위한 협력 분야를 갖고 있다는 등 대단히 깊은 의미를 갖고 있으며, 이것이 '파트너십 외교'의 핵심이라고 논하고 있다(蘇格, 2000).[18]

• • •

18 또한 예쯔청(葉自成)은 중국은 독립자주의 원칙 아래에서 '유연한 준동맹 전략'을 취하는 쪽이 좋다고 주장했는데, 그가 기대하고 있던 것은 러시아와의 관계를 준동맹화하는 것이었다(葉自成 2000).

셋째, 실리적인 용어라고 하는 점이다. 한 논자는 파트너십 외교는 ⓐ 대국 관계를 조정할 때의 주도적 지위에 입각해 있고, ⓑ 주변국과의 관계를 안정적으로 유지하며, ⓒ 개도국과의 전통적 우호 관계를 강화할 수 있다는 이점이 있으며, 그 목적은 "중국의 국가이익을 최대한으로 실현하는 것"이라고 단언하고 있다(王巧榮, 2002).

'책임 있는 대국'과 '평화적 부상'

중국의 대국화와 관련하여 1997년의 아시아 통화위기를 계기로 하여 출현했던 핵심어가 '책임 있는 대국'론이었다. '도광양회는 시대에 뒤처져 있는 것이 아닌가', '국제사회에서 역할을 수행해야 하는 것이 아닌가'라는 의견이 강해졌으며, 참여하고 도전하며 선두에 서는 '대국 외교전략'을 전개해야 한다는 논의가 제기된다. 그 대표적 논객이 예쯔청(葉自成, 베이징대학)이다. 그는 ① 중국은 세계 대국으로서의 조건을 갖춘 국가이기에 '대국 외교전략'을 갖추지 않으면 안 되고, ② 그것을 위해서는 우선 '굴욕의 100년' 의식, 피해자 의식을 떨쳐내고 대국으로서의 정상적인 정신을 지녀야 하며, ③ 국제 시스템에 참가하고 도전하며 동아시아에서 주도권(initiative)을 잡아야 한다고 논했다(葉自成, 2000).

중국으로 하여금 확실하게 '책임 있는 대국'론을 취하도록 만든 계기는 세계무역기구(WTO) 가입이었다. 2001년 9월에 뉴욕의 미국 상공회의소에서 첸치천(錢其琛, 국무위원)이 가입 절차의 진전에 기대를 걸며 "중국은 책임 있는 대국으로서 서명했던 국제적 협의는 진지하게 언행일치를 지키며 엄수해왔다"라고 강조했다(≪新華每日電訊≫ 2001.3.21; 李寶俊·徐正源, 2006).

이와 같은 '대국으로서의 자화상'이 출현하게 되자, '도광양회' 전략은 당시의 특수한 배경 아래에서의 '권모술수적인 의미'가 강하다며 경원시되고 언급되지 않게 된다(朱國芬, 2005). 현실주의자(realist)에 해당하는 옌쉐퉁(嚴學通,

칭화대학)도 '도광양회'로 중국은 고립으로부터 벗어났지만 1994년부터는 '중국 위협론'이 강해지고 있을 뿐 아무런 효과도 없어지게 되었으며 '평화적 부상(平和的崛起)' 쪽이 훨씬 좋다고 논하고 있다(閻學通 外, 2004).

중국의 '책임 있는 대국' 의식을 더욱 자극했던 것은 2005년 5월 10일의 미국 연방의회 하원 국제관계위원회에서의 로버트 죌릭 당시 미국 국무부 부장관(후에 세계은행 총재)의 '책임 있는 이익상관자'론이었다. 죌릭은 "책임 있는 이익상관자란 중국을 국제 시스템에 있어서 강한 영향력을 지닌 행위자로 간주하고 중국으로 하여금 EU 및 일본과 마찬가지로 세계경제 및 국제 안보에 대한 책임을 지도록 만드는 정책 체계"라고 논했다(Zoellick, 2006). 그러한 가운데 '도광양회를 보충하고 조정하기' 위해 (그것을 대신하는 것으로서) 제기되었던 것이 '평화적 부상'론이었던 것이다.

대국이 된 중국이 세계를 향하여 강조하고 있는 것은 세계적으로 신흥국가의 부상이 항상 국제질서의 대변동(때로는 세계전쟁)을 초래했지만, 중국의 부상은 결코 그렇지 않으며 평화적이고 현상유지적이라는 점이다. '평화적 부상'(2004년부터 '평화적 발전'으로 표현이 바뀜)도 '조화로운 세계(和諧世界)'도 그것을 위한 핵심어이다.

'평화적 부상'을 최초에 제기했던 것은 후진타오의 브레인 가운데 한 명인 정비젠(鄭必堅, 중국개혁개방논단 이사장)의 2003년 11월의 보아오 아시아 포럼(博鰲亞洲論壇)에서의 연설이었다. 그는 한 대국의 부상이 국제 '격국(格局)'의 격변을 만들어내고, 이어서는 대전까지도 초래했던 근대사의 전철을 중국은 결코 밟지 않을 것이며, 경제 및 정치체제의 개혁으로 평화적 부상을 보장하고, 인류의 문명 성과 및 중화문명을 흡수하여 평화적 부상의 정신적 지주로 삼는다는 것 등을 천명했다. 그는 이 직후에 ≪르피가로(Le Figaro)≫, ≪포린 어페어스(Foreign Affairs)≫에도 동일한 취지의 논문을 발표하며 세계를 향해 발신했다(鄭必堅, 2004).

하지만 이 주제를 특집으로 다룬 중국인민대학에서 간행되는 학술지 ≪교학과 연구(敎學與硏究)≫에서의 논쟁이 보여주고 있는 바와 같이, '평화적 부상'에 대해서는 중국의 학계에서도 논의가 많았다. 리버럴파에 속하는 왕지쓰는 '평화적 부상'은 학술적 논의가 아니라 정치적 명제이며, 또한 "강렬한 원망이자 목표이다"라고 논하였다. 한편 현실주의자에 해당하는 옌쉐퉁은 부상하는 대국과 패권국 간의 파워의 격차가 줄어들었을 때, 양자 간에 전쟁이 발생하는 것은 상(常)이며, 타이완이라는 난제를 갖고 있는 중국이 "무기를 사용하지 않는다는 전제하에 타이완 독립을 저지시킬 수 있는가", "타이완을 상실한 중국에게 있어서 '부상'이라는 것 등이 있을 수 있는가"라며 '평화적'이라는 것에 의문을 제기했다(閻學通 外, 2004).

이러한 가운데 후진타오 총서기가 처음으로 '조화로운 세계'를 언급한 것은 2005년 9월의 유엔 창립 60주년 기념 총회에서의 연설이었다. 2007년의 중국 공산당 제17차 당대회에서는 "우리는 각국 인민과 손을 잡고 항구적 평화, 공동으로 번영하는 조화로운 세계의 건설에 노력하자고 주장한다"라고 논했다. 하지만 '조화로운 세계'의 내실이 꼭 명확한 것은 아니며, 왕지쓰가 말하고 있는 것처럼 중국의 주관적 기대였다.

핵심적 이익

국제무대에서 중국이 어떠한 희생을 치르더라도 수호해야 할 국가이익을 '핵심적 이익'으로 천명하게 된 것은 2009~2010년에 남중국해·동중국해의 해양 이익을 둘러싸고 중국이 주변의 관계국들과 충돌하기 시작할 무렵부터이다. 2010년 말 외교 담당의 국무위원 다이빙궈(戴秉國)는 다음의 세 가지를 '핵심적 이익'으로 규정했다(戴秉國, 2010).

ⓐ 국체·정체와 정치의 안정(중국공산당의 영도, 사회주의 제도, 사회주의의 길)

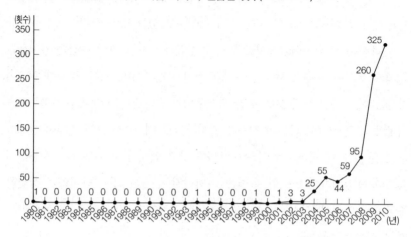

〈그림 5-1〉 ≪인민일보≫에서 '핵심 이익'이 언급된 횟수(1980~2010)

※ 자료: Swaine(2011), p.11.

ⓑ 주권의 안전, 영토 보전, 국가 통일

ⓒ 경제사회의 지속적인 발전에 대한 기본적 보장

〈그림 5-1〉은 1980부터 2010년까지 ≪인민일보≫에서 '핵심 이익'에 대해 언급한 횟수의 변화이다. 2008년부터 현저한 증가가 이루어지고 있음을 관찰할 수 있다(Swaine, 2011).

다음으로 2011년 9월 6일에 출간된 백서인 『중국의 평화발전』에서는 더욱 엄밀하게 '핵심적 이익'이 다음과 같이 규정되었다. 즉 ① 국가 주권, ② 국가 안보, ③ 영토 보전, ④ 국가 통일, ⑤ 국가 제도와 사회 대국(社會大局)의 안정, ⑥ 경제사회의 지속적인 발전에 대한 기본적 보장 등의 6가지 항목이다.

'핵심적 이익'에 대해서는 아래와 같은 3가지 포인트를 지적해두고자 한다.

첫째, 중국이 '핵심적 이익'에 대해서 공식적으로 언급하기 시작한 것은

2002년 8월 천수이볜(陳水扁)의 '일변일국론(一邊一國論, 중국과 타이완은 각각 하나의 국가라는 논의)' 등이 제기되어 타이완 문제가 심각해지고 있다고 중국 당국이 인식했을 당시였다. 애초 타이완을 '핵심적 이익'으로서 부각시키는 의도였다.(高木誠一郎, 2013).

둘째, '핵심적 이익'에 남중국해·동중국해가 들어가는지 여부는 주변 국가들의 중대한 관심사이지만, 중국은 공식적으로 남중국해를 '핵심적 이익'이라고는 표현하고 있지 않다(Swaine, 2011).

셋째, 2013년 4월 26일 중국외교부 기자회견에서 화춘잉(華春瑩) 외교부 신문국(보도국) 부국장은 센카쿠 열도[尖閣列島, 중국명: 댜오위다오(釣魚島)_옮긴이]에 대해서 "댜오위다오의 문제는 중국의 영토 주권 문제에 관계된다. 당연히 핵심적 이익에 속한다"라고 천명했는데, 이것이 중국의 공식 라인이라고 말할 수는 없다. 구체적으로 무엇이 '핵심적 이익'인가에 대해 중국 당국은 확언을 피하고 있다.

'핵심적 이익'이 주목되는 것은 구체적으로 무엇을 지칭하는가보다도 거기에 국체, 정체, 정치의 안정, 그리고 경제·사회의 지속적 발전에 대한 기본적인 보장 등이라는 비실체적인 레짐(regime) 또는 애매한 가치 등이 들어가 있다는 점이다. 예를 들면, 2020년 7월 1일에 중국 대륙의 의회(전국인민대표대회)에서 채택된 홍콩 국가안전유지법(중국어 정식 명칭: 香港特別行政區維持國家安全法_옮긴이)에 의하면, 홍콩 주민이 대륙 권력에 대해 이의신청을 하게 되면 '국가의 핵심적 이익'을 침범한 것이 되어 국가안전유지법에 의거해 처벌을 받는다.

21세기의 중국은 해외에 방대한 '이익'과 '권익'을 보유하게 되었다. 이 무렵부터 중국의 국제정치 연구자로부터 '재외 이익(在外利益)', '섭외 이익(涉外利益)'을 수호해야 한다는 목소리도 커지게 된다. 선진국뿐만 아니라 아프리카로, 남아시아 등 문자 그대로 중국은 '글로벌 대국'으로 향하는 길을 걷기 시작했

〈표 5-2〉 중국인 비전투원의 해외로부터의 철수(2006~2014)

국가	일시	사건	철수인원	방법
솔로몬 제도	2006년 4월	반(反)중국 폭동	310명	전세항공기
동티모르	2006년 4월	폭동	243명	전세항공기
레바논	2006년 7월	대(對)이스라엘 전쟁	167명	육로
통가	2006년 11월	누쿠알로파 폭동	193명	전세항공기
차드	2008년 1월	내전	411명	전세항공기
태국	2008년 11월	방콕에서의 폭동, 국제공항 점거	3,346명	전세항공기
아이티	2010년 1월	지진	48명	전세항공기
키르기스스탄	2010년 6월	남부 오시에서의 민족 충돌	1,321명	전세항공기
이집트	2011년 1월	아랍의 봄	1,800명	전세항공기
리비아	2011년 3월	폭동, 내전	35,860명	공로·육로·해로
일본	2011년 3월	동일본 대지진	9,300명	공로
중앙아프리카 공화국	2012년 12월	내전	300명 이하	공로
시리아	2011년 9월 2013년 9월	내전	2,000명	육로·공로
베트남	2014년 5월	반중국 폭동	3,533명	공로, 페리

※ 자료: Duchâtel/Bräuner/Hang(2014), p.46.

다. 이에 수반하여 국내정치 상황이 불안정한 아프리카 및 남아시아 등에 진출한 중국 기업 및 석유산업은 큰 리스크에 직면하게 되었다. 〈표 5-2〉의 데이터는 2006년부터 2014년까지 '위기'라고 인식했던 중국 정부가 국가 전략 차원에서 현지 기업 및 기관을 철수시킨 사례이다. 특히 2011년 3월에 리비아 로부터 국유기업 노동자 등 비전투원 3만 6,000명을 철수시킨 것은 큰 사건이 었다. 당시 리비아에서는 무아마르 카다피(Muammar al-Gaddafi)를 반대하는 대 규모 폭동이 발생하였다.

중국 상무부의 정보에 의하면, 2011년 시점에서 리비아에 투자하고 있는 중국 기업은 74개 사이고 관련 프로젝트는 50개 항목이며 중국인 종업원의 수는 3만 6,900명에 달했다. 중국석유집단공사, 중국선박집단공사, 중국통신 건설공사 등 일부 중국자본의 대기업과 기관이 무장 강도에 의한 습격을 받았으며, 경제 손실의 규모는 15억 위안에 달했다고 한다(Livedoor News, 2011.8.25). 중국은 해외의 중국인 노동자 및 스태프 전원을 긴급하게 철수시키는 조치를 감행했다(Duchâtel/Bräuner/Hang 2014).

재외 기업 및 노동자, 권익의 보호를 위해 대규모의 철수 작전을 중국인민 해방군을 사용하여 감행했던 중국이지만, 이 문제는 중국의 양대 외교 원칙(내정불간섭, 독립자주)에 저촉되는 바가 크다. 리비아의 경우를 놓고 말하자면, 정부와의 충돌도 있었으며 다양한 리스크가 고려된다. 2011년에 이 사건이 일어났을 때에 중국 국내에서는 내정불간섭 원칙을 유지해야할 것인지 여부를 놓고 논의가 일어났다. 옌쉐퉁은 당시에 "수년 전에는 대부분의 중국인 연구자가 내정불간섭 원칙에 도전하며 타국의 주권을 침범하고자 하는 것 등은 생각도 하지 못했다. 하지만 작금에 이르러 이 문제에 대해 격렬한 논의가 오가고 있다"고 논하였다(Yan, 2011).

일대일로 구상

2013년이 되자, 시진핑 총서기가 '일대일로(一帶一路) 구상'을 제창했다. 그 것은 중국 서부~중앙아시아~유럽을 서로 잇는 '육상 실크로드 경제벨트'와, 중국 연해 지역~동남아시아~스리랑카~아라비아 반도의 연해 지역~아프리카 동안을 연결하는 '21세기 해상 실크로드'의 2개 지역에 ① 인프라의 정비, ② 무역 촉진, ③ 자금의 왕래 등의 3가지를 촉진하는 구상이다. 영어로는 The Belt and Road Initiative(BRI)라고 표기된다. 아래에서는 바이두백과의 내용에 기초하여 소개해보도록 하겠다(百度百科, 2018년 2월 16일 검색).

2013년 9월 7일, 시진핑 국가주석은 카자흐스탄(Kazakhstan)의 나자르바예프 대학(Nazarbayev University)에서 행한 연설에서 '실크로드 경제 벨트'를 공동으로 건설하자고 호소했다. 그 이듬해 8월, 이번에는 몽골에서 이 경제 벨트 구상에 주변국이 참가하는 것을 환영한다고 논했다. 육상과 해상의 2개 경제 벨트 구상이 합체되어 2015년 3월 28일에 중국 정부(국무원 발전·개혁위원회, 외교부, 상무부의 3자 공동)는 "실크로드 경제 벨트, 21세기 해상 실크로드의 전망과 행동 계획"을 발표하여, 해당 구상이 본격적으로 움직임을 보이게 되었다.

이 구상은 유라시아, 중국 주변의 광대한 지역을 대상으로 하여 참가 각국, 각 국제기구로부터 주로 인프라 투자를 흡수하고 광대한 시장 및 무역권(貿易圈)을 만들어내는 것을 목표로 삼고 있다. 아래와 같은 기존의 지역 협력체 및 협력기구를 연쇄적으로 느슨하게 연계시킨다는 의도도 읽어낼 수 있다.

상하이협력기구, 아세안(ASEAN) 10+1(중국), 아시아·태평양 경제협력체(APEC: Asia-Pacific Economic Cooperation), 아시아·유럽 정상회의(ASEM: Asia-Europe Meeting), 아시아 협력대화(ACD: Asia Cooperation Dialogue), 아시아 교류 및 신뢰구축 회의(CICA: Conference on Interaction and Confidence Building Measures in Asia), 중국·아프리카 협력포럼(FOCAC: Forum on China-Africa Cooperation), 중국·걸프협력기구 전략대화(China-Gulf Cooperation Council Strategic Dialogue), 메콩강 유역 경제협력(Greater Mekong Subregion Economic Cooperation), 중앙아시아 지역경제협력(CAREC: Central Asia Regional Economic Cooperation) 등이다.

2017년 5월 베이징에서 일대일로 국제협력 정상회의 제1차 포럼이 개최되었다. 세계 130개 국가의 정부 대표단이 참가를 결정하였고 주요 7개국, G7의 정상은 대부분 참석하지 않았지만 어쨌든 압도적인 다수의 국가가 참가하였다. 당초에 아시아인프라투자은행(AIIB: AsianInfrastructure Investment Bank)을 중국이 주도하는 거대한 경제권 구상이라며 경계했던 미국 및 일본의 입장은 미묘했다. 미국의 트럼프 정권은 해당 정상회의에 매튜 포팅어(Matthew

Pottinger) 국가안전보장회의 아시아 담당 선임보좌관(Asia Director)을 단장으로 하는 대표단을 파견하여 일대일로에 대한 협력에 미국은 '오픈'이라고 표명했다.

그 이후 일본의 아베 신조 정권은 인프라의 개방성과 공평성에 우려를 품으면서도 비교적 적극적으로 대응하였다. 2017년 11월에는 대규모의 일본 재계 방문단을 보냈다.

이 구상의 주안점은 다음과 같은 3가지 국제금융조직을 중국 주도로 설치하는 것이다. 아시아인프라투자은행(자본금 1,000억 달러)은 2015년 6월에 베이징에 설립되었으며 50개 국가가 협정에 서명하였고 2016년 1월부터 정식으로 출범하였다. 또 하나는 브릭스 개발은행(BRICS Development Bank, 자본금 500억 달러)으로, 이것은 이미 2014년 7월에 탄생하였다[현재 명칭은 브릭스 신개발은행(BRICS New Development Bank). 2014년 7월에 설립과 관련된 협정이 서명되었고, 2015년 7월에 발효되었다_옮긴이]. 또한 실크로드 기금도 같은 해 12월부터 가동되었다.

전 세계를 느슨하게 연계하는 이 이니셔티브의 배후에는 과잉 자본, 국내 시장의 하락세 등 중국 측의 실정, 그리고 국제질서 및 규칙을 중국적인 색채로 물들이고자 하는 야망도 있는 것으로 여겨진다.

위에서는 주요 핵심어에 주의하면서 중국에서의 국제관계 구상의 변화를 살펴보았는데, 대체적으로 논하자면 10년 주기로 중국외교가 움직이고 있다는 것을 관찰할 수 있다. 중화제국의 후예, 피침략의 기억과 후발성으로 고뇌하는 신흥대국, 세계화가 가져온 이익의 최대 향유국 등, 현재 중국은 실로 다양한 속성을 지니고 있다. 그와 같은 다양한 속성으로부터 중국은 향후에도 여러 핵심어를 나누어 구사하면서, 국제사회에서 이익의 최대화를 노리며 나아갈 것으로 전망된다.

2. 아프리카에 걸었던 꿈

'글로벌 대국화'의 과제로서의 아프리카

다음으로 중국의 아프리카에 대한 관여를 살펴보도록 하겠다. 아프리카를 특별하게 다루는 것은 아프리카가 글로벌 대국을 지향하는 중국에게 있어서 그 외교 과제를 해결하는데 여러 가지 사안을 담당하고 있기 때문이다.

아프리카는 중국에게 있어서 무엇보다도 자원, 시장, 상품과 자본을 제공해 주는 곳이자 또한 흡수하는 곳이기도 하다. 1990년대 초에 중국이 아프리카에 관심을 가졌던 최대의 이유는 광산이 있고 수자원이 있으며 인간이 있었기 때문이다.

또한 국제사회에서 중국의 편을 늘려나가기 위해 중국은 아프리카의 50여 개 국가들을 매력 있는 양국 간 외교를 통해 끌어당기지 않으면 안 된다. 특히 분단국가로서 '타이완' 문제를 갖고 있는 중국에게 있어서 아프리카 국가들과의 양국 간 관계는 정통성을 국제사회에서 인정받기 위해 중요하다. 중국은 말하자면 선택되는 측인 것이다. 타이완보다도 대륙 중국을 정통이라고 인정한다는 확약을 받아내고 그것을 유지하지 않으면 안 된다. 1990년대 후반부터 2000년대에 걸쳐 아프리카의 많은 중소 국가가 타이완과의 관계를 끊고 대륙 중국과의 관계를 구축하는 형태로 방향을 바꾸었다. 남아프리카공화국은 1998년 1월, 세네갈은 2005년 10월, 차드는 2006년 8월, 말라위는 2007년 12월에 각각 그렇게 하는 등, 2021년 1월 현재 타이완과 국교를 맺고 있는 아프리카의 국가는 에스와티니 왕국(Kingdom of Eswatini)이라는 1개 국가만 남게 되었다. 아프리카 국가들과의 관계에서 힘을 발휘하는 것은 물론 거액의 원조와 정권에 대한 중국의 강력한 지원이다. 다만 최근 들어 아프리카의 많은 국가가 중국을 선호하고 있는 상황에 대해서 가와시마 신(川島眞)은 "아프리카 스스로가 '외부적 존재인 중국을 어떻게 이용하여 내적인 맥락에 반영시킬 것인가'라는 (아프리카 측의) 논리"도 강하게 움직이고 있다고 분석하고 있다(川島眞, 2009).

대(對)아프리카 경제 신전략: 정책 문서로부터

아프리카 대륙을 포함하는 중국외교의 새로운 틀이 정해졌던 것은 후진타오 정권 제2기에 해당하는 2002년 중국공산당 제16차 당대회에서였다. 해당 당대회의 '외교의 가이드라인'은 "대국 관계(대국 간의 관계)는 핵심이고, 주변 관계(주변국과의 관계)는 가장 중요하며, 개도국 관계(開途國關係, 개도국과의 관계)는 토대이고, 다국 간의 틀은 가장 중요한 무대이다"라고 논했다. 또한 해당 당대회는 '도입'부터 '대외 진출'로의 전환을 제기하며 2020년까지의 중국 전략에서의 기본 목표를 다음과 같은 4S로 개괄했다. 즉 주권, 안전, 안정, 그리고 국제적 지위이다(중국공산당 제16차 당대회에서의 장쩌민의 정치 보고). 후진타오는 2004년, 2006년, 2007년, 2009년의 4회에 걸쳐 아프리카 국가들을 역방하였으며 원자바오(溫家寶) 총리도 2001년, 2006년, 2009년의 3회에 걸쳐 아프리카를 방문하였다. 유엔과의 '3자 경제체'인 중국·아프리카 비즈니스협의회(CABC: China-Africa Business Council)도 성립되었으며 제도화 차원도 제고되었다.

2006년과 2015년의 2회에 걸쳐 중국 정부의 '대(對)아프리카 정책문서'가 발표되었는데, 이에 대해서 간략하게 소개해보도록 하겠다. 2006년 11월의 제1차 정책문서는 정치적 조건을 붙이지 않고 원조를 행한다는 것을 새로운 원칙으로 삼았다. 상호 평등, 상호 이익, 상호 지원, 상호 학습의 4가지로 구성되어 있으며, 자유무역 협정의 체결, 우대 차관과 수출 바이어스 크레디트(buyer's credit, 수출국의 은행이 직접 상대국 수입업자에게 자금을 대부해 주는 것 옮긴이), 농업기술 시험 모델 계획의 실시, 사회 인프라의 정비에 대한 중국 측의 적극적인 참가, 자원의 공동개발, 군사훈련과 군사력의 정비 외에 군 고급장교 교류등 긴밀한 왕래 등을 거론했다. 이러한 기본 정책에 기초하여 리자오싱(李肇星) 외교부장이 같은 달에 6개국을 역방하였고, 같은 해 4월에는 후진타오 국가주석도 나이지리아 등 3개국을 방문했다. 원자바오 총리도 6월에 이집트 등 6개국을 역방했다. 2000년대에 들어선 이후 아프리카에 대한 중국의 의욕은 상당한 것이었다.

이 사이에 2001년부터 시작된 제10차 5개년 계획의 '대외 진출(走出去)' 전략 및 2004년 7월의 '대외 투자국별 산업지도 목록(對外投資國別産業導向目錄)'에 의해 중국 기업의 아프리카 진출이 가속되는 등, 중국과 아프리카 9개 국가들 간의 관계는 긴밀화되었다(張郁慧, 2012; 遠藤貢, 2020).

2015년 11월의 제2차 정책문서에서는 대(對)아프리카 정책의 새로운 원칙(전략 파트너십), 새로운 주장, 새로운 조치가 제시되었는데, 제1차 정책문서보다 구체적이며 다음과 같은 4가지 정책으로 정리된다.

ⓐ 대아프리카 정책의 새로운 이념으로서의 '도의와 이익': 도의의 핵심은 아프리카 국가들의 자주적·지속적 발전이며, 그것과 중국 자신의 이익을 결합한다.

ⓑ 대아프리카 정책의 3개의 노(no): 내정불간섭을 견지하고, 중국측 목적을 강제하지 않으며, 원조에 정치적 조건을 붙이지 않다.

ⓒ 대아프리카 원조 모델의 쇄신: 원조 조건을 합리화하고 인재개발 및 인프라 개발 등에 중점을 둔다.

ⓓ 2015년 말까지 최빈국, 내륙국, 도서국에 대해 미상환된 무이자 차관의 채무를 면제한다.

아울러 제2차 정책문서에서 제기된 군사원조정책은 매우 흥미롭다. 군사교류·군사 협력의 강화, 부대 합동 훈련의 활성화, 군사 요원의 육성에 대한 원조, 아프리카 국가들이 국방 능력·치안 능력을 건설하는 것에 대한 지원 등이 포함되어 있다.

또한 2018년 9월에 중국·아프리카 협력포럼(FOCAC) 제7차 각료회의가 개최되어 '베이징 행동계획(Beijing Action Plan, 2019~2021년)'을 채택했다. 이 회의에서 아프리카 국가들에 대해서 50억 달러의 무상 원조를 제공하고 2018년 말까지 갚아야 될 예정인 무이자 차관의 상환을 면제하기로 결정하였으며, 에티오피아·지부티 철도(Ethiopia-Djibouti Railway)의 차관에 대한 변제 기한을 10년에서 30년으로 연장하는 것 등을 결정했다.

중국의 국제원조

중국의 아프리카 외교에서 빠지지 않고 있는 것이 이러한 국제 원조이다. 중국의 아프리카 원조는 1950년대에 시작되었다. 잠비아(Zambia)의 카피리음포시(Kapiri Mposhi)~탄자니아(Tanzania)의 다르에스살람(Dar es Salaam) 사이를 달리는 1,860km의 탄잠 철도[Tanzam Railway, 일명 타자라 철도(TAZARA Railway)_옮긴이]는 1960년대부터 1976년까지의 중국의 남아프리카공화국 지역에 대한 관여의 상징이다. 이 밖에 잠비아의 국방부 건물, 물룽구시(Mulungushi)의 섬유공장을 건설하는 것을 지원한 것 등이 있다. 당시 중국의 목적은 아프리카를 거점으로 하여 미소 초강대국의 패권에 저항하는 것에 있었다.

1990년대에 자원 및 에너지 등 실리적인 이유로 다시 아프리카에 대해 주목하게 되었을 때, 중국은 거액의 외화를 보유하고 있었다. 그것으로 자원을 구입하고 투자를 하며 새로운 부를 수중에 넣고자 생각했다고 하더라도 불가능한 일은 아니다.

새로운 원조정책이 책정되었던 것은 2010년이 되면서부터였다. 당시 8월에 중공중앙의 대외원조공작회의에서 원조가 대아프리카 외교의 중심으로서 자리잡게 되었다. 원자바오 총리가 이 회의를 주재하고 원조 공작을 총괄하며 '새로운 단계의 대외 원조'를 제기했다. 원조의 목적은 피원조국의 자주적 발전 능력을 향상시키는 것으로 삼아 ① 원조에는 그 어떤 정치적 조건도 붙이지 않으며, ② 평등 호혜·공동 발전을 추구하며, ③ 중국의 국력에 상응하는 원조를 진행하고, ④ 여시구진(與時俱進, 시간의 흐름에 따라 끊임없이 발전하고 전진하는 것_옮긴이)한다는 '원조 4원칙'을 제시했다. 원조 관련 백서도 간행되었다. 같은 해 민간 기업의 아프리카 진출은 100만 명으로 증가하였으며 (1999년에는 5만 명 수준), 진출한 기업의 수도 1만 개를 넘었다. 중국의 대아프리카 진출의 질이 변화했던 것이다[中華人民共和國國務院新聞辦公室, 『中國與非洲的經貿合作』(2010)].

그런데 중국의 아프리카 원조는 일본으로부터 배운 것이라고 한다(王平, 2013). 1960년대부터 1980년대까지 일본의 (주로 동남아시아에 대한) 원조는 다음과 같은 특징을 갖고 있다고 말해진다. 즉 ⓐ 정치적 안전보장에 대한 배려로부터 피원조국과의 경제 관계를 중시하고, ⓑ 금리가 낮은 장기 차관이 많으며, ⓒ 민간 무역 및 투자와 연결되어 있다(金熙德, 2000).

중국사회과학원 일본연구소에 소속되어 있었던 진시더(金熙德)는 미국의 원조는 전략형, 서유럽은 개발원조형, 북유럽은 인도적 원조라고 말할 수 있는데, 중국의 경우에는 이들 중에 그 어떤 것에도 속하지 않는다면서 "일본의 대중 엔(円) 차관이 외국의 대중(對中) ODA 중에서 중국의 경제개발과 생활 환경의 개선을 촉진하는 방면에 있어서 가장 커다란 역할을 수행했다"라고 높게 평가하며, 중국은 이러한 일본형을 학습했다고 그 이점을 강조하고 있다(金熙德, 2002).

왕핑도 다음과 같이 말한다. 즉 "현대판 중국 대외 원조 모델은 일본형 ODA 모델을 빼닮은 추진 방식으로 경제원조를 제공하는 것과 함께 자원 공여의 확보, 중국 제품의 시장 개척을 위한 적극적인 무역 및 투자를 행하고 있다"(王平, 2013). 말하자면 삼위일체형 원조이다.

일본의 원조가 중국에 커다란 영향을 미치고, 중국이 많은 것을 배웠다는 것은 확실하다고 할 수 있다. 하지만 일본형 원조가 가혹한 세계화가 진행되고 있는 아프리카 대륙에서 향후에도 장기간 계속해서 성공을 거둘 수 있을 것으로는 생각되지 않는다. 반드시 전환점을 맞이하게 될 것이다.

중국 국내에서도 2015년의 중국·아프리카 협력포럼에서 시진핑 국가주석이 350억 달러의 차관, 5억 달러의 무상 원조를 포함하여 600억 달러의 패키지를 아프리카에 제공한다고 표명했을 때에 국내에 빈곤 지구가 많이 있기 때문에, 국제적인 이미지의 상승을 의도하는 '분수에 맞지 않는 원조'라고 하며 중단하라고 주장하는 목소리도 제기되었다(Yun, 2015). [한편 2021년 11월에 중국의 대아프리카 정책과 관련된 새로운 백서인 『새로운 시대의 중국·아프리카 협력(新時代的中非合作)』(2021)이 공표되었다._옮긴이]

2020년까지의 데이터

이러한 중국의 국제 원조에 대해서는 중국이 상세한 자료를 공개하고 있지 않기 때문에 정확한 정보를 파악하는 것이 어렵지만, 다음과 같은 사항을 말할 수 있을 것이다. 우선 〈그림 5-2〉를 살펴보면, 중국의 대외 경제원조는 2001년에 7억 달러 수준이었지만, 15년 동안에 원조 액수가 거대해지고 있는 모습이 두드러진다. 게다가 2018년 4월에는 원조기관인 국가국제발전협력서(國家國際發展合作署, CIDCA)가 성립되고 '대외 원조 관리방법(對外援助管理辦法)'이 채택됨으로써 원조 전체의 운용을 행하는 조직 및 법규가 만들어졌다. 원조의 제도화가 진전되고 있는 것이다. 또한 남남협력원조기금(南南協力援助基金, 2015년 설립, 자금 30억 달러), 중국·유엔 평화발전신탁기금(자금 2억 달러) 등, 다국 간(多國間) 원조도 증가했다. 또한 베이징대학 남남협력발전학원(南南協力發展學院), 중국국제발전지식센터(中國國際發展知識中心, CIKD)의 설치 등,

〈그림 5-2〉 중국의 대외 경제원조 추계 액수(2001~2016)

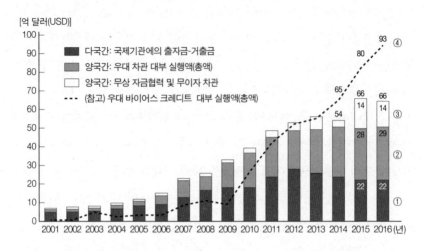

※ 설명: 양국 간은 무상(상무부 + 기타 부처)·무이자 차관(상무부)+유학생을 위한 장학금-이자 보전.
※ 자료: Kitano(2018).

〈그림 5-3〉 중국의 대외 원조에서의 지역별 분포 및 속성별 분포(2009)

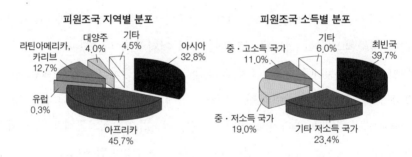

※ 자료: 北野尚宏(2018).

교육 및 인재 양성도 추진되고 있다. 아울러 최신의 정보에서는 구체적인
수치는 알 수 없지만, 중국은 현재 제1위 미국, 제2위 독일, 제3위 영국에
이어 세계 제4위의 원조대국이라고 한다(趙美艶, 2020).

〈표 5-3〉 중국의 대(對)아프리카 원조 액수(2016)

총계	159억 달러 (93억 달러 + 66억 달러)
우대 바이어스 크레디트(buyer's credit) 대부 실행 액수	93억 달러
무상 원조·신용 대부	22억 달러
우대 차관 대부	29억 달러
국제기관에의 출자·거출	14억 달러

※ 자료: Kitano(2018).

그렇다면 아프리카에 대해서는 어떠할까? 〈그림 5-3〉을 살펴보면, 중국의 대외 경제원조의 대상 지역은 아프리카가 45.7%로 제1위를 차지하고 있다. 속성별(屬性別)로는 가장 빈곤한 국가들이 39.7%, 기타 저소득 국가가 23.4%를 차지하고 있다(물론 그 어느 쪽의 속성 범주에도 아프리카 국가들은 다수 포함되어 있다). 또한 〈표 5-3〉은 2016년 시점에서의 중국의 대아프리카 경제원조를 대부 등의 유형별로 살펴본 내역이다.

중국의 해외 군사기지

최근 들어서는 변화를 보이는데, 옌쉐퉁처럼 제3세계에 대해서는 경제원조보다도 군사원조를 제공하고 이를 통해 군사기지를 설치하는 쪽이 효율이 좋다고 하는 현실주의에 입각한 견해도 제기되고 있다. 실제로 중국은 아프리카를 비롯하여 남아시아, 스리랑카, 대양주의 섬 등에 군사기지의 설치를 탐색해왔다. 그리고 2012년에는 아프리카 북동부의 지부티(Djibouti)에 군사기지를 건설하게 되었다.

그런데 2018년 4월 일본 지지통신은 남태평양의 바누아투(Vanuatu)에도 중국의 군사기지가 계획되고 있으며, 호주 등 주변국이 우려하고 있다고 전했다. 4월 10일 자 호주 신문 ≪시드니 모닝 헤럴드(Sydney Morning Herald)≫는 바누아투에 군사 거점을 구축하는 중국의 계획을 둘러싸고 양국이 잠정적인 협의를 시작했다고 보도했다. 해당 보도에 의하면, 계획에서는 우선 양국 간에 협정을 체결한 뒤에 중국 해군의 함선이 정기적으로 바누아투에 기항하고, 연료 등을 보급하는 거점으로 삼는 것으로 되어 있었다. 그 이후 군사적인 역할을 강화한다. 군사기지가 건설된다면, 중국에게 있어서 아프리카의 지부티에 이어 2번째 해외 기지가 된다. 또한 바누아투에는 이미 중국으로부터 거액의 인프라 개발 자금이 유입되고 있다고 한다(時事通信, 2018.4.10).

중국은 '신제국주의'인가

1990년대 이래의 자원, 시장, 토지에 대한 만족할 줄 모르는 중국의 욕망을 눈으로 보게 된 세계의 사람들은 '중국은 19세기에 아프리카를 황폐하게 만들었던 서유럽의 열강과 조금도 차이가 없는 것 아닌가? 신제국주의이다'라고 준엄한 비판을 퍼부었다. 특히 2006년의 '중국·아프리카 협력포럼' 정상회의 무렵부터 구미 국가들은 중국의 아프리카에 대한 공세를 경계하기 시작했다. 그 주요 비판점은 ① 인권에는 조금도 관심이 없고 압정을 펴고 있는 권력과 야합하여 아프리카를 착취·약탈하고 있으며, ② 자국의 이익을 추구할 뿐이며 아프리카의 개발 및 주민의 생활 개선을 고려하지 않는다는 것 등이다. 2011년 6월, 힐러리 클린턴(Hillary Clinton) 당시 미국 국무장관은 방문지였던 잠비아에서 "아프리카는 중국과의 관계에 있어서 신식민지주의를 경계해야 한다"라고 특별히 경고를 하기도 했다.

이러한 가운데 2007년 4월에 에티오피아에서 중국석유화학공업집단공사(SINOPEC)의 유전 채굴 현장을 200명 이상의 소말리아인 반정부 게릴라 무장집단이 습격하여 중국인 9명을 포함해 74명을 살해하는 사건이 발생했다. 습격한 것은 에티오피아로부터의 분리·독립을 요구하는 이슬람 계통의 게릴라 세력이었다. 이 사건으로 SINOPEC은 에티오피아로부터 철수하는 상황에 내몰렸다. 또한 같은 2007년에 나이지리아에서는 중국인 기술자 5명이 무장집단에 의해 유괴되었으며, 알제리에서는 중국 이민과 현지 주민 간의 대규모 충돌이 발생하였다.

또한 이 장의 제1절에서 이미 소개했지만, 2011년에는 리비아에서 반카다피 정변에 의한 여파로 인해 중국이 투자한 장소가 집중적으로 타깃이 되었다. 3만 6,000명의 국유기업 중국인 노동자 및 기술자가 생명을 잃을 수 있는 위기에 노정되었고, 중국 정부는 전세항공기를 마련하여 10일 동안 3만 명 이상을 탈출시켰다. 중국은 카다피 독재정권과 깊은 관계를 맺고 있었기에 정변의 발생 이후에는 이권의 대부분을 상실하게 될 것이라고 관측되었다. 아프리카 경제의 전문가인 히라노 가쓰미(平野克己)는 "이번의 리비아 혁명은 중국으로 하여금 아프리카의 정치적 리스크를 강하게 인식하도록 만들었을 것임에 틀림없다"라고 논했다(平野克己, 2013).

현지의 준엄한 현실을 목격한 중국인 연구자는 다음과 같은 제언을 행하였다(張郁慧, 2012).

- 피원조국과 중국 간 관계의 경중을 고려하여 적절하고 또한 신중한 원조정책을 전개한다.
- 무상 원조를 줄이고 원조와 경제개발을 연계시키며 쌍방의 이익에 합치되는 방식을 고려한다.
- 대외 원조와 그 해당 국가의 경제발전 사이의 유기적 연계를 고려한다.
- 타이완과의 관계를 신중하게 처리한다.
- 원조에는 부패가 수반되기 때문에, 투명성을 높이고 양국 국민에게 공개한다.

실제로 중국은 2010년대 이래 노골적인 '신제국주의'적 아프리카 전략으로부터의 정책 전환을 도모했던 것처럼 보인다. 하나는 위에서 언급한 개발과 원조가 합체된 일본형 원조정책의 학습이고, 다른 하나는 자원 개발로부터 인프라 개발로 중점을 이동시킨 것이다.

현재의 중국과 아프리카의 관계를 '신제국주의'에 의한 약탈로 단정하는 것은 무리라는 것이 대다수 전문가의 견해이다. 애당초 '신제국주의'론에 비판적인 ≪르몽드(Le Monde)≫의 세르주 미셸(Serge Michel)은 '왜 중국은 아프리카에서 환영받았는가'라는 질문을 제기하였다. 그에 의하면, 글로벌리즘 아래에서 갈수록 가혹해지는 아프리카 경제에게 있어서는 '중국은 여러 가지 요소로 구성된 (매력적인) 마법과 같은 것'이었다고 한다. 즉 ① 순식간에 노동자가 밀려들고, ② 순식간에 현장을 조성하여 프로젝트를 완성시켜 버리며, ③ 기술의 자력 개발이 가능하고, ④ 인권과 거버넌스에는 조금도 관심이 없기 때문에 내정불간섭에 유리하며, ⑤ 특필할 만한 것은 오히려 중국 쪽이 리스크를 짊어지고 장기적인 관여 방식을 취했다는 것이라며 양자 간의 서로 결탁되어 있는 관계를 적확하게 묘사했다.

그리고 미셸은 중국의 아프리카 진출을 다음과 같이 비교적 차분하게 평가하고 있다(Michel and Beuret, 2010).

- 중국은 단순히 사리사욕을 위해 아프리카에 관여하고 있는 것은 아니다.
- 중국의 노력에 의해 10년 전에는 생각하지도 못했던 미래가 아프리카에서 열리게 되었다.
- 중국은 결국에 있어서 그 어떤 사람으로부터도 잊혀져 있었던 아프리카를 세계화의 조류로 밀어냈다.

이것에 대해서 히라노 가쓰미는 리비아의 정변으로 고통스러운 경험을 했던 중국 정부가 2010년대에 대아프리카 정책을 다음과 같은 것으로 조절하게 된 것처럼 보인다고 논하였다. 즉 ①자원 개발로부터 인프라 정비로 중점을 전환한 것, ②다국 간 협의를 중시하는 형태로 자세를 전환한 것, ③내정불간섭으로 일이 끝나지 않는다는 것을 학습한 것, ④아프리카 내정에 대한 관여 없이 아프리카와 상호 의존의 경제 관계는 구축되지 않는다는 것, ⑤아프리카의 지속적인 발전을 위해서는 농업 지원은 피할 수 없다는 것 등이다(平野克己・奧田聰 外 編, 2015).

그러나 향후의 중국・아프리카 관계에 대해서 히라노 가쓰미는 다음과 같이 우려를 하였다. 즉 "중국으로서는 일본이 동아시아에 행했던 (원조) 방식을 아프리카에 적용할 생각이었던 듯한데 과연 잘 될 수 있을까, 아니면 잘되지 못할까. 아프리카병, 자원의 저주, 농업 위기, 파탄국가 등 아프리카는 동아시아와는 전혀 다르기 때문이다. … 이러한 아프리카에 우수한 관료국가인 중국의 베이징 컨센서스 등이 통하게 될까"(平野克己・奧田聰 外 編, 2015).

3. 강경 외교와 새로운 행위자

이익집단의 외교 관여

21세기에 특히 2010년대에 들어선 이후부터 중국외교는 크게 변화했다. 하나는 새로운 해양 전략을 포함한 '강경 외교'이다(미국의 연구자는 이를 '공세적 외교(assertive diplomacy)' 또는 '적극적 외교(proactive diplomacy)'라고 표현한다). 또 하나는 외교정책 과정에의 관여자 및 행위자가 증가하며 다양해지고 있다는 점이다. 후자가 전자의 배경에 있다고 하는 관계이기도 하다.

물론 '강경 외교'의 토대가 되는 것은 군비이다. 2000년대에 들어서 중국의 국방비가 대폭 증가하고 있다는 것에 대해서는 이미 이 책의 제1장 및 제4장에서 논했는데, 2004년부터 2018년까지 공표된 국방비는 5배로 증가하고 있다는 것에 놀라게 된다. 다만 중국의 국방비·무기수출 등에 대한 최대의 문제는 데이터가 투명하지 않다는 점에서 확실한 국제 비교, 중국의 실력을 규정하는 것은 불가능하다. 냉전 시기와 같은 미소 양국 간에 존재했던 군사력 균형을 투명하게 하는 레짐이 불가결하다. 그런데 2017년 중국의 국방비 지출에 대해서 중국이 공식적으로 발표한 수치와 스톡홀름 국제평화연구소(SIPRI)의 평가를 비교해보면, 전자에서는 1510억 달러이고 후자에서는 2280억 달러가 된다.

한편 새로운 행위자에는 대형 국유기업(특히 에너지 관련 기업 및 군수산업) 및 대외 관계의 확대로 큰 이익을 얻는 대외 관계의 여하에 의한 영향을 정면으로 받는 연해 지역의 지방정부 등이 있다. 아래에서는 그들을 광의의 (그리고 미정형의) 이익집단으로 고려하고 그 외교정책 및 대외 행동에의 관여에 대해서 검토해보도록 하겠다. 특히 석유 국유기업의 동향, 또한 국제적으로도 주목을 받고 있는 중국의 군수공업·무기수출에 관해서 살펴보도록 하겠다. 정책결정 프로세스 이상으로 정보가 적기 때문에 정확한 분석은 어렵지만 그 일단을 제시해보도록 하겠다.

리버럴한 국제정치학자 왕이저우(王逸舟, 베이징대학)는 2014년 시점에서 다음과 같이 논하였다. 즉 "일부 대형 기업의 해외에서의 행위는 정책의 규정으로부터 벗어나 있으며, 외교 방침에 합치되고 있지 않다. 외교를 방해하며 외교에 부담이 되고 있다. 과거에 미국에서 석유 자본 등 거대한 이익집단이 CIA, 군대, 외교 자원을 앞세워 '국가를 납치하는 일'이 있었는데, 중국에서도 그러한 기미가 보이고 있다. 경계해야 할 일이다"(王逸舟, 2014).

에너지 관련 기업

중대한 이익집단으로 상정할 수 있는 대형 국유기업에 대해서 우선 국제시장에서의 위치를 살펴보도록 하겠다. 2017년 ≪포춘≫에 의하면, 세계 톱

기업 500개 중에 미국 134개, 중국 108개, 일본 52개로 세계 10대 기업 중에 중국 기업은 3개(중국국가전망공사, 중국석유천연가스집단공사, 중국석유화공집단공사)가 들어가 있었다. 이 3개 기업 모두 종업원을 20만 명 이상 보유하고 있는 중국 최대의 국유기업이지만, 에너지 및 석유 계통이 압도적으로 강하다. 이것 이외에도 중국해양석유집단공사, 중국중화집단공사(中國中化集團公司, SINOKEM) 등이 화려하게 해외에서 사업을 진행하고 있다.

그런데 2008년 6월 동중국해의 가스전 공동개발에 대해 중일 양국이 합의했을 무렵[최고지도자였던 후진타오 국가주석과 후쿠다 야스오(福田康夫) 총리가 움직였던 것으로 추정됨], 중국 국내에서 외교부에 대한 강렬한 반대가 출현했다. 가스전에 대한 중일 양국 간의 합의에서는 일본이 주장하는 중간선을 넘어 북부 가스전의 공동개발을 추진하는 것, 그리고 동시에 이미 중국이 개발하고 있었던 가스전인 '춘샤오'[春曉, 일본명: 시라카바(白樺)]에 일본이 출자하는 것도 포함되어 있었다. 이것에 대해서 중국 국내에서 맹렬한 반발이 있었다. '춘샤오'는 중국이 손을 뻗쳐 이미 조업을 하기 직전에 있었으며, 중국해양석유집단공사도 일본의 출자는 필요 없다고 하는 의견이었다. 반대가 표면화되었던 것은 인터넷 등을 통해서였는데, 수면 아래에서는 석유 관련 이익집단이 자신이 갖고 있는 파워를 배경으로 하여 당, 정부, 군 내부에서 맹렬한 압력을 가했던 것으로 여겨진다. 1895년의 시모노세키 조약(下關條約, 청일전쟁의 패전으로 청나라가 일본에게 타이완을 할양했음) 이래의 매국 외교라고 비난하는 목소리마저 나왔다고 한다(清水美和, 2011).

또한 2012년 7월 18일에 중국해양석유집단공사가 남중국해의 베트남과의 분쟁 해역에서 외국 기업과의 공동개발 계획을 제시했다. 이것은 중국의 해외 경제 활동에 대한 '정책 전환이 아닐까'라는 점에서 주목을 받았다(青山瑠妙, 2013).

중국 기업의 해외 활동에 주목하고 있는 주펑[朱峰, 난징대학(南京大學)]은 강한 위기감을 다음과 같이 보였다. 즉 "중국석유화공집단공사와 같은 국유대기업이 자신의 이익을 위해 더욱 광범위한 국가이익에 손실을 입히고 있다. 이러한 종류의 국유기업은 거대한 이익집단이 되고 있으며, 수단(Sudan)에서의 중국외교의 이익을 공중납치(hijack)하고 있는 중이다. 나는 그것을 대단히 우려하고 있다"(McGregor, 2008).

위에서 언급한 바와 같이, 매우 적은 사례로부터이기는 하지만 중국외교가 거대한 석유 관련 기업의 개입 및 압력에 노정되고 있다는 것을 살펴볼 수 있다.

거대 군수기업

더욱 우려되는 것은 거대한 군수기업(모두 중앙 및 지방의 국유기업에 해당)이 무기의 생산, 판매, 수출에 관여하고 독점하며 급성장하고 있다는 점이다. 1999년부터 중국은 군수공업의 근대화를 위해 거대한 투자를 행해왔다. 그 결과, 오늘날에는 자급이 가능해졌으며, 무기판매를 하는 입장이 되었다. 특히 아시아의 분쟁국에 중국의 무기가 흘러들어가고 있다.

최대의 군수기업인 중국병기공업집단공사와 중국병기장비집단공사(中國兵器裝備集團公司)는 원래 중국핵공업집단공사, 중국항천공업집단공사(中國航天工業集團公司), 중국항공공업집단공사(中國航空工業集團公司), 중국선박공업집단공사, 중국병기공업집단공사 등의 5대 군사공업집단이 국무원 기계공업부로부터 기업화하여 탄생하게 된 것이다.

2010년 시점에서 중국병기공업집단공사[북방공업집단공사(北方工業集團公司)]가 종업원 30만 명, 중국병기장비집단공사[남방공업집단공사(南方工業集團公司)]가 종업원 20만 명을 각각 보유하고 있는 거대 기업이 되고 있다. 무기 생산이라는 성격, 거대함과 독점에 의해 강대한 정치적·경제적 권한을 갖고 있는 것으로 추정된다(百度百科).

〈표 5-4〉 중국 10대 군수기업(2014)

기업	주요 사업	산하 기업 수 독자(獨資)	주식 기업	주식 참가 기업	등록 자본 (위안)	총 자산 (위안)	정규 종업원 수 (명)
중국핵공업집단공사 (中國核工業集團公司)		246					
중국핵공업건설집단공사 (中國核工業建設集團公司)	원자력 발전	10	5	5	10.5억	73억	3.4만
중국항천과기집단공사 (中國航天科技集團公司)	로켓·우주개발	180					10만
중국전자과기집단공사 (中國電子科技集團公司)	전자공업				63.5억	658억	5.4만
중국항공공업제일집단공사 (中國航空工業第一集團公司)	군용기·민용기	103	직속기업·사업체는 47 + 22			1,000억	24만
중국항공공업제이집단공사 (中國航空工業第二集團公司)	비행기 개발				126억	780억	
중국선박공업집단공사 (中國船舶工業集團公司)	선박 공업의 핵심	합계 60					
중국선박중공업집단공사 (中國船舶重工業集團公司)	군용 선박의 개발 등	48	15	15			
중국병기공업집단공사 (中國兵器工業集團公司)	무기 생산의 핵심	120				1,000억	30여 만
중국병기장비집단공사 (中國兵器裝備集團公司)		51			120억		18만

※ 자료: US-China Economic and Security Review Commission(2020) 등.

2010년 시점에서 무기 생산에 독점적으로 관여하고 있는 거대 기업은 다음과 같은 10대 기업이다. 구체적으로 중국핵공업집단공사, 중국핵공업건설집단공사(中國核工業建設集團公司), 중국전자과기집단공사(中國電子科技集團公司), 중국항천과기집단공사(中國航天科技集團公司), 중국항공공업제일집단공사(中國航空工業第一集團公司), 중국항공공업제이집단공사(中國航空工業第二集團公司), 중국선박공업집단공사, 중국선박중공업집단공사(中國船舶重工業集團公司), 중국병기공업집단공사, 중국병기장비집단공사를 지칭한다(2008년에 중국항공제일 집단공사와 중국항공제이집단공사가 합병되었다고도 말해진다).

또한 〈표 5-4〉에 제시되고 있는 2014년 자료는 4대 군수기업을 포함하는 10대 군수기업의 주요 사업 및 참가하는 기업의 형태, 등록 자본의 총액, 등록 자산의 액수, 정식 종업원 수 등을 정리한 것이다(百度百科).

중국의 무기판매

거대 군수기업은 해외에 무기를 판매하고 있다. SIPRI가 발표한 무기거래에 관한 보고서에 의하면, 2011년부터 2015년까지의 중국에 의한 무기수출 규모는 앞선 5년 동안에 비해 88% 증가했다. 수출 규모는 세계 전체의 5.9%를 차지하였으며, 수출국으로서는 미국, 러시아에 이어 세계 제3위가 되었다. 미국과 러시아의 수출 규모는 각각 27%와 28% 증가했는데, 제4위와 제5위의 수출국인 프랑스와 독일의 수출 규모는 감소했다. 중국의 무기수출 대상국의 대부분은 아시아와 대양주이다. 그 중에 파키스탄이 35%로 수위를 차지하고 있으며, 방글라데시와 미얀마가 그 뒤를 따르고 있는 것으로 알려져 있다(≪china watch≫, 2016.2.22). 앞에서 언급한 ≪르몽드≫의 세르주 미셸에 의하면, 중국 기업의 무기판매 대상국은 수단, 파키스탄, 방글라데시, 미얀마 등 남아시아의 분쟁국들이다(Michel and Beuret, 2010).

유럽안보협력기구(OSCE: Organization for Security and Co-operation in Europe)의 무기 수출에 관한 국제 규칙(2002년)에서는 수입국의 방위력 강화를 위한 것, 합법적 정부라는 것, 지역 및 세계의 평화를 위협하지 않는 것, 그 국가의 내정 간섭에 사용되지 않을 것 등이 규정되어 있는데 미국, 러시아, 그리고 중국 등의 무기 상인들은 오로지 돈을 벌기 위해서 무기거래를 행하고 있다. 중국 기업은 2005년에 수단 측에 10억 달러의 무기를 판매했으며, 미국의 무기상인은 2007년부터 2008년에 걸쳐서 337억 달러를 벌어들였던 것으로

〈표 5-5〉 중국 4대 군수기업의 종업원 수, 무기판매액(2015~2017)

기업	종업원 수	무기판매액	세계 순위
항공공업집단공사 (航空工業集團公司, AVIC)	44만 명	201억 달러	6위
전자과기집단공사 (電子科技集團公司, CETC)	9.3만 명	122억 달러	9위
북방공업집단공사 (北方工業集團公司, NORINCO)	24만 명	172억 달러	8위
남방공업집단공사 (南方工業集團公司, CSGS)		46억 달러	19위

※ 자료: SIPRI(2020).

알려져 있다(Michel and Beuret, 2010).

2015년부터 2017년까지 중국기업의 무기판매 상황을 일별해본다. 4개의 국영 군수기업의 주식 증서 등으로부터 SIPRI가 자료를 해석한 것을 아래에서 제시하도록 하겠다(〈표 5-5〉 참조).

즉 이 4개의 국유 군수기업이 541억 달러의 무기를 생산(판매)했다는 것을 알 수 있다. 이것은 미국에 다음 가는 세계 제2위의 규모이며, 제3위는 러시아였다. 미국 의회에 초당파적 자문을 제공하는 '미중 경제안보검토위원회'의 보고서는 "2017년 시점에서 중국은 미국에 다음 가는 세계 제2위의 무기 생산국이라고 자신 있게 말할 수 있다"라고 적시하였다(US-China Economic and Security Review Commission, 2020, 무기판매 관련 자료에 대해서는 SIPRI(2020)도 참조하였다).[19]

• • •

19 중국에는 10대 군수기업이 존재하고 있기 때문에 나머지 6개 군수기업에 대해서도 추가적으로 분석할 필요가 있지만, 여기에서는 생략하기로 한다.

중국형 군산복합체와 지방

마지막으로 '강경 외교'에 관여하는 행위자의 하나로서 지방(地方)에 대해서 살펴보도록 하겠다.

중국에는 몇 가지의 군산지복합체(軍産地複合體, 군수산업을 중심으로 한 군부·방위산업·지방의 복합체_옮긴이)가 생겨나고 있는데, 사실은 최대의 것은 신장에 있는 생산건설병단이다. 해당 생산건설병단은 1954년 10월에 신장 3구 혁명의 군대와 현지의 중국인민해방군이 합쳐져 17만 5,000명의 규모로 시작되었다. 애당초 신장의 치안과 개간을 지원하기 위한 것이었으며, 신장 위구르 자치구와 국무원 농간부(農墾部)에 의한 '이중 감독' 아래에 있었다. 문화대혁명으로 각지의 생산건설병단은 이미 취소되었지만, 1981년에 신장에서만 재편이 이루어지게 되었다. 2014년에 최초의 신장 생산건설병단 관련 백서(『신장 생산건설병단의 역사와 발전(新疆生産建設兵團的歷史與發展)』(2014)_옮긴이)가 간행되었는데, 그것에 의하면 2013년 말의 시점에서 관할 영역은 7만km², 경작지는 1244에이커, 총인구는 270만 명[신장 위구르 자치구 총인구의 11.9%에 해당, 90%는 한족]이다. 문자 그대로 '당·정부·군대·기업(黨政軍企)의 사위일체(四位一體)'의 거체이자, '준군사 실체'라고 한다. 중앙정부와 신장 위구르 자치구 정부로부터 '이중의 지도'를 받고 있다. 성립 당초에는 생산 및 개간이 주요 임무였지만, 1981년부터는 위구르족을 주체로 한 '삼고세력(三股勢力, 분리주의·극단주의·테러리즘 세력)'을 주적으로 설정한 강력한 치안조직이 되었다. 물론 신장 위구르 자치구의 경제는 국유농장 및 국유기업이 지배하고 있다(國務院新聞辦公室, 2014). 해당 생산건설병단에 대해서는 위구르족의 강제수용소 및 거대한 군수기업이라는 등의 소문이 나돌고 있는데, 실제의 모습은 비밀의 베일에 둘러싸여 있다.

이 밖에도 지방의 움직임에 대한 연구를 소개해보도록 하겠다. 아우드리에 웡(Audrye Wong)은 태국 등과 국경을 접하고 있는 윈난성(雲南省), 동중국해석유 자원 및 어업 자원에 강한 의욕을 갖고 있는 하이난성(海南省)을 사례로 들었다. 중국외교가 결코 정설과 같이 중앙집권적이 아니며, 지방의 이익이 소용돌이치고 있는 모습을 분석하고 있다. 지방정부는 각각의 사정에 맞추어 때로는 개척자, 때로는 로비스트, 때로는 변경자로서 자신의 이익을 위해 주변국을 상대로 하여 외교 활동을 하고 있다고 논하고 있다(Wong, 2018).

이 중에서 하이난성은 2000년부터 적극적으로 해양강국 전략(석유자원 개발, 어업, 관광사업 등)을 제기하며 활동하고 있다. 애당초 하이난성은 1988년에 창설되었으며, 시사군도, 난사군도(南沙群島), 중사군도(中沙群島)의 관할권이 이 성에 부여되었다. 아오야마 루미(靑山瑠妙)에 의하면, 하이난성은 전국 해역의 3분의 2를 관할하고 있음에도 불구하고 어업 포획량도 제한되어 있으며 석유ㆍ천연가스 등의 개발권도 갖고 있지 못한 것에 불만이 많다고 한다. 이 하이난성이 해역 자원의 확보를 위해 적극적으로 나서게 된 것은, 위에서 언급한 바와 같이 2000년이 되면서부터이다. 2006년에 전국인민대 표대회의 하이난성 대표[두비란(杜碧蘭) 및 하이난성 성장 웨이류청(衛留成)은 모두 중국해양석유집단공사의 총경리(總經理, 사장)이었음]가 공동으로 제안을 하여 석 유ㆍ천연가스 관련 기업을 유치하는 등의 활동을 하는 것과 함께, '남중국해 해양 권익 강화와 옹호에 관한 선언'을 공표하도록 전국정치협상회의에 압 력을 가했던 것으로 알려지고 있다. 또한 2013년 12월에 국무원의 「전국 해양 발전 규획 강요(全國海洋發展規劃綱要)」가 발표되자, 석유 천연가스 개발 을 둘러싸고 하이난성은 중앙정부에 압력을 강화했던 것으로 여겨진다(靑山 瑠妙, 2013).

이제까지 이 장에서는 주로 21세기에 들어선 이후부터 글로벌 대국을 지향 해왔던 중국의 대외 활동과 아프리카에 대한 관여, 그리고 '강경 외교'의 배경 이 되었던 새로운 행위자에 초점을 맞추었다. 아마도 향후 세계의 전역에서 미국과 중국의 패권 쟁탈, 세계 통치의 규칙을 둘러싼 항쟁이 격렬해지게 될 것으로 전망된다. 그것이 제2차 냉전의 형태를 취하게 될 것인지 여부는 아직 미정이지만, 어쨌든 전례가 없는 파워 시프트(power shift, 세력 전이)에, 새로운 감염증(코로나19 등)의 위협 등도 추가되어 세계는 엄청난 격동과 불안의 시대로 진입했다고 말할 수 있다.[20]

• • •

20 이 장은 필자의 졸저 『현대 중국외교(現代中國外交)』(2018)를 토대로 하여 전면 개정을 하면서 새롭게 작성한 내용이다.

제6장
중국을 괴롭히는 '국가성' 문제

1. '국가성' 문제란 무엇인가

대국화하면서 대외 활동이 글로벌한 규모가 되어감에 따라, 중국은 갈수록 이른바 '국가성(國家性)'[21] 문제로 고민하는 상황에 처해지고 있다. 통합을 위태롭게 하는 티베트 및 신장 등에서의 민족집단(民族集團, ethnic group)[22]의 동향, 그리고 타이완·홍콩이라는 미통합 영역에서의 원심력 등이 그것이다. 이러한 4개 지역에서의 중앙에 대한 공개적·은연적인 저항은 중앙 권력에게 당의 지배의 정통성의 감퇴 또는 마멸이 첫 번째의 고민이라고 한다면, 두 번째의 커다란 고민에 해당한다. 이러한 '국가성'을 둘러싼 문제 자체가 이 책의 주제인 '내정과 외교의 교착'에서의 핵심 문제라고 말할 수 있다. 이러한 네 가지는 중대한 외교 과제이기도 하다. 민주화 및 정치적 변화가 국내

• • • •

21 원문의 국가성(國家性)은 이 책에서 '주권국가로서 존재하기 위한 조건'으로서 국가의 정체성 및 정당성 등의 의미를 포괄적으로 내포하고 있다. 원문 그대로 옮긴다. _옮긴이

22 원문은 에스닉 집단(エスニック集團)으로, 이 책에서는 'nation(민족)'보다 좁은 개념으로서의 'ethnic group'이라는 의미로 쓰였다. '민족집단(民族集團)'이라고 옮긴다. _옮긴이

전역에 직접 파급되는, 대단히 민감한 내정 문제이기도 하기 때문이다. 이 장에서는 우선 티베트 및 신장과 관련해 중국의 학계를 떠들썩하게 만들고 있는 민족정책에 관한 논쟁도 다룬다. 다음으로 21세기에 들어선 이후 분리·통합의 상호 충돌이 격렬해지고 있는 타이완 및 홍콩의 상황을 분석하고, 마지막으로 영역 통합과 관련한 가능한 시나리오 및 장래의 선택지를 제시해 보도록 하겠다.

이 장에서 다루는 '국가성' 문제란 존재 및 중앙과의 관계가 국가의 통합에 직접 영향을 미치고, 중앙의 내외 정책 및 위기관리에서 중대한 과제가 되고 있는 것을 의미한다. 이것은 원래 앤드루 네이선과 앤드루 스코벨의 연구로부터 시사점을 얻었다(Nathan and Scobell, 2016).

신장, 티베트, 홍콩, 타이완은 모두 제국 시대의 유물이다. 앞의 두 곳(신장·티베트)은 청나라 제국에 의해 느슨하게 포섭되었다. 신장은 19세기 말에 청조에 통합되었으며[성(省)이 설치됨], 티베트는 1913년부터 1951년까지 실질적으로 독립 상태에 있었지만 우선 1951년 중국인민해방군의 무력 통합이, 1965년에는 '티베트 자치구'라는 형식을 통한 정치·경제 통합이 시작되었다.

홍콩 그리고 타이완과 관련되어 있는 것은 영국 제국과 일본 제국이다. 홍콩 섬(Hong Kong Island)과 주룽반도(Kowloon Peninsula)는 19세기 중반의 난징조약과 베이징조약에 의해 영국에게 식민지로 할양되었다. 홍콩의 대부분을 차지하고 있는 신제(新界, New Territories)는 1898년에 99년 동안의 기한으로 영국에 조차되었다.

홍콩·신제를 회복하는 것이 중국의 구체적 과제가 되었던 것은 1980년대 초의 일이다. 영국은 1982년에 조차의 연장을 제기했지만, 중국이 주권의 반환을 강하게 요구했다. 덩샤오핑이 제기한 일국양제 아래 홍콩이 중국에 반환된다는 것이 1984년의 중국·영국 공동선언을 통해 언급되었으며, 정식 반환은 조차 기한이 끝나는 1997년에 이루어졌다. 이 반환에는 50년간의 일국양제 아래에서의 관계, 즉 홍콩의 현체제는 '50년간 불변'이라는 강인한 틀이 존재하고 있었지만, 덩샤오핑 등은 그것이 불충분하더라도 어쨌든 조기에 회수하는 것을 선택했다.

반환된 이후 홍콩이 민주화 요구로 베이징의 중앙에 압박을 가하기 시작했던 것은 2002~2003년에 '국가안전조례'의 입법(홍콩기본법 제23조의 입법 및 시행 _옮긴이)을 가결시키고자 했던 홍콩 행정장관의 시도를 홍콩 주민들이 저지하면서부터이다. 하지만 2014년의 우산운동, 2019년의 '범죄인 인도법 조례(逃犯條例)'의 개정에 반대하는 100만 명 시위의 발생 등으로 인해 일국양제는 덧없이 사라지게 되었다.

한편 주지하다시피 타이완은 청일전쟁의 결과 일본 측에 할양되었다. 전쟁에서 패배한 청나라는 타이완을 빼앗겼고, 다액의 배상금을 부과 받았다. 제2차 세계대전 이후에도 주권 문제가 말끔하게 해결되었던 것은 아니다. 1950년대부터 1972년까지 중화세계의 정통성을 놓고 중국 대륙과 타이완은 서로 다투었다. 마오쩌둥·장제스(蔣介石)이라는 숙명의 라이벌이, 전자는 타이완 공략, 후자는 대륙 반공(大陸反攻)이라는 시나리오를 진지하게 고려했던 적도 있다. 비무력으로 타이완 문제를 처리하자고 쌍방이 고려하게 된 것은 1980년대에 들어선 이후부터의 일이다.

타이완의 경제발전 및 민주화로 인해 중국·타이완 관계는 크게 변화했다. 정통성을 놓고 다투기보다도 타이완의 자율 및 타이완화를 주민이 요구하게 되었다(타이완 정체성). 양자의 관계는 더욱 복잡해졌다. 베이징 정부에게 있어서 1895년 이래 상실되고 있는 타이완을 자신의 손으로 되찾지 않는 한, 주권의 결락 부분은 메울 수 없다. 하지만 베이징의 유연한 대응이 있다면 문제를 완화할 수 있는 신장 및 티베트 문제와 달리, 자율적 경향이 강한 홍콩 및 타이완의 귀추를 결정하는 것은 역시 베이징이 아니라 그곳에 거주하고 있는 사람들의 의사인 것이다.

2. '주변'으로부터 보이는 것

민족집단과 국가

'일국양제'를 파탄으로 유도한 '홍콩특별행정구 국가안전유지법(2020년)'을 둘러싼 가장 최근의 동향도 포함하여 중국을 괴롭히는 '국가성' 문제에 대해서 세밀하게 살펴보도록 하겠다. 이 장이 다루는 4가지 지역은 그 성격 및 출신도 다양하며 문제의 질도 상이한데, 여기에서는 주변으로서 총괄하도록 하겠다. 우선 이 절에서는 주요 민족인 한족과는 다른 민족집단을 다수 포함하고 있는 영역(타이완 및 홍콩의 경우에는 민족적으로는 한족(漢族)이지만 타이완인·홍콩인이라는 종족적(ethnic) 정체성이 강하다)의 통합이 중국 정치의 맥락에서 어떠한 문제를 가져오고 있는지에 대해서 몇 가지 논점으로 정리해보도록 하겠다(毛里和子, 1998).

첫째, 애당초 '민족'[이 장에서는 민족(nation)도 그 하위 집단인 족군(族群, ethnic group) 또는 종족(race)도 포함하여 사용]이 역사적·유동적인 존재라는 것은 주지의 사실이다. 중국의 경우 특히 그 경향이 강하며, '민족은 만들어졌다'. 55개의 소수민족(인지된 한족 이외의 민족집단을 중앙정부의 공식 언어에 따라 '소수민족'이라고 표기)을 판별하여 인지하는 기준은 많은 경우에 있어서 공통의 언어·공통의 경제 등 객관적으로 측정되기보다는 해당 민족집단 자신의 역사적 기억 및 의사이다. 중앙정부가 1950년대에 방대한 역량을 투입하여 '부족'·민족집단을 '민족'으로 승격시켰던 데는 이유가 있었다. 자치 지역의 획정 및 의회의 대표 비율을 결정할 때의 행정적 필요성, 그리고 그들에게 신중국의 멤버(국민)라는 자각(국민의식)을 갖게 만든다는 정치적 요청이 있었기 때문이다. 이 '민족창생(民族蒼生)' 프로세스는 다민족국가 중국의 '위로부터의 국민 형성'이다. 이슬람의 신앙 및 풍속 습관을 유지하고 있을 뿐, 고유한 언어도 갖고 있지 못한 '회족(回族)'을 '민족'으로서 판별하고 있는 것을 보더라도 '민족'의 경계는 자의적이며 모호하다.

　둘째, 중앙정부는 국가목표가 변하더라도 일관되게 ①민족 평등, ②구역
자치, ③통일전선의 3대 원칙을 기본 정책으로 삼아왔다. 구체적으로는 ⓐ55개
비한족(非漢族)을 민족으로 확정한 민족식별(民族識別), ⓑ 민족집단에 일정한
지방자치와 문화적 자치(언어와 문자)를 지역 원칙으로 삼은 것, ⓒ 민족집단
출신 간부를 양성하는 것 등의 3가지가 70년간 견지되었다. 이러한 원칙
및 정책으로 '주변'에 거주하는 사람들 사이에 '우리 의식'을 만들어내고 새로
운 정권에 대한 귀속의식을 만들었다는 점은 평가할 만하다고 할 수 있다.
하지만 그 반면에 다음과 같은 문제도 있다.

- 민족평등 정책은 지배민족인 한족과의 사이에서의 평등인 경우는 큰 의미를
　갖는다. 하지만 이것은 민족, 민족집단 전체를 기계적으로 일률로 취급하게
　되며, 민족집단에 따라 역사 및 뜻이 다르다는 '사실'을 은폐해버리게 된다.
　티베트족, 몽골족, 위구르족 등이 중화세계와는 다른 문화권·정치적 공동
　체를 갖고 있던 과거가 삭제되어 버렸다. 수천 년의 역사를 갖고 있는 민족
　집단과 1970년대에 처음으로 인지된 민족집단[예를 들면 지눠족(基諾族)]에 대
　한 대우에 차이가 없는 것이다.
- 구역자치 정책에서는 다음의 2가지 문제점이 있다. 즉 ①그 자치는 어디까
　지나 행정 지역 내에 한정되며, 행정 구분과 그 민족집단의 생활권 및 문화
　네트워크가 일치하지 않을 때에 그들은 분단되어지며, ②구역자치 정책이
　대상으로 하는 것은 어디까지나 민족의 집단, 즉 민족집단이며 개인에게는
　자치의 혜택이 미치지 않는다는 점이다.
- 통일전선 정책의 실질은 민족집단의 대표적 인물을 통해서 간접 통치를 하
　는 것이며, 전통적인 토사(土司) 및 토관(土官) 정책이 형태를 바꾼 것이다.
　하지만 예를 들어 티베트의 경우에는 달라이 라마 14세(14th Dalai Lama)가

망명하고 판첸 라마 10세(10th Panchen Lama)가 사망하게 되자, 통일전선의 상대가 없어지게 되어 유일했던 채널을 상실하였다.

셋째, 동일하게 '민족 문제'라고 말하더라도 그 실상은 다양하며 변용되었다. 1958년 신장에서 '지방민족주의자'들이 분리주의의 움직임을 보였다며 배제되었는데, 그 계기는 중앙에 의한 경제 통합의 강행이었다. 한편 그 이듬해 티베트에서의 반란은 정치 통합, 종교적 특권의 폐지 등 사회 개혁을 서둘렀던 중앙에 대한 저항이었는데, 중앙은 '종교 사회를 토대로 한 반혁명'이라고 단정했다.

하지만 1980년대부터의 '주변'을 둘러싼 여러 분쟁의 배후에는 시장화와 민주주의 및 인권의 문제가 존재한다. 변경의 구석구석까지 '돈 벌기'와 '효율'이 확산되어졌으며, 그 담당자인 한족이 변경에 몰려들어 토착 민족집단의 생존 및 정체성을 위협하게 된다. 즉 1970년대까지의 문제는 정치 통합이었고, 1980년대 이후에는 시장화 및 경제 통합의 프로세스에서 발생하고 있다.

넷째, 민족 문제와 국제 환경의 관계이다. 1945년의 내외몽골 합병 움직임[毛里和子(1998) 제6장 참조], 동투르키스탄 독립운동의 발생과 실패[毛里和子(1998) 제7장 참조], 21세기에 들어선 이후부터의 신장에서의 테러와 반테러 분쟁 등의 사례에서는 분쟁이 현저해지는 양상을 보이는 것도, 그들의 바램을 무참하게 짓밟는 것도 모두 국제적 요인이 결정적이 되고 있다.

다섯째, 그때마다의 국내정치 및 정치노선의 변화 등 '대정치(大政治)'에 민족정책이 뒤집혀져왔다. 1957년 여름에 반우파 투쟁이 없었다면, 그리고 1958년에 대약진운동이 없었다면, 신장에서도 티베트에서도 상황은 크게 달랐을 것이다.

하지만 향후 국제 환경 및 국내정치의 종속변수였던 민족 문제가 독립변수가 될 가능성이 높다. 민족 문제가 인권 및 민주주의 이슈와 결부되어 국제화하고, '국가성' 문제가 체제(regime)를 직격할 수밖에 없는 것이다.

민족정책을 변경하자는 주장

그런데 2000년대에 진입하면서 민족을 둘러싼 '3대 원칙'과 '4대 정책'을 재검토해야 되지 않는가, 새로운 단계의 민족정책이 필요하지 않는가 하는 논의가 중국의 학계에서 분출되어왔다. 이제까지의 민족정책은 실패했다고 하는 것이다. 주룬(朱倫, 장쑤사범대학)에 의하면, 구체적인 논점은 다음과 같다.

- 기본 정책(민족 식별, 민족의 구역 자치, 민족문화 및 간부의 보호, 통일전선)이 성공했든지 아니든지 거기에 문제가 있기 때문에 민족, 민족집단의 분쟁이 끊임없이 발생하고 있는 것은 아닌가?
- 중국도 옛 소련도 민족 문제를 '정치화'해왔는데, 오히려 미국처럼 문화다원주의 아래에서 탈정치화를 도모하는 쪽이 민족 문제의 완화 및 유화에 효과적이지 않은가?
- 자치권을 지역에 부여할 것인가, 아니면 민족집단에게 부여할 것인가, 아니면 개별의 멤버에게 부여할 것인가? 또한 단일제 통일국가인가, 연방제를 채택할 것인가 등을 다시 검토해야 되지 않는가?

물론 공식적인 3대 원칙의 민족정책이 중국의 실정에 합치된다고 100% 긍정하는 것이 다수파이다(朱倫, 2001).

이에 대해 문제를 제기했던 것은 마룽(馬戎, 베이징대학)이다. 첫 번째의 논점은 중국어에서의 '민족'의 혼란스러운 사용에 이론을 제기하며 서방에서의 nation은 '민족'으로 하고 중화민족은 'Chinese nation', 일본어로는 통상적으로 '국민(國民)'], ethnic group은 '족군(族群)'으로 해서(예를 들면 위구르 사람은 '위구르족'으로 표기) 확실히 구별해야 한다고 논하고 있다.

두 번째의 논점은 민족(고정된 영토와 연결된 정치적 실체)과 족군(일정한 역사와 문화를 보유한 민족집단)의 사이에 있는 명확한 개념상의 차이를 전제로 하여 실태로서는 양자 간의 경계는 유동적이며, 상호 전화하는 존재라고 보아야 한다고 주장하고 있다.

세 번째의 논점은 미국의 경우 많은 민족집단(그 대다수는 이민)을 연방이라는 형식으로 통합하고 있는데, 이런 다문화주의를 중국은 배워야 하며, 특히 민족집단 문제를 정치화하지 않는 문화다원주의는 참고할만하다고 주장했다. 중국에서 지금 필요한 것은 민족집단 문제의 탈정치화 및 문화화라는 것이다 (馬戎, 2004).

후안강 등도 다른 시각에서 민족정책을 전환시켜야 한다고 주장한다. 후안강은 세계의 민족정책을 '대용광로 모델(大熔爐模式, 브라질, 미국, 인도 등)'과 '모자이크 모델(馬賽克模式, 옛 소련)'로 양분하고 중국의 구역자치 정책은 이 양자의 중간적 방식이라고 본다. 후안강에 의하면, 지금 중국은 제2단계의 민족정책으로의 전환이 불가피하며 느슨한 민족 융합과 연방제를 취하고 있는 미국형 모델로 이동해야 한다고 논하였다(胡鞍鋼·胡聯合, 2011).

그러나 후안강의 제안에 대해 그것은 ① 실질적으로는 한족과 비한족의 융합이자 지나치게 조급한 것이고, ② 민족집단 단위의 자치권을 인정할 수 없으며, ③ 민족동화론이자 민족집단을 억압하는 것이라며 반대하는 목소리가 강하다.

이른바 "'소수민족'을 하위 집단인 족군(族群)으로 개칭해야 한다. 민족 문제를 비정치화하고 문화화해야 한다"라는 마룽의 주장에는 과감하고 새로운 관점도 있었다. 하지만 결국 2017년의 단계에서 민족 구역자치 등의 현행 정책이 중국의 실정에 입각한 현실적인 정책이며 커다란 정책 전환은 행하지 않는 것으로 결말이 났던 것으로 보인다. 마룽 자신은 제안을 거의 전면적으로 철회하였다. 정치가 개입했던 것이었을까?(郝時遠·馬戎·張海洋, 2013; 馬戎, 2017).

국민국가의 속박

중국 정치의 문맥에서 문제를 깊이 파고들어가다 보면 '중국인은 누구인가', '중화인민공화국인은 누구인가'라는 문제에 도달하게 된다. 자신을 '중국인'이라고 생각하지 않거나, '중국인'이라고 생각하고자 하지 않거나, 또는 '중국인'이라고 생각하지 않는 사람들을 어떠한 원리, 형식 및 호칭으로 국가의 일원으로 삼아 나아갈 것인가 하는 것이 된다. 즉 국민 형성의 문제이다.

전통 중국은 근대 국민국가에 비해서 관용적인 정치 공동체였고 이문화에 대해서 관대하였으며, 통일 시장과 같은 것도 아직 형성되지 않았다. 엄밀한 의미에서 영역이라는 관념을 갖고 있지 않았으며, 문화의 형식적 수용이 있다면 '제국'의 멤버로서 받아들였다. 그것에 대해서 확고한 영역 관념과 주권 개념, 집권적인 정치제도, 균질적인 국민 및 국민 문화, 통일된 시장을 갖고 있다는 것이 국민국가의 이념형이다.

중화인민공화국은 민국 시기에 완성되지 못했던 국민국가에 대한 비원을 이어받으며 탄생하였다. 외부로부터의 침략에 종지부를 찍고, 상실한 것(홍콩 및 타이완)을 재탈환하고자 해왔던 현대 중국은 그 어느 국가보다도 강렬하게 국민국가로서의 완전성을 추구하고 있다. 그 프로세스는 지금도 계속되고 있으며, 그 어느 국가보다도 국민국가의 이념형, 즉 통합에 대한 집착이 강하다. 그리고 일원성과 집중을 추구하는 사회주의 이데올로기가 그러한 경향을 조장하고 있다.

'제국'의 영역을 거의 그 상태 그대로 계승했던 현대 중국이 국민국가의 이념형을 추구하게 되자, 여러 가지 장해에 부딪히게 된다. 베네딕트 앤더슨 (Benedict Anderson)의 다음과 같은 말은 핵심을 찌르고 있다. 즉 "중국에서는 마오쩌둥이 스탈린과 황제의 업적을 본보기로 삼아 대담하게도 청나라 제국의 기반 위에 사회주의를 형성하고자 했다. 게다가 마오쩌둥은 새로운 다민족·다언어의 광대한 지배 영역에 대해서 민족주의라는 치수가 맞지 않고 매우 얇은 가죽을 무리하게 끌어당겨 덮어씌우고자 했지만, 그것은 무모한 시도였다"(Anderson, 1993).

그러한 '무모한 시도'은 아직 끝나지 않았다. 1980년대에 페이샤오퉁(費孝通)이 제기한 이래 중국의 공식 이데올로기가 되고 있는 '중화민족론'은 변형된 국민론이다. 각각의 자체는 민족적·문화적인 원리에 기초하여 오로지 공동체 성원의 역사적 기억에 의존하고 있다. 따라서 그것을 공유하지 않는 민족집단에게 '무리하게 끌어당겨 덮어씌우기'를 하더라도 정체성을 공유하는 것은 불가능하다. '중화민족론'을 강조하는 천롄카이(陳連開, 중앙민족대학)는 '중화를 통일한 단일한 민족으로서 묘사하는 것은 불가능하다'라는 일부의 비판에 대해서, "중화민족은 고금을 통해 중국의 여러 민족의 총칭이었으며, 많은 민족이 통일국가를 형성해 나아가는 긴 프로세스에서 만들어졌던 민족 집합체"이자, "분할할 수 없는 총체"라고 반론하고 있지만(陳連開, 1997), 설득력이 있다고는 생각되지 않는다. 민족 및 역사적 경험을 초월한 결합의 원리, 공통의 국민문화, 즉 국민의식의 형성이 추구되고 있는 것이다.

위에서는 '주변'과의 관련 속에서 중국 전체에 공통되고 있는 최근의 논의를 다루어보았는데, 아래에서는 티베트, 신장, 타이완, 홍콩 등의 4가지 지역에 대해서 각각에서 서로 다른 사정에 입각하여 '국가성' 문제를 검토해보도록 하겠다.

3. 티베트 문제

재차 논하는 것이지만, 960만km²의 영역을 보유하고 있는 중국의 커다란 고민은 주요 문화 및 주요 민족과는 다른 세력에 의해 국가의 통합이 위협받는다고 하는 '우려'와 '두려움'이다. '대일통'을 신봉하는 중앙 권력에 대한 위협은 티베트와 신장 위구르 자치구이다. 모두 독립국이었던 역사를 갖고 있다. 고유한 문화 및 종교에 의해 정체성이 형성되어 있고 먼 '주변'에 위치해 있다. 티베트에서는 티베트 불교(2015년 직업 승려의 수는 12만 명)가, 그리고 신장 위구르 자치구에서는 이슬람이 주요 종교이다[2015년 신장 위구르 자치구의 무슬림 인구는 2,000만 명이었고, 이슬람 종교인은 2만 9,300명이었다(國務院新聞辦公室, 2016)].

티베트 문제란 무엇인가

티베트 문제란, 티베트 불교에 기초한 정교일치(正敎一致)의 문화를 갖고 있는 티베트족이 중국으로부터의 독립 또는 고도의 자치를 요구하기 때문에 발생하고 있는 분쟁이다. 20세기 말부터 승려의 분신자살이 빈발하고, 티베트에서의 종교 및 자유의 압박이 인권 문제로서 국제문제화되고 있다. 종교 지도자 달라이 라마 14세는 1959년에 인도로 망명하여 다람살라(Dharamsala) 망명정부(간덴포탄, Gandenpotan)를 수립하였다[티베트 망명정부는 '중앙 티베트 행정부(CTA: Central Tibetan Administration)'라고 일컬어지기도 한다_옮긴이]. 중국에 거주하는 티베트족은 682만 명이며, 이중에 270만 명이 티베트 자치구에, 나머지는 칭하이성(靑海省), 간쑤성(甘肅省), 쓰촨성(四川省), 윈난성 등의 자치주에 거주하고 있다(2010년 중국 인구조사 결과 기준).

티베트 문제는 신장 위구르 자치구 및 내몽골 자치구보다 복잡하다. 우선 '실질적 독립'의 역사가 길며 중화인민공화국이 된 이후에도 1959년 3월의

〈그림 6-1〉 티베트 망명정부가 주장하는 '대(大)티베트'

반란으로 결국 본토로의 통합이 시작되었다. 국가의 행정 계통에 들어간 것은 1965년에 티베트 자치구를 만든 이후부터의 일이다. 다음으로 거론해야 할 점은 티베트가 갖는 정치적, 종교적, 문화적 특수성이며, 게다가 해발 4,000m를 넘는 자연 장애물이 존재한다는 것이다.

또한 '티베트란 무엇인가'가 중앙 권력과 티베트족 사이에서 서로 다르다는 점도 있다. 〈그림 6-1〉은 달라이 라마 14세와 티베트 망명정부가 주장하는 '대(大)티베트(Greater Tibet)' 구상이다. 위창(Ü-Tsang, 중앙 티베트)을 에워싸고 있는 주변 티베트[암도(Amdo): 칭하이성의 대부분 전역과 간쑤성의 일부, 캄(Kham): 과거의 시캉성(西康省) 서부, 지금의 쓰촨성 서부 및 윈난성 북부]에 다수의 티베트족이 산재해 있으며(〈표 6-1〉 참조), 그들은 '대티베트', '티베트족이 거주하는 곳'이 곧 '티베트'라고 생각하고 있다. 현재 자치구 규모의 2배에 해당하는 영역이다. 1987년 이래 달라이 라마 14세는 이 '대티베트'를 염두에 두고 '중국과 제휴 관계를 맺는 상황 아래에서' '민주 티베트, 핵무기가 없는 중립의 티베트'

〈표 6-1〉 티베트족의 분포(1990)

	인구 (명)	전체 티베트족에서 차지하는 비중 (%)
티베트족 총인구	4,593,072	
티베트 자치구 티베트족	2,096,718	45.6
쓰촨성의 티베트족	912,160	19.9
칭하이성의 티베트족	1,087,758	23.7
간쑤성의 티베트족	367,006	8.0
윈난성의 티베트족	111,355	2.4
기타	18,075	0.4

※ 자료: 中國國家統計局 編(1994).

를 추구하고 있다. 한편 중앙정부가 말하는 티베트는 티베트 자치구에 한정되어 있다.

1959년 3월의 티베트 반란

1951년에 중국인민해방군이 티베트에 진공한 이후, 티베트 측 3개 세력[달라이 라마, 판첸 라마, 응아풔 응아왕 직메(Ngapoi Ngawang Jigme)]과 중앙정부 사이에 '17개 조항의 화평협약'이 체결되었다. 티베트가 '공화국의 대가정(大家庭)으로 돌아왔다'는 것을 확인하는 한편 티베트 지역의 현행 정치제도 및 종교제도는 바꾸지 않는다는 것을 약속했다. 하지만 1957년부터 정세가 격변하게 된다. '민주개혁', 즉 농목업의 집단화가 시작되었던 것이다.

1959년 3월에 라싸(Lahsa)를 중심으로 티베트 불교의 승려, 옛 지배자가 반란을 일으켰다. 당국이 달라이 라마를 관극(觀劇)에 초대하자 '달라이 라마가 베이징으로 납치되었다'라고 생각한 라싸의 주민들(일설에는 3만 명)이 노블

링카 별궁(Norbulingka)을 포위하고 '티베트 독립!', '한족은 돌아가라!'라고 외치는 소동이 발생했다. 노블링카 별궁에서는 옛 티베트 정부의 각료가 인민의회를 개최하고 티베트 불교 승려 및 인민의 이름으로 '정교일치의 티베트 독립'을 선언했다. 중앙정부는 옛 티베트 정부군과 무장한 반란자(일설에는 7천 명)들이 중국인민해방군에 저항했기 때문에 3월 20일에 중국인민해방군이 5,000명의 티베트족 세력을 섬멸했다고 한다. 이 사이에 달라이 라마 일행은 5,000미터의 산들을 넘어 인도 북부로 탈출하였다. 그들은 티베트의 사실상 독립 역사 및 중앙정부에 의한 1951년 협약에 대한 백지화 등을 국제사회에 호소했다.

라싸 반란의 배후에는 캄 및 암도에서 토지 개혁, 농목업의 집단화, 종교적 특권의 폐지 등이 낡은 사회를 파괴하고 옛 지배자 및 승려가 '위교군(衛敎軍)' 등을 만들어 저항했던 점이 있으며, 티베트 사회의 구세력의 다수가 이 반란에 가담했다. 한편 중앙정부는 1959년부터 1962년까지에 걸쳐 중국인민해방군이 치열한 섬멸 작전을 전개하여 엄청난 사망자가 나왔다.

티베트 망명정부와 달라이 라마 14세

달라이 라마 14세 아래의 망명정부(10여 만 명의 난민이 모여 살고 있음)는 1961년 이래 인도의 다람살라에서 '자유 티베트 헌법' 초안을 작성하고자 움직여왔는데, 1992년 포스트 달라이 라마 시대를 상정하여 망명 티베트 헌법 초안을 제정했다. 2011년 3월 달라이 라마 14세가 정치적 입장의 견지에서 은퇴 의사를 표명하면서 "티베트 및 티베트족의 수호자이자 상징"으로서 규정되었다.

그리고 정치적 지도자에는 대표자회의에서 선출된 총리(Kalon Tripa) 롭상 상가이(Lobsang Sangay)가 취임하였고, 총리 아래에 종교·문화부, 재무부, 내무부, 교육부, 보안부(Kalon of Security_옮긴이), 정보·국제관계부, 보건부를 설치하고 망명 티베트 대표자회의(국민회의)를 입법기관으로 삼기로 하였다. 또한 롭상 상가이는 하버드 대학에 재적하고 있는 국제법 연구자이기도 했다[2012년 9월 20일부터 2021년 5월 27일까지 롭상 상가이가 제1대 대통령(Sikyong)에 재임하였고, 2021년 5월 27일에 펜파 체링(Penpa Tsering)이 제2대 대통령에 취임하였다_옮긴이].

1980년대 후야오방 정권이 '티베트 휴양 정책'을 취하며 종교정책도 완화했다. 이것을 계기로 하여 달라이 라마는 국제적 발신에 주력하였다. 1987년 9월 21일 미국 의회 하원에서 ① '대티베트'의 평화지대화, ② 티베트를 향한 중국인 이주정책의 중단과 티베트족의 기본적 인권 및 자유의 존중, ③ 핵폐기물의 처리를 포함한 티베트 자연 환경의 회복, ④ '티베트의 장래 지위, 티베트와 중국 관계에 대한 진지한 교섭' 등을 호소했다(이른바 '5항목 제안').

또한 그 이듬해 1988년 6월 15일의 스트라스부르 유럽의회 연설에서는 ⓐ 위창, 캄, 암도로서 알려져 있는 티베트 전역을 '중화인민공화국과 공동으로 민주정체의 자치 지대로 삼는 것', ⓑ 중국 정부가 티베트의 외교정책에 책임을 지고 티베트 정부는 헌법 및 기본법을 통해 티베트 및 티베트족에 관한 전체 결정권을 갖는 것, ⓒ 관계 국가들의 평화회의를 통해 티베트의 비무장중립을 실현하는 것, ⓓ 중국 정부가 티베트에서의 인권 침해를 중단하고 중국인 이주정책을 포기하는 것 등을 논하며 티베트의 주장은 더욱 명확해지게 되었다. 달라이 라마 그룹은 '티베트의 분리·독립'을 요구하고 있는 것은 아니며, '대티베트'를 중국과 공동으로 '고도의 자치 지대로 삼는다'는 것이 기본 구상인 것이다.

3번의 폭동

현대 티베트는 적어도 3회의 정치적 격동을 경험하였다. 위에서 언급했던 ① 1959년의 반란과 달라이 라마의 망명 외에, ② 1989년에 정점에 도달했던 승려가 핵심이 된 반중앙·반한족의 소동, 그리고 ③ 2008년의 반한족 '라싸 폭동'이다.

이 중에서 ②는 티베트 반란 30주년에 해당하는 1989년 3월 라싸에서 발생했던 '티베트 독립' 시위와 공안·경찰 사이의 대규모 충돌 사건이다. 중국 측의 공식 보도에 의하면, 사망자는 10명, 서방 언론 보도에 의하면 80~150명이라고 알려져 있다. 사태를 중시한 중국 정부는 3월 7일 라싸에 건국 이래 최초의 계엄령을 내렸다. 톈안먼 광장을 시위대가 가득 메우고 있었던 베이징에서도 5월 20일 계엄령이 내려졌다.

또한 이 폭동으로부터 19년이 지난 2008년 3월 다시 라싸에서 폭동이 일어났다. 종교 탄압에 대한 승려들의 항의 시위로 촉발되었다. 폭도화한 티베트족이 한족 및 회족의 상점을 습격하고, TV 보도로 인해 일거에 국제화되었다. 폭동은 또한 티베트 자치구 외부의 티베트족 지구에도 번지게 되어, 쓰촨성 아바 자치주[아바 티베트족·창족 자치주(阿壩藏族羌族自治州)_옮긴이]에서도 독립파 티베트족의 집회를 회족이 습격하고 서로 총격을 주고받는 충돌이 벌어졌다. 티베트족과 한족의 대립으로부터 여러 민족집단들을 휘말려들게 만드는 항쟁이 되었던 것이다.

아울러 2009년부터는 승려의 분신자살이 빈발하고 있다. 2013년 티베트 망명정부의 롭상 상가이는 "중국의 티베트 통치 실패에 대한 궁극적인 불복종"을 내용으로 하는 성명을 내며, 승려의 분신자살이 100명을 넘었다고 베이징을 비난하였다(中國年鑑, 2014).

티베트의 비극: 역사 문제

티베트의 소요에 대해서는 다음과 같은 3가지 종류의 평론이 존재한다. 즉 ① '달라이 라마 집단이 조직적·책략적이며 또한 계획적으로 획책·선동했으며, 내외의 티베트 독립·분열 세력에 의한 것'이라고 보는 중국 및 라싸 당국의 주장, ② 티베트 망명정부로 대표되는 민족 문제, 종교 문제, 인권 문제라고 보는 입장, ③ 티베트 소요의 근저에는 티베트의 낙후한 경제, 중앙정부에 의한 티베트의 일방적 개발 등의 경제 요인이 존재한다고 보는 관점 등이다(大川謙作, 2011).

여기에서 ③의 경제 요인을 중시하는 대표적인 논자 중의 대표가 개발경제학자 앤드류 피셔[Andrew Fischer, 에라스무스 대학(Erasmus University Rotterdam)]이다. 그의 분석에 의하면, 1990년대 후반부터 티베트 도시·농촌 간의 경제 격차가 5.6배가 되어 전국 수준(3.4배) 및 신장(3.7배)에 비해 현격한 차이가 났다고 한다. 경제 격차로부터 초래되는 차별, 교육 격차, 한어(漢語)의 숙달 정도, 각종 네트워크에의 접근 등 정보 격차의 측면에서도 티베트족은 한족 및 회족과 큰 차이가 있다고 한다(Fischer, 2007). 티베트족 내부의 부유층과 빈곤층 간에 격차가 심각하며, 시장경제의 침투가 티베트족 정체성을 파괴하고 있다는 평가도 있다(村上大輔, 2009).

하지만 티베트 문제의 뿌리는 복잡하다. 애초 티베트족은 자신이 거주하는 지역을 중화세계라고 여기지 않고 또한 자신을 중화세계의 일원이라고 생각하지 않고 있으며, 중앙의 일방적인 통합 정책 또는 원조가 아무런 도움이 되지 않고 있다는 문제가 존재한다. 전술한 바와 같이, 역사적으로 티베트는 한족과는 다른 문화권을 보유해 왔으며, 한족과는 다른 정치 세계였다.

그 위에 '역사 문제'로서 1959년 티베트 반란과 관련된 '비극'에 대해서 '화해'가 가능할 것인지 여부를 둘러싼 문제도 존재한다. 1959년 반란에서는 티베트족 지구 전역에서 처참한 살육이 벌어졌다. 중국 군사사 전문가 덩리펑

(鄧禮峰)에 의하면, 중앙정부는 1958년 3월부터 8월까지에 걸쳐서 칭하이성의 '반혁명 무장반란'을 진압했을 때 합계 11만 6,000명을 '섬멸'했다. 또한 1959년 3월 반란으로부터 1962년 3월까지 토벌작전에서는 중앙 티베트에서 9만 3,000명을 '섬멸', 즉 사망시키거나 부상을 입히거나 포로로 잡았다고 한다[毛里和子(1998) 제4장 및 제8장 참조].

이 학살의 역사적 결말은 아직 나지 않고 있다. 게다가 그 이후의 소요에서 내상은 갈수록 깊어져가고 있다. 티베트 문제의 해결 및 융화에는 '역사적 화해'가 불가결하지만, 중국 권력자들에게는 톈안먼 사건을 재평가하는 것보다도 더욱 어려운 과제일 지도 모른다.

다만 티베트 망명정부와 베이징 간의 대화 채널은 실낱같지만 단절되어 있지는 않다.[23] 이 점은 티베트족이 달라이 라마라고 하는 독실한 신앙의 대상을 갖고 있다는 점이, 신장 위구르 자치구 등의 지역과는 커다란 차이점이라고 할 수 있다. 그 때문에 최대 문제는 역시 달라이 라마 14세 자신의 후계 문제라고 말할 수 있을 지도 모른다. 위에서 언급한 바와 같이, 그는 정치 지도자로서는 이미 은퇴했지만, 종교 지도자로서는 계속 존재하고 있다. 종교 지도자 달라이 라마 14세의 후계와 관련해 베이징은 당연히 개입하고 있으며, 복잡한 항쟁이 전개될 것으로 전망된다[1995년 5월 달라이 라마 14세는 제11대 판첸 라마로 게운 초에키 니마(Gedhun Choekyi Nyima)를 지명하였으나 중국 정부에 의해 거부당하였으며, 중국 정부는 1995년 12월 기알첸 노르부(Gyaincain Norbu)를 제11대 판첸 라마로 임명하였다_옮긴이].

• • •

23 예를 들면, 2010년에는 달라이 라마 14세 측의 특사(special envoy)인 로디 기아리(Lodi Gyari) 및 켈상 기알트센(Kelsang Gyaltsen)과 중국 중앙정부 측의 통일전선부장 겸 정치협상회의 부주석 두칭린(杜靑林) 등과의 사이에서 공식 교섭이 몇 차례에 걸쳐 이루어진 바가 있었다.

4. 신장 위구르 문제

신장 위구르 문제란 무엇인가

전술한 바와 같이, 신장은 18세기 중엽 청조의 판도에 편입되었으며, 1884년 성이 되었다. 현재 이 영역에 거주하고 있는 위구르족은 1,000만 명이다. 이 가운데 980만 명이 '구역자치' 정책 아래에서 신장 위구르 자치구에 거주하고 있다(2010년 중국 인구 조사 기준). 신장 위구르 문제란, 19세기 무슬림의 봉기, 1930년대 및 1940년대 동투르키스탄 공화국(East Turkestan Republic)의 수립 등, 단기간이라고는 하더라도 여러 차례 '독립'을 했던 경험을 갖고 있다. 중국의 '변경'에서 분리 독립, 고도의 자치 또는 신앙의 자유, 인권을 요구하는 분쟁이 지금도 다수 발생하고 있는 상황을 지칭한다. 특히 1990년대부터 시장화와 종교자유화 속에서 주민의 이의제기가 확대되었으며, 권력 측은 이것을 폭력과 계엄법으로 억누르고 있다. 또한 2001년 9·11 사건으로 '이슬람 과격주의'가 글로벌화하여 인재와 무기가 신장으로 유입되었다며 '삼고세력(三股勢力)' 박멸의 캠페인이 이어지고, 그것에 주민이 폭력으로 대항하는 '폭력의 구조화'·'신장의 중동화' 상황이 보여진다. 미국에 조 바이든(Joe Biden) 정권이 성립된 이후부터는 위구르족의 대규모 탄압에 대해 미국이 대중 제재를 가하면서 미중 양국 간에 이슈가 되고 있다[미국에서 2020년 6월 17일 위구르 인권 정책법(Uyghur Human Rights Policy Act), 2021년 12월 23일 위구르 강제노동 금지법(Uyghur Forced Labor Prevention Act)이 각각 성립되었다_옮긴이].

우선 '위구르(Uyghur)'에 대해서 고찰해보도록 하겠다. 다나카 아마네(田中周)에 의하면, 투르크계 무슬림인 위구르족의 조상은 지금의 몽골인민공화국(Mongolian People's Republic) 지역에 세워졌던 유목국가 위구르부(部)에 소급된다고 한다. 그 이후 회골(回鶻)·외울아(畏兀兒) 등으로 불렸다. 그들은 8세기에 여러 부족을 통일하여 위구르국(國)을 만들었는데, 천재지변 등으로 붕괴하고 사방으로 뿔뿔이 흩어졌다. 그 이후 서쪽으로 이한 집단의 일부가 현재의 신장 지구에 이주하여 오아시스에 정주하고 그 다수가 점차 이슬람화하였으며 전회(纏回), 회민(回民), 회회(回回) 등으로 불렸다.

위구르라고 하는 명칭이 나오게 된 것은 1921년에 신생 소련이 중앙아시아에서 개최했던 '동투르키스탄 출신자 대회'부터이다. 중국 내에서 위구르라는 이름이 굳어지게 된 것은 1935년 이후 현지 군벌이었던 성스차이(盛世才)가 이곳의 소수 민족집단을, 위구르(維吾爾)를 포함하여 14개 민족으로 인식했다. 중국공산당이 위구르족이라고 부르기 시작한 것은 1930년대 말이다. 하지만 위구르족 자신은 1940년대까지 자신을 호탄족(Hotan) 또는 카슈가르족(Kashgar) 등의 지명으로 불렀으며, 집단 정체성(group identity)은 갖고 있지 않았다고 한다. 위구르 의식 및 호칭이 정착된 것은 중화인민공화국의 성립 이후에 민족 식별 공작 및 구역자치 정책이 시작되는 1950년대 중반 이래의 일이다(田中周, 2013).

2개의 '동투르키스탄 공화국'

중앙 권력이 미치지 않는 '변강(邊疆)'인 신장에서 1930년대~1940년대에 독립 분리의 움직임이 계속되었다. 1933년 11월에 카슈가르에서 '동투르키스탄 이슬람공화국'의 건국이 선언되었다. 근대적 교육을 받은 위구르족 출신의 울라마(이슬람 법학자)들의 인솔을 받았던 주민이 신장에서의 한족 관료의 민족 차별과 뒤처진 위구르 사회에 대한 불만 때문에 봉기했다. 건국 강령에는 '삼가 코란을 준수하고', '정부를 담당하는 자는 코란과 현대 과학을 숙지해야 한다'는 것 등을 내세우며 이슬람 국가를 지향했다. 하지만 무슬림계 군벌 마중잉(馬仲英)의 공격을 받고 지도부 내부의 대립 등도 있어 반년도 채 유지하지 못하고 와해되었다.

1942년에 군벌 성스차이가 신장을 떠나고 국민당군이 신장에 들어가는, 이른바 '권력의 공백기'에 동투르키스탄 독립운동이 다시 일어났다. 1944년 8월 신장 북부의 이리 지구에서 위구르족 · 카자흐족이 봉기를 일으키고, 11월 7일에는 소련 국경에 가까운 쿨자[Kulja, 이닝(伊寧)]에서 무장봉기가 발생하여 '동투르키스탄 공화국'의 독립을 선언하며 독립의 깃발을 올렸다[이리(伊犁), 타청(塔城, 타르바가타이), 아산(阿山, 알타이)의 '삼구혁명(三區革命)']. 당초 신장에서의 친소 정권과 천연자원을 노렸던 소련이 반한(反漢) · 반국민정부를 구가하는 현지 무슬림의 무장봉기를 지원하고 대량의 무기, 장교, 고문단을 파견했다. 주석이었던 엘리한 토레(Elihan Tore)가 "알라(Allāh)는 우리의 신이고 무함마드(Muḥammad)는 우리의 성자이며, 이슬람은 우리의 신앙이고 동투르키스탄은 우리의 조국이다"라고 연설했던 바와 같이, 처음에는 이슬람 색채가 강했다. 하지만 곧 이슬람의 지도자들은 소련의 압력으로 지도부에서 쫓겨났다. 소련은 1945년 여름부터 정책을 180도 바꾸어, 동투르키스탄의 독립에 대한 지원을 멈추고 국민정부 및 신장성 정부와의 사이에서 중재하는 역할로 전환했다. 동투르키스탄 공화국은 1년 6개월 이후 모습이 사라졌다. 무엇보다도 전술한 삼구(三區) 지역은 소련의 바통을 이어받은 중국공산당 계통이 지배했으며, 그 상태 그대로 1949년 10월 신중국의 건국을 맞이하게 된다.

식민과 진전되고 있는 한화(漢化)

애초 신장은 위구르족 마을이다. 1949년 신장 지구에는 4분의 3이 주요 민족집단인 위구르족(약 330만 명)이었으며, 한족은 겨우 30만 명이었다. 하지만 1955년 위구르족 자치구를 설치하고 1950년대 말부터 석유 개발 및 면화 생산 등을 위해 대량의 한족이 식민되었다. 식민의 정점은 1960년대 말이었으며, 1970년에는 위구르족이 자치구 인구의 절반에 미치지 못하게 되었다.

〈표 6-2〉 신강 위구르 자치구에서의 위구르족과 한족의 구성변화(1949~2011)

년도	자치구 총인구 (만 명)	위구르족 [만 명, (%)]	한족 [만 명, (%)]
1949	433.34	329.11 (75.9)	29.10 (6.7)
1955	511.78	372.65 (72.8)	55.05 (20.8)
1960	686.33	399.12 (58.2)	194.45 (28.3)
1965	789.58	411.51 (52.1)	275.84 (35.0)
1970	976.58	467.33 (47.9)	386.12 (39.5)
1975	1154.53	526.64 (45.6)	478.01 (41.4)
1985	1361.14	629.44 (46.2)	534.92 (39.3)
1995	1661.35	780.00 (46.9)	631.81 (38.0)
2005	2010.35	923.50 (45.9)	795.66 (39.6)
2011	2208.00	1037.00 (47.0)	844.00 (38.0)

※ 자료: 『新疆統計年鑑』(2001), 『新疆統計年鑑』(2006), 『新疆統計年鑑』(2012), 『中國人口·新疆分冊』
(1989), 新免康(2003), 塚田誠之 編(2003) 등

2011년에는 신장 전체에서 한족은 38%, 위구르족은 47%를 차지하게 되었다
(〈표 6-2〉 참조). 민족 분포(民族分布)에 있어서는 지역적인 차이도 크다. 일반적
으로 북강(北疆), 대도시, 커라마이시(克拉瑪依市, Karamay) 등의 공업도시에서
는 경제 파워에서 우위에 서있는 한족의 비율이 높다. 자치구의 수도인 우루
무치(烏魯木齊)에서는 한족이 85%(위구르족 31만 명, 한족 181만 명)를 차지하였다
[『新疆統計年鑑』(2012)].

'식민'을 밀어붙인 주체는 신장생산건설병단이다. 앞 장에서도 논한 바와
같이 국방, 치안, 개간 등 다양한 종류의 임무를 수행하고 있는 준무장집단
이다. 1949년의 중국인민해방군의 신장진공과 함께, 삼구의 '민족군'을 핵심
으로 하여 병단이 조직되었고, 그 이후 군무와 개간에 종사하고 있다. 2013년
말 시점에서 신장생산건설병단의 총인구는 270만 1,400명으로, 신장 전체
인구의 11.9%를 차지하였다(百度百科, 2016년 8월 15일 검색). 그리고 그 대부분

은 한족이다. 최근에는 종교적 테러의 진압이 중요한 임무가 되고 있다.

바런향 사건, 이닝 사건, 2009년 우루무치 폭동

신장에서는 1980년대 말부터 민족 분쟁·종교 분쟁이 빈발하고 있는데, 1990년 4월에 카슈가르 부근의 아커타오현(阿克陶縣) 바런향(巴仁鄉)에서 발생했던 '반혁명 폭동 사건[巴仁鄉暴乱, 일명 '바런향 충돌(Baren Township conflict)'_옮긴이]'은 중국 당국을 크게 놀라게 만들었다. 중심은 키르기스족(Kyrgyz)으로 '우리는 투르키스탄인이다'라며 한족의 추방, 신장에서의 핵실험 반대, 산아제한 반대, 자치의 확대 등을 요구했다. 국제앰네스티(Amnesty International)의 1991년 보고서에서는 6,000명이 반혁명죄로 체포되었다고 한다.

1997년 2월 5일에는 신장 북부 이리 지구의 이닝(伊寧, 쿨자)에서 민족집단 간에 발생한 충돌로 다수의 사상자가 나왔다. 3월 11일의 ≪신장일보(新疆日報)≫는 이 소란이 "공산당 정권을 전복시키는 것을 목적으로 하는 민족분열주의자의 파괴 활동"이라고 단언하고, "생사를 건 격렬한 계급투쟁"을 호소했다(張先亮, 1997). 이러한 분쟁의 배경에는 글로벌한 시장화 아래에서 위구르족 지식인이 민족정체성에 강한 위기감을 갖게 되었다는 점이 있다. 우루무치에서 카슈가르에 이르는 1,600km의 남강철도의 개통(1999년)으로 '위구르의 마을'도 시장경제에 편입되어 버린다.

주룽지 총리 시대인 2001년부터는 서부 대개발 전략이 시작되었다. '서부'란 국토 면적에서 70%, GDP에서는 18%를 차지하고 있는 신장, 티베트, 윈난성, 칭하이성, 닝샤 등 한족이 아닌 사람들이 거주하고 있는 광대하지만 빈곤한 지역을 지칭한다.

2009년 7월 5일부터 7월 15일까지 우루무치에서 신장 위구르 자치구 정부의 발표로는 192명이 사망하고 1,712명이 부상을 입는 위구르족, 회족, 한족 등의 민족 사이에서 소요가 발생했다. 7월 7일에는 한족이 수만 명의 보복

항의 시위를 행하였고 7월 8일에 후진타오 국가주석은 정상회의 출석을 취소하고 급거 이탈리아로부터 귀국했다. 9월 3일에는 수만 명의 한족이 우루무치에서 보복 시위를 감행하여 5명이 사망하고 14명이 다쳤다. 신장 위구르자치구 당국도 중앙정부도 이 소란에 '원리주의'로 대응하며 대결했다. 중앙정부는 사건의 발생 이후에 즉시 "극히 소수의 인물들에 의한 음모"이자, 미국에 망명해 있는 "세계 위구르 회의(World Uyghur Congress)의 레비야 카디르(Rebiya Kadeer)의 음모"이며, 이슬람 원리주의의 테러조직과 결탁되어 있는 "신장 위구르 자치구의 삼고 세력이 획책했다"라고 단언하며 용의자를 체포해 즉결로 사형 등에 처했다.

2009년 우루무치 사건에서 주목되는 것은 위구르 청년이 경제 격차·취업 격차 및 종교적 차별에 의해 일으켰던 폭력 사건과, 그것에 보복하는 한족의 집단적 폭력 행위가 함께 연동되고 있다는 점이다. 당국은 '사회치안 종합치리 조례(社會治安綜合治理條例)'의 개정 등 법의 강화와 책임자의 처벌[2010년에 15년 동안 신장 위구르 자치구 당위원회 서기였던 왕러취안(王樂泉)이 해임되고 장춘셴(張春賢) 후난성 당서기가 새롭게 취임함], 또한 피해자에 대한 조위금 등 '돈'을 통한 위무도 도모했지만 폭력의 구조화, 연쇄적인 증오는 갈수록 풀어내기가 어려워지고 있다.

또한 1990년대 이래 위구르 문제는 갑자기 국제화되고 있는 중이다. 예를 들면, 해외 위구르족 주요 조직의 하나로 '국제적 테러조직'으로 지목되고 있는 '동투르키스탄 이슬람운동(ETIM: Eastern Turkistan Islamic Movement)' 외에 위구르족 및 이슬람의 선전조직인 '세계 위구르 회의'도 있다.[24]

· · ·

24 신장 위구르 자치구의 최근 동향에 대해서는 다음을 참조하기 바란다. 熊倉潤, 『新疆ウイグル自治區: 中國共產黨支配の70年』(中公新書, 2022). _옮긴이

5. 타이완 문제

타이완과 미중 관계

1950년대 이래 타이완 문제는 미중 관계의 주요 이슈가 되어왔다. 미중 양국이 국교를 정상화하고 권력의 정통성을 둘러싼 문제에 결말이 난 이후에도, 또한 냉전이 종식되고 내전의 사유가 사라진 때가 되어서도 그러하다[그런데 1949~1950년에 내전에서 패배하고 중국 대륙에서 타이완 섬으로 이주한 국부계(國府系, 중화민국 정부 계통) 중국인(군인을 포함)은 200만 명이라고도 한다].

1949년부터의 70년 동안, 미국의 관여에 의해 중국·타이완 관계는 다음과 같이 변화해왔다.

① 1949~1958년: '해방'(중국 대륙)과 '반공'(타이완)의 10년
② 1958~1971년: 미국에 의한 '이중 억지(二重抑止)'의 10년(중국 대륙의 '해방'도 타이완의 '반공'도 미국의 군사력으로 억지되었음)
③ 1972~1988년: 타이완의 자립을 모색했던 15년
④ 1988~2005년: 새로운 타이완 정체성을 모색했던 15년
⑤ 2005년~: 영원한 현상유지?

1971~1972년의 헨리 키신저(Henry Kissinger) 보좌관 및 리처드 닉슨 미국 대통령의 극적인 방중으로 미중 관계가 대전환하게 되었다. 미국이 정통 정부를 베이징 정부로 바꾸는 것, 타이완과는 경제·문화에 한정된 관계로 전환하는 것, 1954년의 상호방위조약['미국·타이완 상호방위조약(Mutual Defense Treaty between the United States of America and the Republic of China)'을 지칭하며, 1955년 3월 3일에 발효됨_옮긴이]은 실효(失效)시키는 것 등이 1972년의 미중 교섭에서 확정되었다. 이 사이, 미국은 다음의 5가지 원칙으로 중국에 대해 융화적인

교섭을 행했다[1971~1972년의 미중 교섭에 대해서는 毛里和子 · 毛里興三郞 譯(2016), 毛里和子 · 增田弘 監譯(2004)을 참조하기 바란다].

ⓐ 중국은 하나이며, 타이완은 중국의 일부이다.
ⓑ 미국은 그 어떤 타이완 독립운동도 지원하지 않는다.
ⓒ 미국의 타이완에서의 존재감이 감소하더라도 일본을 타이완에 진출시키지 않도록 미국의 영향력을 최대한 행사한다.
ⓓ 실효성 있는 타이완 문제의 평화적 해결을 지지한다.
ⓔ 미국은 중화인민공화국과의 관계 정상화를 추구한다.

이 원칙이 제시되고 약 50년이 지나가고 있지만 현재까지도 타이완 문제가 미중 관계의 장해가 되고 있는 것의 하나는 1972년 당시 미국이 대중 관계(대중관계)를 오로지 소련과의 세력균형에 입각하여 고려했던 점, 다른 하나는 타이완 문제의 성격이 1990년대부터 크게 변화했다는 점이 있다. 한 마디로 말하자면, 타이완의 민주화 및 '타이완화'로 인해 중국·타이완 관계의 구조도 타이완 여론도 모두 크게 바뀌게 되었던 것이다.

사실은 1978년의 중국과의 공동선언(communiqué)에서 미국은 1972년의 틀보다 더욱 융화적인 대중 자세를 확인했다. 미국 내부에서는 이 프로세스를 '비정상적인 정상화'라고 보는 비판도 있다(Tyler, 1999). 하지만 1979년 1월에 중국과 국교를 수립하고 타이완과 단교하는 한편으로, '버려진 타이완'을 구제하기 위한 조치가 미국 의회에서 강구되었다. 바로 '타이완 관계법(TRA: Taiwan Relations Act)'이다. 이 TRA를 통해 미국은 타이완과의 군사 관계를 단절하지 않겠다는 결의를 다음과 같이 제시했다.

- 미국이 중화인민공화국과 외교 관계를 수립하기로 한 결정은 타이완의 장래

가 평화적 수단에 의해 결정된다는 기대에 기초한 것이라는 점을 명확히
표명한다.
- 평화적 수단 이외에 타이완의 장래를 결정하고자 하는 시도는 … 서태평양
지역의 평화와 안전에 대한 위협이자, 미국의 중대한 관심사이다.
- 방위적 성격을 지닌 무기를 타이완에 공급한다.
- 타이완 인민의 안전에 위해를 가하는 그 어떤 무력행사에도 대항할 수 있도
록 미국의 능력을 유지한다.

이 TRA는 1979년 3월 말에 미국 연방의회 상원·하원에서 채택되었으며,
4월 10일부터 시행되었다.

'하나의 중국'을 내세우고 있는 중국 대륙은 이것을 내정 간섭이라며 비난하
면서도 그것에 앞선 1월에 타이완 정책을 무력해방에서 평화통일로 전환하는
'타이완 동포에게 알리는 글(告臺灣同胞書)'을 발표하였으며, 또한 1982년에는
헌법에서의 타이완 통합의 형식으로서 특별행정구제도(일국양제)를 설치하였
다. 그리고 이 유연한 제안에 의해 양안 관계에는 어느 정도의 긴장완화가
이루어졌다.

타이완의 변화

그 이후 타이완은 크게 변화했다. 만년의 장징궈(蔣經國)는 정치적 자유화를
결단했다. 민진당(民進黨)의 결성을 허용하고(1986년 9월), 계엄령을 해제하며
(1987년 7월), 신규 신문 발행의 금지를 해제하는(1988년 1월) 등 자유화 및
민주화를 향해 방향을 전환했을 무렵에 사망(1988년 1월)하였다.

총통 겸 국민당 주석을 계승했던 리덩후이(李登輝)는 헌법 제정에 의한 민주
화 프로그램을 추진했다. 1991년에는 '동원감란시기 임시조관(動員戡亂時期臨
時條款, 일명 '반란평정시기 임시조관)'을 폐지하여 국공 대립을 밑받침했던 법제가

〈표 6-3〉 타이완의 '중국 대륙' 무역의 비중(1995~2017)

년도	수출 비중 (%)	수입 비중 (%)
1995	16.0	3.0
2000	17.6	4.4
2005	22.0	11.0
2010	28.0	14.3
2016	40.05	19.66
2017	41.05	19.87

※ 자료: 『中國年鑑』 各年度版.

사라졌다. 또한 1994년부터 타이완성 성장, 타이베이시 시장, 가오슝시 시장의 민선을 추진하였으며 결국 1996년 9월에 스스로 총통에 공개선거로 선출되었다. 이 사이 타이완의 경제는 '4마리 작은 용'이라고 일컬어지는 성장을 지속하였으며, 개도국에서 중진국으로 진화하는데 성공했다. 민주화와 경제성장을 토대로 하여 그 이후 타이완 정치는 천수이볜(민진당, 2000~2008년), 마잉주(馬英九, 국민당, 2008~2016년), 차이잉원(蔡英文, 민진당, 2016년~)으로 이어지며 안정적으로 진행하였다.

중국 대륙 측의 개방정책도 거들어 양안 간의 사람, 물품, 정보가 격렬하게 움직였다. 2008년에는 대륙과 타이완의 여행이 해금 되었으며, 2009년에는 중국 대륙과 타이완을 잇는 정기 항공편이 개통되었다. 1995년 이래의 중국 대륙과 타이완 간의 무역 자료를 정리해보면 〈표 6-3〉과 같다.

변화하는 '타이완 담론'

1990년대 말에 들어서자, 관계자가 타이완의 위상 및 향후에 대해서 다양하게 언급하기 시작했다. 1998년 6~7월의 방중 시에 빌 클린턴 미국 대통령은 상하이에서 타이완에 관한 '3개의 노(no)'를 다음과 같이 말했다. 즉 ① 타이완 독립을 지지하지 않고, ② 일중일대(一中一臺)를 지지하지 않으며, ③ 타이완의 국제기관 가입을 지지하지 않는다는 것이었다.

타이완으로부터는 현상타파의 주장이 제기되었다. 1999년 7월 9일, 리덩후이 총통은 양안 관계를 (1991년의 헌법 개정 이래) '특수한 국가와 국가 간의 관계(特殊的國與國關係)'라는 '양국론(兩國論)'을 전개하여 파문을 불러일으켰다. 2000년 5월에는 민진당으로부터 처음으로 총통이 되었던 천수이벤이 취임 시에 다음과 같은 '5개의 노(no)'[공식 명칭은 '4불1몰유(四不一沒有)'_옮긴이]를 내세웠다. 즉 ⓐ 독립을 선언하지 않고, ⓑ 국호를 변경하지 않으며, ⓒ (리덩후이의) '양국론'을 헌법에 삽입하는 것을 추진하지 않고, ⓓ 현상변경을 추동하는 통일과 독립에 관한 공민투표를 실시하지 않으며, ⓔ 국가통일강령과 국가통일위원회를 폐지에 관한 문제는 없다는 것이었다(松田康博, 2009; 岡田充, 2005).

한편 중국 대륙 측도 2002년 1월에 '타이완 백서'에서 중국이 타이완에서 무력행사를 하는 조건은 무엇인가라는 질문에 대해 ① 타이완이 독립을 선언했을 때, ② 통치 불능의 혼란에 빠졌을 때, ③ 외국 세력에 의한 간섭이 존재하거나 타이완이 식민지화될 때, ④ 통일 교섭이 무기한으로 연기되었을 경우라고 논하였다.

타이완은 중국 대륙으로부터도 자립을 이루고, 그리고 미국으로부터도 자립을 이룬 정치체로서 '어디를 향해 가야하는가?'를 고려해야 할 때가 되었다.

중국 대륙의 반국가분열법

그 이후 2003년부터 타이완의 천수이벤 정권이 새로운 헌법을 제정하기 위한 움직임(다만 선거를 향한 호소였음)이 계기가 되어, 2005년 3월 4일에 중국의 후진타오 국가주석이 타이완 문제에 대한 중국의 4개조[일명 '후쓰뎬(胡四

點)'_옮긴이], 즉 ⓐ '하나의 중국' 원칙을 흔들림 없이 견지하고, ⓑ 평화통일을 쟁취하려는 노력을 절대로 포기하지 않으며(다만 무력 사용은 포기하지 않는다), ⓒ 타이완 인민에게 희망을 건다는 방침을 관철한다는 것을 절대로 바꾸지 않고, ⓓ 타이완 독립분열 활동에 반대하고 그것과 절대로 타협하지 않는다는 것을 선명히 하였으며, 3월 14일의 전국인민대표대회에서는 '반국가분열법(反國家分裂法)'을 채택했다. 해당 법은 '타이완 독립'의 움직임에 대해서 다음과 같이 정하였다. 즉 "'타이완 독립'을 지향하는 분열세력이 국가를 분열시키는 것에 반대하고 억지하기 위해서 조국의 평화통일을 촉진하고 타이완 해협지구의 평화·안정을 옹호하며 국가주권과 영토의 완정, 중화민족의 근본 이익을 수호하기 위해 헌법에 기초하여 본법을 정한다"(제1조).

특징적인 것은 분열국가의 해소 방식이 남한·북한 및 동독·서독과 전혀 다르며, 주권국가 간의 통일이 아니고 분단되어 통치되어왔던 우리끼리의 통일이라는 입장을 취하고 있다는 점이다. 오카다 다카시(岡田充)는 이 '반국가분열법'이 지니고 있는 4가지 특징, 즉 ① 독립 저지를 전략적 지위로 제고시켰고, ② 무력행사라는 표현이 사라지고 비평화적 수단으로 변하였으며, ③ 일국양제의 용어가 사라졌고, ④ 통일의 시간표가 없다는 것에 주목하며 중국 대륙의 타이완 정책은 2000년의 천수이볜 취임 이후에는 '통일'에서 '현상유지'로 바뀌었으며, 그것을 집대성한 것이 '반국가분열법'이라고 논하고 있다(岡田充, 2005).

중국·타이완 관계의 변화와 타이완의 해바라기운동

하지만 최근 새로운 질적 변화가 발생하고 있다. 우선 첫째, 2014년 봄의 타이완 해바라기운동(太陽花運動)을 시초로 같은 해 가을의 홍콩 우산운동, 2019년의 홍콩 '범죄인 인도법 조례'를 반대하는 대규모 시위, 2020년 홍콩의 국가안전유지법 반대 운동 등이 일어나 중국 대륙과의 긴장이 고조되고 있다

〈그림 6-2〉 타이완에서의 타이완인 정체성(1992~2016년)

※ 자료: 松田康博(2018), p.175.

는 점이다. 최대의 요인은 중국의 대국화, 중국의 대외 자세가 강경해진 것에 있다. 한 연구자는 이러한 상황을 '중국대두증후군'[中國擡頭症候群, 중국부상증후군(中國浮上症候群)_옮긴이]이라고 일괄하며, 동아시아의 상황이 불안정해지게 될 것을 강하게 우려하고 있다(林泉忠, 2017).

2014년 3월부터 4월까지 베이징의 강력한 압력으로 타이완의 입법원이 '중국·타이완 서비스 및 무역 협정(海峽兩岸服務貿易協議, CSSTA)'을 절차를 무시하고 강제로 채택했을 무렵, 학생이 반발하여 타이완 역사상 최대의 학생운동이 전개되었다. 이것이 '해바라기운동'이다. 그 배경에는 마잉주 정권의 8년 동안 중국·타이완 경제의 일체화가 진전되는 한편, 베이징 정부로부터의 타이완 내정에 대한 간섭이 늘어나 타이완 학생들이 타이완의 주권 및 주체성이 위협받고 있다는 위기감을 강하게 느꼈던 것에 있는 것으로 보인다. 이것은 2014년 가을부터 진행된 홍콩의 우산운동을 또한 불러일으켰으며, 대립축이 '민주주의'라는 가치를 둘러싼 문제로 전환되었다.[25]

  그리고 둘째, 베이징과 타이완 간의 관계가 변질되고 있음을 단적으로 보여주는 것으로 타이완 주민의 의식이 변화하고 있다는 점을 들 수 있다. 이 사이 타이완 주민 2,000만 명(2020년 기준 타이완의 총인구는 약 2,340만 명_옮긴이)의 다수가 중국인 의식, 중화 의식에서 벗어나 타이완인 및 타이완 정체성으로 경도되어 왔다. 작지만 풍요롭고 민주적인 '국가'로서 살아가는 길을 선택하려 하고 있는 것이다. 〈그림 6-2〉에 1992년부터 2016년까지 타이완 주민의 정체성 의식의 변화 추이를 제시하였다. 이로부터 2014년에는 타이완 주민의 60% 이상이 자신을 '타이완인'이라고 인식하고 있다는 것을 알 수 있다.[26]

* * *

25 이 장의 주제인 '국가성' 문제 중에서 타이완의 민주화운동, 자결의 움직임, 홍콩의 우산운동, 국가안전유지법 반대의 운동 등이 연동되고 있다는 점이 베이징의 관점에서 볼 때 가장 난처한 일일 것이다. 중국 본토에 있어서 타이완은 군사적인 위협(미국의 군사 개입을 포함)일 뿐만 아니라 정치적 위협으로 현실화되고 있는 중이다. 민주화를 내실로 하는 정치적 위협이 홍콩에도 불길이 번지고 양자가 연동하게 된다면, 베이징이 통제할 수 없는 사태가 될 수밖에 없다. 그 때문에 현재 홍콩에 강권이 발동되고 있다고 할 수 있다.

26 미중 경쟁 아래의 최근 타이완 정세에 대해서는 다음을 참조하기 바란다. Hung-Jen Wang, *Taiwan and the Changing Dynamics of Sino-US Relations: A Relational Approach*(Routledge, 2022). _옮긴이

6. 홍콩 문제: 우산운동에서 국가안전유지법 반대로

우산운동

1997년의 반환 이래 홍콩과 베이징 간의 관계는 2019년 여름부터 특히 긴장이 고조되고 있다. 언론·출판의 자유, 장래의 홍콩 입법회 의원 및 행정장관을 보통선거로 선출하는 레일까지 깔면서 민주적 홍콩으로 나아가는 길을 열었을 지도 모를 일국양제 구상은 덩샤오핑이 자신감을 갖고 제기했던 것임이 분명하다. 하지만 이 구상은 2021년 시점에서는 검정색으로 덧칠되며 풍전등화의 운명이 되어버렸다. 많은 홍콩인이 실망 속에 큰 충격을 받고 있다.

홍콩과 베이징 중앙 간의 긴장은 2012년부터 2013년까지 당국이 추진했던 애국교육의 강제에 반발했던 '반국교운동(反國敎運動)'에서 시작되었다. 2014년 8월에는 사실상 대다수를 차지했던 민주파 후보자를 철저하게 배제하는 '전국인민대표대회 831결정'이 홍콩의 학생들의 마음을 불을 질렀다. 이 831결정은 홍콩 행정장관 후보자는 지명위원회의 과반수 지지를 확보해야 하며 후보자는 2~3명으로 한다는 것으로, 실질적으로 민주파 후보자를 단속하는 것이었다. 학생들의 시위는 홍콩 역사상 최대 규모의 반정부 운동이 되었다.

이 우산운동은 ⓐ 학생 주도의 시민운동이고, ⓑ 정부에 대한 불신에 의해 유래되었으며, ⓒ 저변에 존재하고 있던 사회 격차의 확대에 대한 불만이 표출된 것이고, ⓓ 비폭력주의를 지향하고 있으며, ⓔ 인터넷에 의해 동원되었고, ⓕ 그 배경에 중국의 강권화, 대국화가 존재하고 있다는 것 등, 타이완의 '해바라기운동'과 서로 공통점이 많다(林泉忠, 2017).

'범죄인 인도법 조례' 반대 투쟁

반정부의 움직임은 2019년이 되자 갈수록 격렬해졌다. 6월 초에 홍콩 행정

<**그림 6-3**> 홍콩 시민의 중앙정부에 대한 신뢰도(2003~2016)

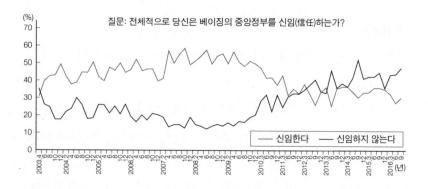

※자료: 홍콩대학(香港大學) 민의연구계획(民意研究計劃) 웹사이트, http://hkupop.hku.hk/chinese/popexpr
ess/trust/trustchigov/poll/datatables.html; 倉田徹(2017), p.73.

장관 캐리 람(Carrie Lam, 중국명: 林鄭月娥)이 '범죄인 인도법 조례' 개정안을
공포하고 즉시 시행한다고 발표했다. 홍콩 기본법을 통해 홍콩에 부여되고
있는 사법권을 완전히 짓밟은 폭거에 학생들이 격렬하게 반발하여 100만
명 시위, 이어서 200만 명 시위로 규모가 확대되었다. 6월 16일의 200만
명 시위가 발생했을 때에는 시위를 주최한 단체인 민간인권진선(民間人權陣線,
Civil Human Rights Front)이 다음과 같은 5가지 요구 사항을 제시했다.

즉 ① '범죄인 인도법 조례' 개정안의 철회, ② 독립조사위원회의 설치 및
경찰의 무력행사에 대한 책임 추궁, ③ 시위를 폭동으로 간주했던 평가의
철회, ④ 시위 참가자에 대해 죄를 묻지 않는 것, ⑤ 캐리 람 행정장관의 사직
등이다[나중에 ⑤의 항목은 '진정한 두 가지 보통선거, 즉 행정장관과 입법회 의원에 대한
보통선거를 즉시 실시할 것'으로 변경되었다_옮긴이].

하지만 이러한 것은 캐리 람 행정장관에게 있어서 받아들이기 어려운 것이었으며, 문제의 해결은 더욱 멀어지게 되었다. 시위는 이후에도 중단되지 않았다. 캐리 람 행정장관은 '범죄인 인도법 조례' 개정안의 철회를 표명하는 한편(9월 4일), 학생의 시위를 봉쇄하기 위해 '복면 금지 조례(禁止蒙面規例)'를 공포하며 대결 자세를 드러냈다(10월 4일). 이러한 억압적 대응으로 홍콩 학생 시위는 단순한 '범죄인 인도법 조례' 개정안에 대한 반대 시위에서 캐리 람 체제에 대한 불신임을 호소하는 '반란'으로 전환되었다고도 말할 수 있다(倉田徹, 2019). 다만 일련의 대중 시위는 최악의 충돌이 되기 일보 직전에 통제되었으며, "시위 참가자의 행위는 상당한 정도의 '민의'를 반영하여 구축되었으며 실제로 민의를 쟁취하였다"고 평가되고 있다(倉田徹, 2019).

그 배경에 있는 것은 홍콩 주민의 정부에 대한 신뢰도가 저하되고 있다는 점이다. 〈그림 6-3〉을 살펴보면, 2011년을 전후한 시기부터 현저한 변화가 나타나고 있다.

타이완의 린취안중(林泉忠)은 2017년까지의 홍콩과 타이완의 상황을 다음과 같이 평가하고 있다.

- 중국의 주변에 해당하는 홍콩과 타이완이 받았던 '중국의 부상에 의한 위협'의 충격은 직접적으로 가장 강하고 반발도 크다[이른바 '중국부상증후군(中國撼頭症候群)'].
- 중국 대륙과 홍콩을 일국양제의 틀로 지배하고 있는 것에 반해서, 타이완은 지배 범위의 바깥에 있다. 홍콩과 타이완에서는 '중국화'의 속도와 내용이 다르다.
- 홍콩·타이완 쌍방에서 정체성의 동요가 보여진다. 중국에 대한 원심력이 증가하고 있다.

린취안중은 "홍콩과 타이완의 '반란'은 대륙이 '중국 모델'을 주변에 대해서도 적용하고자 했던 과정에서 생겨난 충돌"이라고 단언하고 있다(林泉忠, 2017).

일국양제의 파탄

2020년에 코로나19 팬데믹의 습격과 거의 때를 같이 하여, 커다란 사건이 홍콩섬을 강타했다. 홍콩 및 타이완의 이탈 움직임에 매우 민감한 중국 중앙정부는 홍콩의 이의제기 및 시위운동에 인내하지 못하고 일국양제를 백지화하는 전가의 보도를 빼들었던 것이다. 6월 30일 베이징의 전국인민대표회의 상무위원회(제13기 제20회 제2차 회의 및 제3차 회의)에서 163표 만장일치(滿票)로 '홍콩특별행정구 국가안전유지법(香港特別行政區维护国家安全法, 이하 '홍콩 국가안전유지법)'이 채택되었고, 당일 즉시 실시되었다.

이미 2003년에는 홍콩에서 국가안전조례의 시행이 시도되었지만 실패한 바가 있으며, 그것에 질린 중앙정부가 홍콩의 입법회(의회)를 우회하여 국가안전유지법을 직접 제정하는 권한을 전국인민대표회의에 부여하는 수법을 선택하였다. 게다가 입법을 예고한지 겨우 1개월 만에 채택·실시한다고 하는 매우 빠른 속도로 진행되었다.

신법은 다음과 같은 대단히 준엄한 벌칙으로 홍콩의 '자유'를 억누르고 있다.

해당 벌칙은 홍콩의 영주자 및 비영주자 그 어느 쪽에도 적용된다.

- 국가로부터의 이탈, 전복 행위, 테러리즘, 홍콩에 개입하는 외국 세력과의 결탁 등의 범죄를 범했을 경우 최저 3년, 최고 무기징역(국가분열죄, 국가정권 전복죄, 테러활동죄)
- 중앙정부와 홍콩 지방정부에 대한 증오를 선동하는 행위는 국가의 안전에

관련된 정보의 절취 등을 금지하고 있는 제29조의 위반, 그리고 공공교통기
관의 시설을 손상시키는 행위는 테러리즘에 각각 해당함
- 유죄로 판결난 자는 공직에 입후보하는 것이 불가능함
- 중앙정부는 홍콩에 새로운 보안시설을 설치하고 독자적인 법집행관을 배치
하며, 시설도 법집행관도 홍콩 현지 당국의 관할외가 됨
- 홍콩특별행정구 행정장관은 국가안보 사건을 다루는 재판관을 임명할 수
있음
- 홍콩의 권력은 신설된 국가안전처가 조직하는 홍콩특별행정구 국가안전위
원회가 장악함[해당 위원회의 주석은 캐리 람 홍콩 행정장관27]

    홍콩을 대류 중앙의 치안 관련 입법으로 준엄하게 단속하는 이 국가안전유
지법의 최대 문제는 말할 필요도 없이 1997년 홍콩의 반환 시에 공약이었던
'일국양제', 덩샤오핑이 영국과 협의할 때에 약속했던 '홍콩의 현체제는 50년
간 불변'이라는 대원칙으로부터 결정적으로 벗어나 있다는 점이다. 독립적이
었던 홍콩의 사법은 중앙정부의 파견기관(派出機關)인 '국가안전유지공서(國家
安全維持公署)'가 홍콩에 신설되고 여기에서 법의 집행을 행하게 되었다['홍콩
국가안전유지법'에 대해서는 倉田徹(2020)을 참조하기 바란다].
    1997년의 약속이 완전히 백지화되는 상황에 처하게 된 홍콩 주민들은 아연
실색하며 분노하고 있다. 타이완에서도 커다란 실망이 들끓어 오르고 있다.
현정권 최대의 과제인 '국가성' 문제는 갈수록 어려운 과제를 권력에 부과하고
있다.28

• • •

27 2022년 7월 1일부터 제5대 홍콩 행정장관으로 리자차오(李家超, John Lee Ka-chiu)가 부임했다.
_옮긴이
28 홍콩 정세의 기본적인 흐름에 대해서는 다음을 참조하기 바란다. 구라다 도루·장위민 공저, 이용

홍콩, 타이완, 중국 대륙에 거주하는 사람들(국민)은 베이징 중앙의 수뇌부에게는 도대체 무엇인가? 어쨌든 국가안전유지법의 제정은 홍콩·중국 대륙 간의 새로운, 그리고 가혹한 관계가 2020년에 시작되었다는 것을 알렸다.

7. 영역 통합의 몇 가지 구상

지금까지 위에서 살펴보았던 4가지 지역(신장 위구르 자치구, 티베트, 타이완, 홍콩)을 포함하는 현대 중국의 '주변'은 중화세계 또는 중국 중앙부와의 관계를 축으로 하여 정리해보면, 다음과 같은 성격의 4가지 영역으로 구성되어 있다.

① 근대 시기 이전에 (일단) 정치적으로 통합되었지만 문화적·종교적으로 중화세계에 포섭되지 않고 고유한 정치공동체였던 영역(신장 위구르 자치구, 내몽골 자치구)
② 근대 시기가 되면서 정치적으로 통합되었지만 중화세계와는 다른 문화·종교를 갖고 있으며 지금도 강력하게 계속 유지하고 있는 영역[티베트, 신장 위구르 자치구의 서부(일명 '동트루키스탄')]
③ 근대 시기에 타국에 의한 식민지화로 인해 중앙부와는 다른 정치체제 및 정치적 가치를 갖고 있으며 지금도 계속 유지하고 있는 영역(홍콩, 타이완)
④ 중앙부와는 다른 문화·종교를 갖고 있지만 그 문화적·종교적 특질이 엷어지고 있는 영역[윈난성, 광시 좡족 자치구(廣西壯族自治區)의 서남부]

• • •

빈 옮김, 『홍콩의 정치와 민주주의』(한울, 2019). _옮긴이 문제는 앞의 삼자(三者), 즉 ①·②·③이며 그러한 것을 포섭할 수 있는 영역 통합의 구조 및 틀에 대해서 고찰하는 것이 이 장의 마지막 과제이다. 아래에서는 이제까지 제안되어왔던 6가지의 구상을 순서대로 검토해보도록 하겠다.

1) 구역 자치(區域自治, regional autonomy)

전술한 바와 같이, 1949년의 새로운 국가로서 시작한 이후부터 중국은 민족 지구를 통합하는 틀로서 '구역 자치'를 채택하였으며, 그것은 70년간 변하지 않고 있다. '자치'의 근본은 분리권과 연방제를 부정하고 비한족이 집중되어 있는 지역을 구획하여 그것에 일정한 자치권을 부여하는 것에 있다. 자치의 권리는 민족의 문자 및 언어의 사용, 일정한 재정관리권, 국가의 군사제도 아래에서의 일정한 무장권, 지역의 단행 법령의 제정권, 중앙의 법률·법령의 유연한 적용, 일정한 대외무역권 및 자원의 관리권 등이다. 일반 지역에는 부여되지 않는 '지방자치와 문화자치를 결합한 것' (저우언라이의 발언)으로 소수민족(ethnic minority)을 '보호'하는 성격을 강하게 갖고 있다.

2) 특별행정구(特別行政區, special administrative districts): '일국양제'

일국양제는 1970년대 말에 덩샤오핑 등이 타이완에 대한 무력 해방을 대신하는 새로운 비폭력적 방식으로 제기하였다. 1979년 1월, 전국인민대표회의 상무위원회는 양안의 군사 대결에 종지부를 찍고 타이완 문제를 평화적으로 해결하려는 의사를 갖고 있음을 밝혔다('타이완 동포에게 알리는 글'). 일국양제가 제도로서 출현하게 것은 1981년 9월의 예젠잉 전국인민대표회의 상무위원장의 담화를 통해서였다. 즉 "국가가 통일을 실현한 이후, 타이완은 특별행정구로서 고도의 자치권을 보유하며 군대도 보유할 수 있도록 한다. 타이완의 현행 사회 및 경제제도, 생활 방식은 불변이며 외국과의 경제 및 문화 관계도 변하지 않는다"라는 구상을 논했다('타이완 조국 복귀 평화통일 실현에 관한 9개 항목의 제안'). 1983년 초에는 이 방식을 홍콩에 적용하여 50년간 불변한다는 구상을 밝혔다('홍콩 주권 회복 12개조 기본 방침'). 또한 1987년 4월, 덩샤오핑은 홍콩특별행정구 기본법 기초위원회(基本法起草委員會)에서 일국양제를 50년간 불변한다고 천명하였다(鄧小平, 2004).

1990년의 홍콩 기본법에서 확정된 특별행정구의 법적(法的) 지위는 다음과 같다.

- 홍콩의 '고도의 자치'란 행정관리권, 입법권, 독립적인 사법권과 종심권(終審權)을 의미하며 중앙정부가 부여한다(제2조).
- 홍콩에서는 자본주의의 방식을 유지하며 50년간 불변한다(제5조).
- 홍콩의 외교, 방위 사무는 중앙정부가 관리한다(제13조).
- 특별행정구의 긴급 사태를 결정할 수 있는 것은 중앙정부이다(제18조).
- 홍콩 주민은 언론·신문·출판, 결사·집회·시위, 노동조합의 조직·참가·파업의 권리와 자유를 갖는다(제27조)
- 홍콩 행정장관은 선거 또는 협의에 의해 선출되며, 중앙정부가 임명한다(제45조).
- 홍콩 기본법의 해석권은 전국인민대표회의 상무위원회, 수정권은 전국인대에게 있다(제158조, 제159조).

하지만 이미 지적한 바와 같이, 2019년 및 2020년의 여러 사건을 통해 일국양제의 '약속(約言)'은 백지화되고 있는 중이다.

3) 국가연합(confederation of states)

국가연합은 복수의 국가가 공통의 목적을 달성하기 위해 조약에 의해 병렬적으로 결합한 것으로, 18세기 전반의 독일 연합, 18세기 후반의 미합중국, 19세기 초의 스위스 연합 등이 그 예라고 할 수 있다. 복수의 국가 간의 '연합조약'·'연합회의'에 의해 일정한 범위에서 외교권을 행사하고 일정한 국제법 주체가 된다. 각 구성국은 연합에 위임한 범위 이외에는 내외 사무를 처리하는 국제법 주체이다. 소련이 붕괴한 이후의 독립국가연합(CIS)은 이와 같은 국가연합을 지향하는 것으로 여겨졌지만 성공하지 못했다. 경험적으로는 국가연합의 다수는 연방국가로 이행하였으며, 과도기적인 색채가 강하다. 중국이 타이완과 일정한 기간 동안 국가연합을 형성한다는 시나리오는 완전히 비현실적이라고 말하지 않을 수 없다.

4) 새로운 종속 관계

후술하는 스트라스부르 제안의 토대가 되었던 것으로 여겨지는, 법률고문 미셸 크리스티안 판발트 판프라흐(Michel Christian van Walt van Praag)가 집필한 『티베트의 지위(The Status of Tibet)』(Westview Press, 1987)는 티베트의 장래 지위에 대해서 독립과 중국에 대한 통합의 사이에 중국과의 자유로운 협동(associate status)을 고안하여 그것을 바람직한 것으로서 제기하고 있다. 이러한 중국과의 자유로운 협동 관계에 있는 '국가'는 일부 국제법학자에 의하면 외교와 국방을 제외하고 주권국가로서의 모든 대권을 보유한다고 한다. 판브라흐의 '협동 관계'에 대해서 티베트 연구자 워런 스미스(Warren Smith, Jr.)는 국제적인 후견만이 쌍방을 규정하는, 전통적인 종속 관계에 가까운 것이라고 그 성격을 규정하고 있다. 이른바 '새로운 종속 관계'인 것이다(Smith, Jr., 1996).

5) 티베트 망명정부의 일국양제 구상

1988년 6월 15일 유럽 의회에서 달라이 라마 14세가 제시한 구상(일명 '스트라스부르 제안')은 중국의 주권 아래에서 중국과의 '협동 관계(associate status)'를 다음과 같이 제기하였다[티베트 망명정부가 발행한 Five Point Peace Plan for Tibet(September 21, 1987), Strasbourg Proposal(June 15, 1988)]. 이것은 변형된 '일국양제'라고 할 수 있다.

① 촐카숨[Chol-kha-gsum, 위창, 캄, 암도 등 이른바 '대티베트'; 티베트어 촐카숨은 '3개 지역'을 의미함_옮긴이]로서 알려져 있는 티베트 전체 영토를 사람들의 합의에 의해 법률에 기초하여 공익과 그들 자신 및 자연 환경을 지키기 위해 중화인민공화국과 협동하여 민주정체의 자치 지대로 삼는다.
② 중앙정부는 티베트의 외교정책에 대해서, 그리고 비무장중립이 이뤄질 때까지 과도기에는 국방에 대해서도 책임을 진다. 티베트 정부는 종교, 통상, 교육, 문화 등에서 대외 관계를 유지하고 발전시킨다.
③ 티베트 정부는 헌법 또는 기본법에 의해 설립된다. 티베트 정부는 티베트 및 티베트족과 관련된 모든 결정권을 보유한다. 민주 정부, 공선(공개선거), 양원제 의회, 독립적인 사법제도를 기본법을 통해 정한다.

그 이후의 베이징 측과의 교섭을 통해 2008년에 티베트 측은 다음과 같은 제안을 행하였다.[29]

① 티베트 주민이 집단적으로 거주하고 있는 지역을 하나의 자치 구역으로

---

29 http://www.tibetpolicy.eu/memorandum-on-genuine-autonomy-for-the-tibetan-people

정리한다(위창, 캄, 암도 등 3개의 지역을 하나의 티베트 자치 구역으로 삼는다).

② 대규모의 한족 이민 및 정주(定住)는 통제되어야 한다.

③ 자치권을 명확히 하기 위해 중앙정부와 자치구 정부 권한을 분권화한다.

이것들 중의 그 어떤 것에 대해서도, 특히 ①의 '대티베트 구상'과 관련하여 중앙정부가 기존의 입장을 꺾을 가능성은 거의 없기 때문에, 티베트 문제의 평화적 해결을 위해 나아가는 길은 험하다고 할 수 있다.

6) 옌자치의 연방제 구상

중국은 건국 당시 "제국주의가 티베트, 타이완, 신장을 분열시키고자 하는 상황"에서 연방제를 취하지 않는다면서 연방제를 거부하였으며(周恩來, "尖於人民政协的幾個問題"(1949.9.7)], '통일된 다민족국가', 즉 강력한 집권의 단일제를 채택했다. 1980년대 후반의 옌자치(嚴家祺, 당시에는 중국사회과학원 정치학연구소 소장이자 자오쯔양의 브레인이었으며, 톈안먼 사건의 발생 이후 미국으로 망명함)는 일국양제가 "복합제 국가의 요소를 갖고 있으며 독특한 단일제 국가" 구상이라고 기대를 하였다. 하지만 망명한 이후에는 "국가연합의 요소를 지닌 연방제"와 민주제를 주장하고 있다(嚴家祺, 1992). 옌자치가 제시하고 있는 타이완, 티베트를 포함하는 연방제 구상의 내용은 아래와 같다.

- 느슨하게 구성되어 있는 공화국 A형과 중앙정부와 긴밀하게 구성되어 있는 공화국 B형으로 구분한다.
- 경제권, 문화의 차이, 경제적 균형 등을 기준으로 공화국을 구획한다.
- 다음과 같은 3가지의 안을 상정한다. 즉 ① 경제권별로 구분, ② 민족과 지리를 가미한 구분, ③ 현행 행정구를 기준으로 구분하고 그 위에 홍콩, 마카오, 타이완을 추가하는 것이다.

엔자치의 이 구상은 달라이 라마 14세의 스트라스부르 제안과 가까운 것이다. 또한 1994년에 해외의 중국인 민주활동가가 제시했던 '연방중국으로 나아가기 위한 헌법 초안'에서는 티베트족에 의한 주민 투표가 포함되어 있다 (Smith, Jr., 1996)

위에서 몇 가지 영역 통합의 구상을 소개했는데, 모두 결정적인 것이라고는 여겨지지 않는다. 현대 중국을 괴롭히고 있는 '국가성' 문제는 간단하게 해소될 수 있는 것이 아니며, 향후에도 중국을 계속해서 번뇌하도록 만들 것으로 전망된다. 그렇기 때문에 다음 종장에서 검토하게 되는 체제의 문제도 함께 계속해서 주시할 필요가 있다.[30]

● ● ●

30 이 장은 필자의 졸저 毛里和子(1998)의 종장을 토대로 하여 대폭 가필하고 수정한 새로운 논고이다.

포스트 권위주의

레짐 변용은 발생할 것인가

종장에서는 비교정치의 관점에서 중국의 현행 레짐(이 장에서는 정치체제를 '레짐'으로 표기함)을 어떻게 확정할 것인가, 경제성장을 실현한 뒤에 민주제로 이행하였던 (또는 지금도 이행기에 있는) 한국, 타이완, 동남아시아 일부 국가 등의 경로를 중국도 또한 걷게 될 것인가에 대해서 검토해보고자 한다. 그것을 위해 우선 민주제, 전체주의, 권위주의 등의 3가지 대표적인 레짐에 대해 간략하게 정의를 내린다. 그 다음으로 중국이 지금 경험하고 있는 권위주의에 대해서 다양한 구별이 이루어지고 있으므로, 대표적인 것의 성격 규정을 행한다. 그러고 나서 체제와 깊이 관계되어 있는 통치의 내용을 확인해 나아간다. 그때 중국에서도 '통치'를 대신하여 빈번하게 사용되는 '치리(治理)'라는 용어에 대해, 일본에서도 다양한 의미가 포함되어 사용되고 있는 '거버넌스(governance)'와의 대비를 통해 그 차이점을 명확히 해두고자 한다. 그 위에 중국이 최근 '권위주의'[중국어로는 '위권주의(威權主義, weiquan zhuyi)'] 로 바꾸어 흔히 사용하는 '협상 정치 · 협상 민주'의 정확한 의미를 확정해보도록 하겠다. 중국의 연구자가 '협상 민주'를 '숙의 민주주의(deliberative democracy)'와 거의 동의로 사용하는 일도 있으므로, 오해를 풀고자 하는 것이다. 그리고 마지막으로 중국의 현행 체제를 필자는 고전적 권위주의와 큰 차이가 없는 '당관료형 권위주의 체제'라고 간주하고 있는데, 그 체제가 지니고 있는 지구력 및 강인성을 검토해보고자 한다. 거듭 설명하자면, 중국에서의 일당지배체제가 여전히 계속될 것인가, 아니면 역사적 역할을 끝마치게 될 것인가 하는 문제이다.

1. 레짐의 정의: 민주제, 전체주의, 권위주의

민주제

우선 3가지의 대표적 레짐(민주제, 전체주의, 권위주의)을 정의해보도록 하겠다.

최근의 비교정치학 학계에서는 옛 소련 등에 대해 민주적 이행의 개시, 이행의 완성, 민주주의의 정착 등의 3가지 단계로 구분하고 이행을 위한 조건은 무엇인가, 민주화 이후에 '민주주의의 정착'을 보장하는 조건은 무엇인가 등을 해명해왔다. 하지만 애당초 민주주의처럼 다의적이기 때문에 정의를 내리기가 이것처럼 어려운 것도 없다.

과거에 조지프 슘페터(Joseph Schumpeter)는 민주주의를 정치적 절차, 정치적 리더십을 선택하기 위한 메커니즘이라고 보고 경쟁 선거를 첫 번째의 요건으로 들었다(Schumpeter, 1976).

그것에 반해서, 로버트 달(Robert Dahl)의 저명한 정의, 즉 '공적인 이의제기와 최대한 포괄적인 참가'가 있다. 그것을 위해서는 아래와 같은 8가지의 제도적 보장이 필요한 것으로 간주된다. 즉 ①조직의 결성과 가입의 자유, ②표현의 자유, ③투표권, ④공직에의 피선출권, ⑤지지 요청을 위해 경쟁하는 정치지도자들의 권리, ⑥다원적인 정보에 대한 접근권, ⑦자유롭고 공정한 선거, ⑧투표 및 여타의 선호에 따라 정부 정책들을 만드는 기구에 대한 제도적 보장 등이다(Dahl, 1981).

〈그림 7-1〉 민주제의 개념도

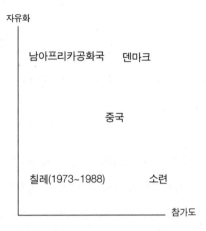

※자료: Sørensen(1998), pp.12~13을 토대로 하여 필자가 작성함

이러한 로버트 달의 논의에 입각하여 게오르그 쇠렌센(Georg Sørensen)은
정부(government)의 시스템으로서의 정치적 민주주의에 대해서 ① 경쟁, ②
참가, ③ 시민적(市民的)·정치적 자유 등의 3가지를 불가결한 요건으로 보고,
이 중에서 자유와 참가(정치적 권리)를 축으로 하여 〈그림 7-1〉과 같은 개념도
를 묘사하였다(Sørensen, 1998). 〈그림 7-1〉에 제시된 각국과 거의 동일한 것
으로 여겨진다면, 2000년 무렵의 중국은 해당 그림의 거의 중앙에 위치하게
될 것이다.

그렇다면 중국의 현상은 어떻게 파악할 수 있을까? 필자는 다음과 같이
생각하고 있다.

ⓐ 시민의 세계에서 확대되고 있는 자유화 상황이 정치적 민주화로 연결된다
고는 단언할 수 없다.

ⓑ 하지만 자유화에 따른 이론파(異論派) 및 비판파의 등장은 어떤 상황이 발생하거나, 또는 어떤 힘이 움직인다면 민주화를 향한 이행의 개시로 연결될지도 모른다.

ⓒ '어떤 상황' 또는 '어떤 힘'이란 중간층의 성숙, 사회적 균열의 확대, 경제의 하강에 의한 관용으로부터 억압으로의 급격한 변경, 억압 비용의 상승 등을 고려할 수 있다.

그런데 중국을 포함하는 동아시아의 정치를 비교하며 불만을 느끼게 되는 것은, 구미의 민주주의가 무엇보다도 비교의 절대적인 지표가 되어 '자유 없는 민주주의(illiberal democracy)', '준민주주의(semi-democracy)'(Zakaria, 1997), '결손 민주주의(democracy of default)' 등의 딱지를 붙인다면 동아시아의 정치를 분석할 수 있다고 보는 경향에 빠지기 쉽게 된다는 점이다. 이른바 '민주주의 패러다임'의 함정이다.

이념으로서의 민주주의는 보편적이라고 하더라도, 민주주의의 체제 및 제도, 구체적인 형식은 다양하다. 또한 래리 다이아몬드(Larry Diamond)가 말하고 있는 바와 같이, "민주주의는 가장 광범위하게 칭송받고 있는 제도이지만, 아마도 유지하는 것이 가장 어려운 정치제도"이기도 하다. 민주주의는 그 자체 속에 ① 분쟁과 합의, ② 대표성과 통치 능력, ③ 합의 형성과 효율이라는 대립적 모순을 내포하고 있는 것이다(Diamond, 1996). 따라서 민주주의를 절차 및 제도로만 파악하는 것에는 신중하지 않으면 안 된다.

그 점에 있어서 말레이시아 출신의 정치학자 무티아 알라가파[Muthiah Alagappa, 하와이 대학 동서문제연구소(EWC)]의 다음과 같은 지적은 경청할 만한 가치가 있다. 그는 "민주주의는 (동아시아의) 정치발전을 측정하는 척도 중의 하나에 불과하다. 민주주의만으로 아시아를 재단해 버리면 그 수십 년 동안 아시아에서 실현되고 있는", "피통치자의 눈으로부터는 매우 의미 있는 실질적인 정치 변화를 시야에서 놓치게 된다"라고 경고하고 있다. 또한 "민주주의라는 패러다임은 확실히 아시아에 있어서 중요하지만, 그것이 이야기의 전부는 아니다"라는 그의 지적을, 동아시아의 정치 분석을 지향하는 사람들은 머릿속에 간직할 필요가 있을 것이다(Alagappa, 1996).

이 책에서는 민주주의의 최저 요건으로서 ⓐ정치체계에 있어서 공민의 정치 참가가 보장되는 시스템, ⓑ정치적 선택이 보장되는 복수주의(複數主義)의 시스템, ⓒ권력을 감독하고 견제하는 시스템 등의 3가지를 고려한다. 현대 중국은 이러한 민주주의를 갖고 있는 것일까? 중국의 지도자로서 민주주의를 지향했던 쑨원의 이른바 '임시약법(臨時約法)'(1912년 3월)은 민주를 추구하였으며 당시의 아시아에서 가장 선진적이었다. '임시약법' 제2조에는 "중화민국의 인민은 일률적으로 평등하다"라고 구가되었으며, 제6조에서는 "재산권, 언론, 집회·결사, 거주, 이전, 신교의 자유" 등이 약속되었다. 하지만 '임시약법'이 공포된 이후 이미 100년 이상이 되었지만, 국민의 권리에 대해서는 여전히 '목표'로서 계속해서 이어져 내려오고 있다.

전체주의[31]

비교정치학으로 고려해보면, 마오쩌둥 시대의 체제에서 칼 프리드리히가 적출해낸 전체주의 체제의 여러 특징 가운데 대부분을 찾아볼 수 있다. 프리드리히에 의하면, 전체주의 체제는 △유일한 이데올로기가 존재하고, △유일한 합법정당이 존재하며, △비밀경찰 및 폭력에 의한 테러 시스템이 존재하고, △권력에 의한 언론 통제, △중앙에 의해 통제된 경제, △당·국가의 이원주의(二元主義) 및 당의 우위성 등에서 공통된 특징을 갖는다(Friedrich and Brzezinski, 1966).

• • •

31 毛里和子(2012), pp.301~302를 참조하기 바란다.

한편 마오쩌둥 시대의 정치체제는 다음과 같이 개괄할 수 있다.

첫째, 정치·경제·문화·군사·이데올로기 등 전체 영역에서 공산당에 의한 배타적·일원적인 지배가 추구되었다[당의 대행주의, 당의 국가화, 그리고 당에 의한 일원적 지도].

둘째, 입법—사법—행정의 횡적 레벨에서도 중앙—지방의 종적 레벨에서도 정치권력이 일점에 집중되고 의행합일과 중앙집권의 체제가 관철되었다[강력한 집권제].

셋째, 대약진운동 및 문화대혁명에서 나타났던, 위로부터의 교화와 동원의 정치이다. 이것은 '대민주', 즉 "신종(臣從)과 직접 참가의 정치문화"[제임스 타운젠트(James Townsend)의 표현]에 밑받침되고 있으며, 민주제에서의 국민의 정치참가와는 대극 관계를 이룬다.

넷째, 마오쩌둥이라는 조직을 초월한 카리스마적 권위의 존재이다. 만년에는 전통적인 (황제형) 권위로 변질되었다.

이 체제는 1940년대 전쟁 중 옌안의 체제를 건국 이후에도 계승하고 그것에 소련형 사회주의 정치체제(당국 체제)를 결합시킨 것으로 이해할 수 있다. 이 체제를 둘러싸고 있었던 환경은 (중국의 지도자들이 갖고 있던 인식에서는) 외부로부터의 전쟁의 위험, 바깥(소련)과 내부로부터의 수정주의의 위협이었다. 마오쩌둥 등 1970년대 말까지의 지도자들은 날마다 느끼는 위협과 위기에 대해서 혁명과 당을 중핵으로 하는 일원적 체제로 대항하고자 했다.

따라서 마오쩌둥 시대의 체제는 혁명과 전쟁의 시기에 보여지는 '비상시의 체제'이며 '혁명형, 위협 제거형, 동원형의 정치체제'이다. 각각의 정치체제가 위기관리, 안정의 유지 또는 발전·경제성장 등의 과제에 직면하고 있다고 할 경우, 마오쩌둥 시대는 위기관리를 가장 중요한 과제로 인식했었다.

권위주의[32]

그런데 덩샤오핑의 리더십이 시작되면서 근대화와 경제의 성장을 목표로 삼게 되자, 마오쩌둥의 정치체제는 질곡이 되었다. 정치학자 후안 린스(Juan Linz)는 전체주의 체제가 아니고, 그렇다고 해서 민주주의 체제도 아닌 회색지대의 정치체제를 '권위주의 체제'라고 부르며, 다음과 같이 정의하였다. 즉 "권위주의 체제란, 제한되어 있고 게다가 책임의 소재가 불분명한 다원주의를 갖고 있으며 수립되어 있는 지도적 이데올로기가 없으며 내용적으로도 확산의 방면에서도 고도의 정치적 동원도 없으며, 지도자(또는 지도집단)가 형식적으로는 무제한하더라도 실제로는 완전히 예측 가능한 범위 내에서 권력을 행사하는 정치 시스템이다"(Linz, 1975).

그렇다면 덩샤오핑 시대는 린스가 제기한 지표로 살펴보면 어떠한 모습일까? 린스가 말하는 것과 같은 '권력에 접근할 수 있는 여러 정치집단'은 아니다. 일당독재의 체제, 권력의 네트워크는 마오쩌둥 시대와 조금도 변함이 없다.

하지만 1980년대부터 10여 년 동안 언론 및 보도의 자유에 대한 한정적 용인, 단일한 정당(중국공산당) 내부에서의 복수주의적 경향(옌자치 등 민주파 지식인의 다수는 체제 내 엘리트 간부였음), 경제의 시장화에 따른 경제적 이익의 다양한 분출 등, 실로 린스가 말하는 '제한된 다원주의'의 상황을 살펴볼 수 있다.

다음으로 이데올로기에 의거하지 않는, 모호한 멘탈리티에 의한 지배이다. 덩샤오핑의 명언, 즉 '흰 고양이든 검은 고양이든 쥐를 잡는 것이 좋은 고양이다', '우리의 정책은 관망하는 것을 허락하는 것이다. 관망하는 것을 허락하는

· · ·

32 毛里和子(2018), p.302 이하를 참조하기 바란다.

것이 강제하는 것보다 훨씬 낫다', '우리는 강요하지 않으며 어떤 운동을 전개하지 않는다. 하고 싶으면 곧 하는 것이고, 하고 싶은 만큼 하는 것이다. 이렇게 하면 천천히 따라오게 될 것이다'[『鄧小平文選(一卷本)』(香港: 人民出版社, 1996), pp.483~497) 등의 표현처럼, 이 시대의 탈이데올로기 성향, 실용주의를 보여주는 것은 없다. 1980년대부터 중국을 지배해왔던 사상은 위도 아래도 더욱 풍요로워지고자 하는 '모호한 멘탈리티'였다.

또한 정치적 동원이 극단적으로 감소하고 무관심한 상황이 생겨났던 것도 현저한 특징이다. 마오쩌둥 시대와의 커다란 차이는 이데올로기와 동원의 정치가 회피되고 근대화라는 비이데올로기적 가치에 국민을 집결시키고자 했다는 점이다. 또한 근대화를 목표로 삼았던 것에 따른 권력의 일정한 합리성 및 예측 가능성이 생겨났다는 것도 부정할 수 없다. 초보적이기는 하더라도 정치 과정의 '투명화'가 예측 가능성을 증폭시켰다. 밀실 정치가 후퇴하고 약간이기는 하지만 통풍(通風, 개방)이 잘 되어졌다.

이렇게 보면, 덩샤오핑 시대를 권위주의적인 체제, 또는 그것을 향해 나아가는 이행 과정에 있는 레짐으로 파악할 수 있다. 1988년 가을부터 '신권위주의' 논의는 그러한 객관적인 상황을 확인하는 것이기도 했다. 덩샤오핑 자신이 1989년 3월에 다음과 같이 말했다. 즉 "지금 외국에는 신권위주의라고 하는 새로운 슬로건이 있다. 그것은 개도국에서 경제발전을 진전시키기 위해서는 의지가 강한 한 명의 인간이 지도하지 않으면 안 된다고 하는 것이다. 내가 말하고 있는 것이 바로 그것이며, 다른 표현 방식으로 말하고 있을 뿐인 것이다"("덩샤오핑이 자오쯔양에게 내린 지시"(鄧小平の趙紫陽への指示), 矢吹晋 編譯, 1989).

권위주의와 강인성

1989년 톈안먼 사건으로 중국의 체제는 붕괴의 위기에 직면하였다. 덩샤오핑과 같은 강권과 결단력을 지닌 지도자, 그리고 그를 밑받침했던 혁명의 제1세대[양상쿤, 리셴녠, 천원(陳雲), 보이보, 펑전 등의 '팔로(八老)']가 있었기 때문에 중국인민해방군의 물리적 힘으로 위기를 타개했다. 그 이후 중국공산당 권력은 대다수의 예측을 넘어 30여 년간 계속되었으며 가일층 권력을 집중하고 강권 체제를 구축하며 게다가 세계 제2위의 강국을 실현하고 있는 중이다.

중국의 민주화를 기대했을 것으로 여겨지는 미국의 중국연구자 앤드루 네이선(조지워싱턴 대학)은 2000년대에 들어 중국공산당의 지구력, 체제적 강인성(resilience)에 재차 주목하며 그 이유를 해석하고자 했다. 그는 당이 통상의 권위주의 체제에는 없는 강인성을 갖추고 있다며 다음과 같이 분석하였다.

통상의 권위주의 체제는 ① 지배의 정통성이 희박하고, ② 과도하게 강제력에 의존하는 지배이며, ③ 과도하게 정책결정이 집권적이고, ④ 개인의 권력이 제도 및 규범을 초월하고 있기에 일반적으로는 취약하다. 하지만 중국공산당의 권위주의 체제는 이것과는 다르다. 강함의 원천이 '제도화'에 있는 것으로 보았던 앤드루 네이선은 다음과 같은 점에 주목하였다. 즉 ⓐ 권력 계승의 규범화, ⓑ 정치적 실적에 의한 간부의 임용제도, ⓒ 체제 내 각 부문의 분업화와 전문화, ⓓ 사람들이 자신의 요구 사항을 정책결정자에게 전달하기 위한 제도의 정비(행정소송, 진정 등), ⓔ 당에 의한 지배의 정통성에 대한 강화 등이다(Nathan, 2003).

2. 권위주의의 여러 유형

4가지 유형

그렇다면 중국의 권위주의 체제는 특수한 것일까? 그 성격에 대한 규정을 시도해보도록 하겠다. 위에서 언급한 바와 같이, 민주제와 전체주의 체제

사이의 레짐을 권위주의라고 본다면, 다양한 성격 및 내용의 권위주의를 상정할 수 있는데, 일반적으로 권위주의 체제는 영향력을 행사하는 사람들 및 집단의 특징 등에 기초하여 다음과 같은 4가지 유형, 즉 ① 왕족형, ② 군부형, ③ 지배정당형, ④ 개인지배형으로 분류된다.

또한 체제 및 제도, 권위 발양의 특징 등으로부터 오늘날까지 다양한 명칭의 권위주의 체제가 지적되고 있는데, 반드시 엄밀하게 이론화되고 있는 것은 아니다. 여기에서는 그 명칭과 제창자만을 아래에서 소개해보도록 하겠다.

- 파편화된 권위주의 [케네스 리버설(Kenneth Lieberthal), 앤드루 머사(Andrew Mertha), 데이비드 램프턴(David Lampton), 해럴드 제이콥슨(Harold Jacobson)]
- 숙의형(熟議型) 권위주의 [허바오강(何包鋼)]
- 협의형(協議型) 권위주의(consultative authoritarianism) [제시카 티츠(Jessica Teets)]
- 신권위주의 [1989년 우자상(吳稼祥)과 룽젠(榮劍) 간에 벌어진 논쟁, 후자는 '국가주의'를 비판함]
- 경쟁적 권위주의 [스티븐 레비츠키(Steven Levitsky), 루칸 웨이(Lucan Way)]
- 반(半)권위주의 [마리나 오타웨이(Marina Ottaway)에 의하면 반권위주의체제는 지속적 시스템이며 권력 이행에 대한 제한, 약한 제도화, 개혁과의 무관련성, 시민사회에 대한 제한 등을 특징으로 삼고 있다(外山文子, 2017).]
- 국가조합주의(state corporatism) [조나단 엉거(Jonathan Unger), 마가렛 피어슨(Margaret Pearson). 이것은 레짐이 아니라 국가―사회―경제가 만들어내는 시스템의 명칭이다. 국가조합주의와 사회조합주의로 분류되며, 전자의 실질은 거의 고전적 권위주의에 해당함]

포스트 공산주의의 다양한 움직임, 그리고 포스트 '민주화의 세 번째 파도'에서의 민주주의의 실속, 중국의 권위주의 체제가 갖고 있는 지구력 등에 입각해보면, 이 장에서 고려해야 할 권위주의 체제는 고전적 권위주의, 경쟁적 권위주의(선거 권위주의), 협의형 권위주의 등의 3가지이다. 고전적 권위주의에 대해서는 위에서 이미 논했으므로, 다음으로 경쟁적 권위주의와 협의형 권위주의에 2가지에 대해서 다루어보도록 하겠다.

경쟁적 권위주의(=선거 권위주의)

냉전의 종식 이후, 특히 사회주의 체제로부터 이행했던 국가들에서 일당제로 대표되는 고전적 권위주의 체제를 유지하는 것이 어려워지게 되었다. 권위주의 체제의 자기조정으로서 형식적으로는 복수정당제(야당의 합법적 존립, 여러 명의 후보가 입후보하는 선거를 보장하는 체제)로 이행하였다. 하지만 그것은 여당과 야당이 공정하게 경쟁할 수 있도록 하는 안전장치를 갖춘 체제이며, 민주제가 아니라 '경제적 권위주의 체제'라고 불린다. 비교정치학자 스티븐 레비츠키(Steven Levitsky) 등은 2002년의 연구에서 러시아, 동남아시아, 라틴 아메리카, 아프리카의 합계 35개 국가의 사례를 비교 분석하여 선거제를 공유하고 있지만 민주제와는 다른 '경쟁적 권위주의' 체제는 민주주의와도 다르고 권위주의 체제와도 다른 레짐이라고 설명하였다(Levitsky and Way, 2002).

그는 경쟁적 권위주의를 다음과 같이 정의하고 있다. 즉 "공식적인 민주주의는 여러 제도가 존재하며 또한 그것이 정치권력을 획득하기 위한 주요 수단으로 널리 여겨지고 있는데, 현직자가 반대파에 대해서 현저하게 우위에 선 입장에 되는 국가 권력이 남용되는 문민 주도의 정치체제이다. 이 체제는 반대파가 정치권력을 진지하게 추구해야 할 민주적 여러 제도를 이용한다는 의미에서 경쟁적이지만, 현직자에게 유리하도록 경쟁 조건이 왜곡되어 있기 때문에 민주주의가 아니다. 거기에서의 경쟁은 현실적으로는 존재하지만 공정하지는 않다"(Levitsky and Way, 2010).

민주제와 경쟁적 권위주의의 경계, 환언하자면 민주제의 요건은 ① 선거, ② 전원 선거권, ③ 정치적 권리·시민적 자유, ④ 선출된 권위의 통치권 등이다. 또한 그에 의하면, 권위주의가 경쟁적 권위주의로 변한 것은 ⓐ 권위주의 자체의 종식, ⓑ 새로운 별종의 권위주의가 출현함에 따른 구체제의 붕괴, ⓒ 민주제의 쇠퇴 등 몇 가지의 사례가 있을 수 있다고 한다. 다시 말해, "냉전 이후의 체제 이행, 즉 민주화에 대해 연구자들은 낙관적이었지만, 실제로는 많은 권위주의 체제가 민주화의 세 번째 파도 속에서 살아남았으며, 권위주의 체제의 붕괴는 민주제를 가져오지 못하고 새로운 형식의 권위주의를 만들어냈다. 소련의 붕괴 이후 10년이 지났지만 신생 독립국의 다수는 비(非)민주국가로서 남아 있다"는 것이다(Levitsky and Way, 2002).

그런데 레비츠키 등의 논의에는 왜 중국이 사례로서 포함되어 있지 않은 것일까? 게다가 "일본이 경쟁적 권위주의에 들어맞을 가능성이 전혀 검토되고 있지 않다"(中野晃一, 2019).[33]

경쟁적 권위주의론에 대해서는 일본인 연구자의 강한 비판이 있다. 권위주의에 해당하는 조건으로서 간주되는 '불평등한 경쟁'의 기준이 자의적이며, 이 레짐은 오히려 길레르모 오도넬[(Guillermo O'Donnell, 프린스턴 고등연구소 (IAS: Institute for Advanced Study)]가 제기하고 있는 '위임 민주주의(delegative democracy)'['다두정치(polyarchy)'의 기준에 들어가지만, 수평적 책임(accountability) 메커니즘이 결정적으로 결여된 형태의 민주주의]에 포함시켜야 하는 것이 아닌가 하고 말이다(上谷直克, 2017).

• • •

33 레비츠키 등의 논의에 대해서는 Levitsky/Way(2002), Levitsky/Way(2010)를 참조하기 바란다.

협의형 권위주의

이와 함께 또 한 가지 언급해둘 필요가 있는 것은 '협의형 권위주의'라고 불리는 레짐이다. 보통선거와 복수주의를 결여하고 있기 때문에 민주제가 아니며 조정된 권위주의에 해당한다. 중국에서는 '협상 민주'라고 불리며, 유사한 복수(複數)체제로 해석되고 있다. 제시카 티츠(Jessica Teets, 미들베리 칼리지(Middlebury College))는 시민사회를 향한 움직임을 반영하여 권력과 사회단체 간의 대화·협상(위원회 및 자문회의 등)이 행해지는 체제가 가동되고 있는 중이며, 중국의 권위주의에 일정한 제도적 노력이 이루어져왔다는 것을 평가하고 있다(Teets, 2013; Teets, 2014).

애당초 중국 당국이 중국에서의 '사회주의 민주'의 중요한 2가지의 형식으로서 '선거 민주'와 '협상 민주'를 언급하면서 인민정치협상회의(人民政治協商會議)의 활동 강화를 '협상 민주'로서 추진하기 시작했던 것은 2006년 2월 '중공중앙에 의한 인민정치협상의 활동을 강화하는 것에 관한 의견'이 공표된 이후부터이다(人民政治協商會議重要文獻選編, 2009). 해당 '의견'에서 '선거 민주'란 인민이 선거와 투표를 통해서 권리를 행사하는 제도를 말하며, '협상 민주'란 정책결정을 내릴 때까지의 동안에 다양한 행위자가 관여하는 '과정의 민주'이며, 정책결정에 대해서 최대한 의견의 일치를 형성하는 것을 지칭한다. 그 한 가지 예가 시진핑이 제도화한 '쌍주(雙週, 격주) 협상 좌담회'이다.

중국은 '협상 민주'라고 부르지만 실제로는 다양한 행위자 간의 협의를 포함시키고 있는 권위주의 체제의 일종이기에, 이것을 민주제의 범주에 넣는 것은 적절하지 않다고 할 수 있다. 티츠는 이를 '협의형 권위주의'라고 부르고 '세련된 권위주의 체제'라고 간주하면서 다음과 같이 논하고 있다(Teets, 2013).

- 중국공산당은 정책 형성의 과정에서 정책과 관련되어 있는 사회단체 및 인민단체, 비영리 집단 등과의 협의를 통해서 합의를 형성하고 있다.

- 이러한 당과 시민사회의 협의하는 틀(협의형 권위주의)은 중국을 민주화로 유도하는 것이 아니라, 강인한 권위주의 체제의 '정치화(精緻化)'와 굿 거버넌스[선치(善治)]로 유도하고 있다.

아래에서는 일본인 연구자의 '중국식 협상 민주'에 대한 평가를 논해보도록 하겠다. 가모 도모키(加茂具樹)는 '협상 민주'의 장래를 낙관적으로 보고 있지 않다. 그 이유는 1987년의 자오쯔양에 의한 개혁적 협상이론과 그 질이 다르고, 시진핑이 너무나도 집권적이며 정치 참가에 부정적이기 때문이라고 한다(加茂具樹, 2019). 스즈키 다카시(鈴木隆)도 거의 마찬가지의 평가를 내리고 있다. 장래 중국의 현실적 가능성, 즉 '선거 민주주의'와 이른바 '중국식 협상 민주' 사이의 중간이 중국공산당의 이니셔티브에 기초한 체제 개혁의 폭이라고 추측한다(鈴木隆, 2012). 또한 에구치 신고(江口伸吾)는 작금에 있어서 기층 사회의 '민주간담회', 기층 엘리트를 모아 열리는 '향현참사회(鄕縣參事會)' 등의 시도를 평가하면서 '협상 민주'는 "민주화의 추진이라기보다는 국가 거버넌스의 능력을 제고시키기 위한 것"이기는 하지만, "그 중에 선거 민주의 가일층 개혁이 추구되는 것은 필지(必至, 장차 반드시 그렇게 되는 것)"라고 전망하고 있다(江口伸吾, 2018).

3. 통치와 거버넌스

다음으로 레짐과 깊이 관련되어 있는 '통치'의 내용을 확인해보도록 하겠다. 그때 다양한 의미에서 사용되고 있는 '거버넌스'라는 용어, 현재 중국에서도 '통치'를 대신하여 종종 이용되고 있는 '치리'라는 용어와 대비하면서 그 차이점을 명확히 부각시켜 보고자 한다.

거버넌스를 둘러싸고

'거버넌스'는 21세기 중국 정치를 고려할 때의 중요한 핵심어이다. 이 영어 단어는 성가신 용어이기도 하다. 통치 및 권력, 지배 등과는 어떻게 다른가? 왜 굳이 '거버넌스'라는 표현을 사용하는가? 이러한 질문에 답하기 위해서, '거버넌스'를 핵심어로 하여 그 개념에 대해서 연구하고 있는 아래와 같은 4가지 문헌을 참조하였다.

① 히시다 마사하루(菱田雅晴) 엮음, 『중국: 기층으로부터의 거버넌스(中國: 基層からのガバナンス)』(法政大學出版局, 2010)

② 아키야마 가즈히로(秋山和宏) · 이와사키 마사히로(岩崎正洋) 엮음, 『국가를 둘러싼 거버넌스론의 현재(國家をめぐるガバナンス論の現在)』(勁草書房, 2010)

③ 스즈키 다카시(鈴木隆), 『중국공산당의 지배와 권력: 당과 신흥의 사회경제 엘리트(中國共産黨の支配と權力: 黨と新興の社會經濟エリート)』(慶應義塾大學出版會, 2012)

④ 도쿄대학 사회과학연구소(東京大學社會科學研究所) 외 엮음, 『거버넌스를 되묻다 ① 월경하는 이론의 행방(ガバナンスを問い直す①越境する理論のゆくえ)』[東京大學出版會, 2016; 특히 우노 시게키(宇野重規)의 "정치사상사에서의 거버넌스"(政治思想史におけるガバナンス) 등]

그 결과 아래와 같은 점들을 파악할 수 있었다. 첫째, 정치 행위자의 다양화, 정치적 이슈의 광범화 · 중층화 등에 의해 종래의 통치(government)만으로는 정치 영역을 적절하게 포착할 수 없게 되고 있는 가운데, '거버넌스(governance)'라는 고어가 부활하게 되었다. 둘째, 통치 시스템이 구속력 · 강제력을 지닌 법제도에 의한 권리 · 의무에 기초하여 조직의 정통성과 일관성을 유지하면서 행해지는 의사결정 · 합의 형성 시스템인 것에 반하여, 거버넌스 시스템이란 주체성 · 자발성 · 공익성에 기초하여 관여하는 행위자가 목적의식을 강하게 갖고 행하는 의사결정 · 합의 형성 시스템이라고 할 수 있다(秋山和宏 · 岩崎正洋 編, 2012 등). 셋째, 글로벌 거버넌스, 로컬 거버넌스는 범용성 있는 편리한 개념이지만, 자의적으로 활용되고 있는 만큼 각 분야에서 제각각 사용되어 버리고 있으며, "게임의 규칙을 통한, 국가 이외의 행위자를 포함하는, 다양한 행위자 간의 관계를 규율한다는 막연한 정의" 외에는 내릴 수 없다고 한다(宇野重規, 2016).

중국에서 이 '거버넌스'에 해당하는 '치리'에 대해서 활발한 논진을 전개하고 있는 인물은, 중국공산당 중앙편역국에서 베이징대학 정부관리학원(政府管理學院) 원장으로 자리를 이동한 위커핑(兪可平)이다(위커핑은 2006년에 "민주는 좋은 것이다"(民主是個好東西)라는 논문을 발표하여 화제가 되었다. 중국에서는 2006년 이래 '치리'가 '통치'를 대신하거나, '치리의 혁신'이 '정치개혁'이라는 용어를 대체하며 다용되어지고 있다. 특히 시진핑 시대에 들어서 2013년 11월의 중국공산당 제18가 3중전회에서 '개혁의 전면적 심화에 대한 결정'이 나오고 '국가적 치리체계', '치리능력의 현대화'가 제기되자마자, '치리'는 시대의 핵심어가 되었다. 예를 들면, 2017년 10월의 중국공산당 제19차 당대회에서도 시진핑은 "2035년에 국가 치리체계와 치리능력의 현대화를 기본적으로 실현하고", "2050년에는 그것을 완전히 실현한다"라고 약속하였다. 그 대신에 '정치개혁'이라는 용어는 사라졌다.

통치와 거버넌스

위커핑은 이 '치리'에 대한 이론 구축을 행하고 있다. 아래에서는 그의 논문에 입각하여(兪可平, 2018), '치리'에 대한 공식적인 해석을 제시해보도록 하겠다. 그는 '통치'와 '치리' 간의 개념상 차이점을 다음과 같은 5가지 항목으로 제시하고 있다.

① 권위의 주체가 '통치'의 경우에는 단일하며 정부 또는 기타 국가공공권력이다. 한편 '치리'의 경우에는 다원적이며 기업조직, 사회조직, 주민조직 등도 포함된다.

② 권위의 성격이 다르다. '통치'는 강제성을 갖고 있지만, '치리'에 있어서는 많은 경우에 있어서 협상적이다.

③ 권위의 원천이 다르다. '통치'는 강제력을 국가의 법률에 의거하고 있지만, '치리'의 경우에는 법률 이외에 반드시 강제력을 갖지 않는 각종 계약도 포함된다.

④ 권력이 향하는 방향이 '통치'에서는 위에서 아래인데, '치리'에 있어서는 병행적·횡적 방향인 경우가 많다.

⑤ 영향이 미치는 범위는 '통치'의 경우에는 정부 권력이 미치는 범위 내인 것에 반해서, '치리'에서는 공공 영역 범위 내로 더욱 광범위하다.

또한 그는 국가의 치리 체계가 현대화하고 있는지 여부를 판가름하는 기준으로 다음과 같은 5가지 사항을 제시하고 있다.

ⓐ 공공 권력의 운용이 제도화·규범화하고 있는가.

ⓑ 민주화가 행해지고 있는가(인권 보장 등).

ⓒ 헌법과 법률이 공공 치리(公共治理)의 최고 권위가 되고 있는가.

ⓓ 행정 효율과 경제 효율이 적절한가.

ⓔ 각 시스템이 협조를 이루고 있는가.

그는 개혁개방 40년 동안 실현되었던 '치리'의 개혁에 의해 중국 정치는 당 건설, 기층 민주, 협상 민주, 정치 감독, 책임 정부, 공공 서비스, 공공정책, 사회 치리의 각 방면에서 중대한 진보를 실현해왔다고 강조한다. 그 위에

21세기 세계 주요 국가의 정치 변혁의 중요한 특징은 이론적으로 "통치가 적고, 치리가 많다"(less government and more governance)라고 주장하며 치리 개혁의 최종 목표는 공공 이익의 최대화, 즉 선치(善治, good governance)라고 결론짓고 있다(兪可平, 2018).

이 논의에서 특징적인 것은 정치 시스템을 권력 간의 관계로 파악하고 있는 시각을 결여하고 있으며, 근대 사회의 개념인 계약, 제약, 감독, 균형 등의 관점도 결여되어 있다는 점이다. 전통적인 위로부터 아래로의 선정(善政, good governance)이 목표인 것이다.

그리고 문제는 '거버넌스' 또는 '치리'라고 하는 용어를 사용함으로써 정치에서의 권력, 강제 및 폭력의 측면에 대한 관심이 희박해지고 있다는 점이다. 바로 그렇기 때문에, 중국의 권력은 자국의 강제 권력인 일당지배체제[또는 당국 체제]를 강제성이 다소 약한 '치리'로 다시 설명하려고 하는 것이 아닌가 하는 생각이 든다(毛里和子, 2017).

또한 히시다 마사하루와 스즈키 다카시(鈴木隆)는 "(전통과 다른) 중국정치 영역에서의 모든 사무 관리의 방법의 총화를 '거버넌스'라고 부르면서"(菱田雅晴·鈴木隆, 2016, p.222), 시진핑 시대의 중국 정치에서 거버넌스가 진화하고 있는 것이 체제의 존속과 강화에 공헌하고 있다며 다음과 같은 관찰을 제시하고 있다.

- 중국공산당의 거버넌스는 다음과 같은 특징을 갖고 있다.
  ① 정경 분리, 분단의 거버넌스, 야누스의 신
  ② 포퓰리즘과 톱다운의 공존
- 당의 거버넌스 능력은 복원력과 적응 능력이 발군이지만 민주화 없는 거버넌스 개선, 다당제 없는 선거가 진전되고 있더라도, 이러한 거버넌스의 진화가 레짐 변용으로 연결되지 않도록 추진되고 있다.

- 시진핑의 능력은 상황적이며 절대적이지 않다. 엘리트 간에 공유되고 있는 위기감이 권력의 기반이 되고 있다.

그 위에 "복원력과 적응 능력을 핵으로 삼는 중국공산당의 자기변혁이 거버넌스의 새로운 대응으로서 나름대로의 성과를 올리고 있다는 것을 전면 부정하기는 어렵다"라고 평가하는 한편, "민의에 다가서며 그 목소리에 진지하게 귀를 기울인다는 거버넌스의 실질은 정치체제의 선택과는 다른 차원에 속하는 것이다"(菱田雅晴 · 鈴木隆, 2016, p.219)라며 거버넌스와 레짐을 분리하여 논하고 있다. 이러한 분리는 매우 중요한 포인트이다(毛里和子, 2017).

마지막으로 '통치'와 '거버넌스'의 구분에 대한 필자의 이해를 아래에서 제시해보도록 하겠다. '통치'는 권력, 강제, 지배 등을 함의하며 상하 관계를 전제로 하는 것에 반해서, '거버넌스'는 관리, 처리, 절차를 함의하며 다양한 종횡 관계에 대한 처리를 전제로 삼는다. 또한 통치가 레짐의 변용을 가져오는 것에 반해서, 거버넌스는 레짐에 직접 영향을 미치지 않는다.

어쨌든 중국과 일본이 동일한 한자 문화권에 속하며 양자가 한자에 대한 소양을 전제로 삼고 있기 때문에 오히려 영어로부터 파생하여 한자로 표기된 학술 용어를 이론적으로 설명하는 것은 어렵다. '거버넌스'를 '치리'로 바꾸어 말하더라도 실제의 이해에 접근하기가 힘들다. 또한 아래에서 다루게 될 'Deliberative Democracy'는 더욱 성가신 용어이다. '숙의'로 할 것인가, '협의'로 할 것인가, 아니면 '협상'으로 할 것인가 등 대단히 골치 아픈 일이다.

4. Deliberative Democracy와 '협상 민주'

토의 민주주의

'Deliberative Democracy'란, 매우 다의적인 개념이다. 일본어·중국어 등 아시아의 언어로도 번역하기가 어려운 용어이다. 중국에서는 '협상 민주'로 번역되는데, 때로 중국 특유의 제도 '인민정치협상회의'와 혼용하는 경우도 있다. 일본에서는 '숙의 민주주의', '협의 민주주의', '토의 민주주의' 등 다양하게 번역된다. 일본에서는 한동안 정해진 번역이 없었지만, 2004년에 정치학자 시노하라 하지메(篠原一)의 계몽적 저작이 '토의 민주주의(討議デモクラシー)'로 번역하였고(篠原一, 2004), 이것이 그대로 일반화 되고 있다. 하지만 여기에서는 해당 용어의 일본어 번역도 중국어 번역도 모두 혼란을 일으킬 수 있으므로, 원어인 'Deliberative Democracy'를 그대로 표기(이하 DD로 약칭)하도록 하겠다.

필자는 중국 및 아시아의 많은 정치적 개도국의 정치를 분석할 때에 DD를 조작 개념으로 이용하는 것에는 신중하지 않으면 안 된다고 생각한다. 그 이유는 다음과 같이 3가지가 있다. ①이 용어가 민주주의 선진국에서 경쟁이 중시되고 평등이 경시되고 있는 무르익은 민주주의의 병리를 구제하기 위한 보조 개념으로 활용되고 있다는 사정(이에 대해서는 후술함)에 유의하지 않으면 안 된다는 점이다. 요컨대, DD는 결코 자유선거 민주주의를 대체할 수 있는 것이 아니다. 복수주의(複數主義)를 내실로 삼는 경쟁과, 인민 주권을 내실로 삼는 정치 참가는 그 어떤 경우이든 민주제도에서 절대 불가결한 전제이다. ②중국에서는 DD가 '협상 민주'로 번역되고 있기 때문에, 정치협상회의(政治協商會議)라고 하는 대단히 한정적인 협의 메커니즘을 DD로 논의하는 연구가 많지만, DD의 본래 이념에 합치되지 않는 것으로 여겨진다. ③DD의 핵심은 DD를 집행하는 주체가 무엇인가(이익집단인가, 지역 대표인가, 개인인가, 다수파인가, 아니면 소수파인가 등)와 DD가 토의하는 주제 및 영역은 무엇인가(국가적인 권력 및 이익의 배분에 관한 것인가, 지역적·집단적 이익에 관한 것인가, 아니면 복지·교육·에너지 등 공공재에 관한 것인가 등)의 2가지 문제라고 여겨진다. 주체가 무엇인가, 주제가 무엇인가에 의해 DD의 형태, 제도 및 기능은 상이하다.

DD의 이론적 위상

일반적으로 DD는 다음과 같이 자리매김되고 있다. 20세기 말에 구미에서 민주주의 정치가 어려움과 결함에 직면하게 되자, 협의(또는 대화) 민주주의의 사고방식이 제기되었다. DD가 제기되기에 이르렀던 배경에는 △자유주의 및 선거 민주주의의 '형식'·'절차'가 강조되지 않고, △걸핏하면 '참가'의 측면이 약해졌으며, △자유를 강조하는 한편으로 평등이 경시되는 경향이 있다는 것에 대해 수정할 필요성이 있었고, 또한 △현대 사회의 정치적 과제가 갈수록 복잡해지게 된 상황에 대응한다는 측면 등이 존재했다. 구체적으로는 지식 및 이해(理解)의 수준이 서로 다른 시민이 전문가와 함께 토의를 함으로써 견해 및 의견을 발전시켜 나아가는 '숙의(deliberation)'를 기초로 한 제도·형식을 갖는다.

시노하라 하지메는 로버트 달이 제시한 폴리아키(polyarchy)의 3가지 단계론(① 고전적 도시국가형 민주정, ② 국민국가형 민주정, ③ 경제 영역과 정치의 전영역으로 확대된 민주정)에 의거하여, DD가 이 가운데 제3단계, 즉 ③의 과제에 대응한 새로운 견해라고 간주하고 있다. 그리고 DD에는 ⓐ 충분한 토의와 정보, ⓑ 소규모이며 유동적인 토의, ⓒ 다수결이 아니라 토의에 의한 의견의 변경을 기대하는 것 등의 3가지 조건이 만족되어야 한다고 한다. 또한 DD의 주제도 초국가적·국가적·지방적·미시사회적 등으로 다양하며, 문제 영역은 환경·원자력발전·인터넷·범죄·형벌 및 역병·젠더·시민사회의 규칙 제정 등 실로 다기하게 걸쳐져 있다고 한다(篠原一, 2004).

그렇다고 한다면, DD란 민주주의가 성숙한 사회에서의 민주주의의 본래적 병리 또는 새롭게 생겨난 병리에 대한 이념적·제도적 노력이며, 그러한 의미에서 민주주의 이론의 현대에 있어서의 새로운 발전, 더욱 급진적인 민주주의라고 자리매김시킬 수 있다.

중국에서의 DD 논의, 협상정치론

한편 시장화가 진전되고 있는 중국 내외에서 중국 정치사회의 변용에 맞추어 다양한 중국형 민주주의 또는 중국형 민주화론이 논해져왔다. 촌민 자치가 풀뿌리 민주주의로서 구미 연구자 및 정치학자의 주목을 끌었고 2000년대에 들어서면서부터 지방·말단 레벨에서의 다양한 협의 정치(민주간담회, 공청회, 자문회, 협상회, 시민 평가제도 등)가 주목을 받았으며, 이것이 DD의 일종이라고 평가를 받는 일이 있다. 이 점과 관련하여 중국계 연구자들 사이에서 2가지의 사고방식이 있는 것으로 보인다.

하나는 위안펑[袁峰, 푸단대학(復旦大學)]이 주장한 것처럼, 정치협상회의와 최근 들어 특히 지방 차원에서 열리고 있는 민주협의회, 민주간담회, 공청회 등의 협상회의라는 2가지 '협상 민주'가 있으며, 이 2가지의 혼합이 중국형 DD라고 한다(袁峰, 2006).

또 하나는 허바오강[何包鋼, 태즈메이니아 대학(University of Tasmania)]의 관점이다. 중국에는 자유주의적이 아니라 권위주의의 협상인 인민정치협상회의와 같은 제도와, 지방의 민주간담회와 같은 DD라고 말할 수 있는 메커니즘의 쌍방이 있다면서 후자는 당초에는 거버넌스(治理)의 강화를 위해 도입되었지만, 그 이후 변화하여 지방 차원의 민주주의를 열어 나아가게 될 가능성을 갖고 있다고 지적한다. 그는 DD 이론이 민주화로 향하는 전략 및 처방전을 중국에 제공하게 될 것임에 틀림없다고 기대하고 있다(He, 2006; 何包鋼, 2007).

필자는 전국 차원에서도 지방 차원에서도 정치협상회의는 DD라고 말할
수 있는 메커니즘이 아니라고 본다. 토의 참가자 간의 평등한 논의 및 공개적
정보가 제도적으로 보장되어 있지 않기 때문이다. 지방에서의 민주간담회와
같은 메커니즘은 문제에 따라서는 투명화 · 공유화, 나아가서는 해결에 효과
적일 수 있지만, 제도화시키기 위해서는 성숙한 시민사회 참여가 필수적이며,
처리하는 과제(안건)의 영역도 한정되어 있다. 그 때문에 중국에서 '협상 정
치 · 협상 민주'라고 불리는 것은 오히려 위에서 언급한 바와 같이, 발전된
권위주의의 개념(예를 들면 '협의형 권위주의')로 파악하는 쪽이 실태에 합치되는
것으로 여겨진다.

DD 논의를 어떻게 진단할 것인가

DD를 둘러싼 중국과 서방측 이론의 미묘한 차이점을 살펴보며 필자는
다음과 같은 인식에 도달하게 되었다.

첫째, 다니엘 벨(Daniel Bell, 하버드 대학)이 지적하고 있는 바와 같이, 구미의
민주주의에서 획일적으로 비서구 사회를 파악하는 것은 위험하다는 점이다
(Bell, 2006b).[34] 민주주의의 형식 및 제도는 다양하게 존재할 수 있으며, 중국
의 시장화 · 경제발전의 규모 및 속도는 인류가 아직 경험하지 못한 것이며,
디지털 네트워크화의 급속한 발전도 중국의 정치사회를 크게 변모시키고 있
는 중이다. 구미 역사의 경험에 기반한 서구의 정치학을 초월하는 현상이
용출하게 될 것으로 전망된다. 따라서 정치발전의 비서구적인 존재 양식 및
시도에 대해서 정치학자는 관용적이어야 할 것이다.

● ● ●

34 역사적 경로의 차이에 의해 동아시아가 서구와는 다른 제도 및 문화를 갖고 있다는 점은 이 책의
　 서장에서도 논한 바 있다(p.14).

둘째, 그렇지만 민주주의가 형식, 절차, 제도인 것과 동시에 이념이기도 하다는 점이다. 로버트 달에 의거할 필요도 없이 정치적 복수주의(複數主義), 광범위한 정치 참가, 권력에 대한 감독이라는 것은 근본적 원리이며, 그 전제에 있는 것은 자유이다. 파리드 자카리아(Fareed Zakaria, 미국 저널리스트)가 말하고 있는 바와 같이, 비자유주의 민주주의를 민주주의에 포함시키기는 어렵다(Zakaria, 1997). 일반적인 민주주의 원리 및 제도를 결여한 협상 또는 토의를 민주주의의 문맥에서 논의하는 것에는 신중할 필요가 있다고 생각한다. 그것과 동시에 DD는 통상의 민주 제도를 결여한 국가에서의 민주화의 학습 또는 공민 교육에 공헌한다는 점도 인정해야 할 것이다(何包鋼, 2005).

5. 일당지배체제의 역사적 역할은 끝났는가[35]

마지막으로 현재 중국의 레짐이 다양한 민주주의적 의태로 외양만 꾸민 것이라해도 집권도와 지배도가 강력한 당·국가가 일체가 되고 있다는 숨길 수 없는 '권위주의 체제'라는 것을 재차 확인하면서, 이 체제의 역사적 역할이 사실상 이미 끝났고 객관적으로는 탈권위주의가 당분간 최대의 과제가 될 것이라는 점을 지적하며 이 책을 마무리 짓고자 한다.

당국 체제의 역할

중국공산당 권력은 2018년 말에 개혁개방 40주년을 맞이하였으며, 2019년 10월에는 건국 70주년을 맞이했다. 당국 체제 또는 당국 관료주의 체제는

---

35 이하의 내용은 毛里和子(2019), pp.1~4를 참조하기 바란다.

1978년에 개혁개방으로 방향을 전환한 이래, 거의 모든 재화를 집중할 수 있는 집권적 권력의 우위성을 최대한으로 활용하면서 놀랄 만한 경제발전을 실현하였다. 1978년부터 거의 40년간 연평균 10%에 가까운 경제성장을 달성하고 톈안먼 사건에서 폭력을 통해 최대의 정치위기를 넘긴 중국공산당 권력은 정치적 안정도 유지하면서 세계 제2위의 대국으로 부상하였다. 그 성장의 요인을 규명해보면, 다음과 같은 여러 사항을 지적할 수 있다.

무엇보다 경제성장을 통해 정통성을 확보한다는 기본 정책에 그 동안의 지도자 집단이 기본적으로 합의했다는 점이다. 1987년부터 1989년까지 리더십이 '개혁파(후야오방, 자오쯔양)'와 '보수파(리펑, 야오이린)'로 나누어지고 톈안먼 사건으로 정치적 위기가 폭발했지만 덩샤오핑의 강력한 장악력(계엄령과 시장화 추진=남순 강화)으로 위기에서 벗어났다. 그 이래 30년간 경제성장을 유지하면서 당국 체제를 지속시켰다.

자금, 토지, 노동력의 집중과 지휘를 담당했던 중앙정부 및 각 지방정부의 파워와 권력은 특히 경제발전의 초기 및 중기에는 최대의 무기가 되었다. 당의 지배를 기초로 하여 강대한 강제력을 지닌 중국의 중앙·지방 권력이 중국 경제의 이륙에 수행한 역할은 대단히 컸다. 그리고 그때 중앙정부는 어떤 특정한 집단 및 개인 간 이익의 갈등으로부터 독립하여 정책결정을 하였다. 그것에 의해 중성적 정부로서 국부(局部)적 이익이 아니라 사회의 전반적 이익에 주목하며 단기 이익이 아니라 장기 이익을 중시하고 정책의 일관성과 지속성을 보장할 수 있었다. 야오양(姚洋, 베이징대학)은 성장의 주역으로서 중앙정부 및 지방정부를 들고 있다(姚洋, 2008a).

가토 히로유키는 중국 자본주의의 다음과 같은 3가지 특징이 성장에 공헌했다고 논하고 있다. 즉 ① 정부가 거대한 권한을 갖고 직접적·간접적으로 시장에 개입했던 것, ② 지역 간·기업 간·개인 간의 격렬한 경쟁이 성장을 촉진하고 이 경쟁을 정책이 교묘하게 자극시켰던 것, ③ 정부의 시장 개입이 경제의 효율성을 훼손시키는 일 없이 실현될 수 있었다는 것 등이다(加藤弘之·久保亨, 2009).

물론 잊어서는 안 되는 것은 무한하게 염가의 노동력으로서 공헌했던 이주 노동을 하였던 농민, 즉 농민공의 존재이다. 2억 5,000만 명에 달하는 농민공은 도시의 건설 노동자, 근교 농촌의 농업 노동력으로서 물리적으로 커다란 공헌을 하였다.

이러한 것을 확인한 뒤에 중요한 것은 이러한 강권에 의해 밑받침되어왔던 체제가 이미 역사적 역할을 마치고 있는 것이 아닌가 하는 점이다. 환언하자면, 이 집권 체제가 언제까지 필요한 것인가, 언제까지 지속될 것인가, 언제까지 집권 체제를 위한 비용을 계속해서 지불할 수 있는가 하는 점이다.

2018년의 대집권(大集權)

2012년 가을 출범한 시진핑 정권은 점차 강경한 면모를 발휘하며 당초 그에게 기대를 걸었던 개혁파 지식인들을 크게 실망시켰다. 2기 째에 들어선 2018년 정권은 각종 대개혁을 시행했다. 그 취지는 당 및 1명의 영수를 향한 권력의 극단적인 집중과, 통치의 효율화라는 2가지 기둥이었다.

그 첫 번째가 2018년 3월에 개최된 전국인민대표대회 제13기 제3차 회의에서 이루어진 헌법 수정이다. 헌법 제3장 제79조에 규정되어 있었던, 국가주석의 임기는 연속해서 2기를 넘어서는 안 된다는 규정을 삭제했던 것이다.

중앙군사위원회 주석도 당 총서기도 임기가 정해져 있지 않으므로 국가주석에 대해서만 임기가 있는 것은 타당하지 않다는 이유를 내세우며 "시진핑 동지를 핵심으로 하는 당중앙의 권위와 집중적 통일 지도에 이롭다"는 중국공산당 제18기 7중전회(2017년 10월) 및 중국공산당 제19차 당대회(2017년 11월)의 강력한 의견에 따라 수정이 결정되었다. 권력의 과도한 집중은 중국공산당 정권의 '고질병'이다. 1980년에 덩샤오핑의 리더십으로 최고지도자의 종신제가 모처럼 없어지게 되었음에도 불구하고(鄧小平, "黨和國家領導制度的改革"), 마오쩌둥 시대로 되돌아가 버렸다.

집권주의의 또 한 가지 사례이다. "공·농·상·학·병·정·당의 7가지 방면에서 당이 모든 것을 영도한다. 동서남북중(東西南北中), 당이 모든 것을 영도한다"(1962년 1월에 열린 중앙공작회의 확대회의에서 마오쩌둥의 강화)는 것이 중국공산당 제19차 당대회부터 완전히 부활했다는 점이다[제19차 당대회에서 "당정군민학(黨政軍民學), 동서남북중(東西南北中), 당이 모든 것을 지도한다"라고 명시되었다_옮긴이]. 마오쩌둥은 최초부터 최후까지 극단적인 집권주의자였다. 2018년의 중국공산당 19기 3중전회는 '당과 국가기구의 개혁에 관한 결정'에서 이것을 강조하고 가일층 집권 및 당의 국가화를 추진했다.[36]

어느 경제학자의 도전

그런데 이러한 집권화·전제화에 저항하는 움직임도 표면화되고 있다. 시진핑 체제에 들어선 이후부터 결코 반체제라고 할 수 없는 지식인들이 공개적으로 중국공산당 '왕조'의 쇠퇴 및 종언을 논하기 시작했던 것이다. 아래에서는 그것을 소개하고 아울러 그 의미를 살펴보고자 한다.

우선 20세기 말에 중국의 리버럴 성향 경제학자들이 세웠던 싱크탱크인

• • •

36 한편 군 지도 체제도 2015년부터 2017년에 걸쳐 크게 변화했다. 즉 ① 4총부[총참모부, 총정치부, 총후근부, 총장비부]가 군대의 두뇌였는데, 그것을 없앴다. ② 7대 군구(七大軍區)를 5개의 전구(戰區: 동부, 북부, 중부, 남부, 서부)로 개편했다. 모두 건국 이래 계속되어왔던 체제에 대한 중대한 변경이다. 4총부(四總部)는 중앙군사위원회에 직속되어 있는 연합참모부 등의 15개 부·판공실·위원회와 통합작전지휘센터로 변경되었다. 이러한 일련의 대개혁이 지향하는 목적 중의 한 가지는 무기체계가 전자화(電子化)되어 상정하고 있는 전장이 우주까지 확대되고 있다는 현대 전쟁의 조건에 대응할 수 있는 최신 군대로 재편하는 것, 또 한 가지는 특히 이제까지 4총부가 인사 및 장비 방면에서 다양한 이권이 결부되어 오직(汚職)의 온상이 되어왔기 때문에, 그 폐지는 반부패를 위한 일종의 수술이었다고 할 수 있다. 하지만 이러한 대개혁이 성과를 거둘 것인지 여부에 대해서는 단정할 수 없다.

텐쩌경제연구소를 소개해보도록 하겠다. 시장과 경제학자의 선두를 걸어왔던 마오위스(茅于軾)가 중국사회과학원 미국연구소를 거쳐 1993년에 장수광, 장이판(張一帆), 성홍 등의 동료들과 민간연구소를 설립했던 것이다. 자금은 포드 재단, 록펠러 재단 등 미국의 재단과 국내의 개인으로부터 기부금을 통해 모았다고 한다.

마오위스는 초대 소장 및 이사장을 맡았고, 그 이후 명예이사장을 맡았던 중심인물이며, 시장과 경제학자로 구성된 포럼인 '50인 경제학자'[정식 명칭은 '중국경제50인포럼(中國經濟50人論壇)'_옮긴이]의 중심에 있었다. 이 책의 제3장에서 논했던, 세계은행과 국무원 발전연구센터의 공동 보고서 『중국 2030』 (2012)의 작성에도 관여하였다.

그러나 텐쩌경제연구소는 그 이후 태풍이 불어닥친 파도에 이리저리 밀리는 작은 배처럼 정치에 의해 농락당했다. 마오위스가 자신의 블로그 및 인터뷰 등에서 여러 가지 문제발언을 했던 것도 커다란 이유가 되었다. 예를 들면, '한 푼의 GDP도 생산하지 못하는 외딴섬 댜오위다오[釣魚島, 일본명: 센카쿠열도(尖閣列島)] 때문에 일본과 충돌하는 것은 매우 비합리적이다 (2012년 8월)', '계획 출산에 반대하며 2명, 아니 3명, 4명의 출산을 해금해야 한다'(2012년 2월)는 것 등을 주장했다. 물론 이러한 언론 활동은 준엄하게 제약을 받았으며, 2014년에는 국가신문출판광전총국(國家新聞出版廣電總局) 으로부터 출판 활동을 금지하는 명령이 내려졌다. 또한 2017년 1월에는 최고인민법원 원장 저우창의 발언, 즉 '삼권분립도 사법의 독립도 중국에는 맞지 않는다'는 것에 반발하며 법학계에 저우창의 해임을 요구하는 제언을 했던 것이 당국을 분노하게 만들었으며 결국 텐쩌경제연구소의 웹사이트 등이 폐쇄되어 버렸다. 미국의 재단과 결탁되어 있다거나 세계은행의 앞잡이라는 등의 비난 속에서 텐쩌경제연구소 자체가 점점 위태로워지게 되었으며, 결국 2018년 가을에 텐쩌경제연구소의 영업 허가가 취소되고 공개 활동을 정지하라는 명령이 내려졌다(≪파이낸셜 타임스(Financial Times)≫中文網, 2018.11.17).

공산당 왕조 붕괴론

다음으로 소개하는 것은 위에서 언급한 톈쩌경제연구소와 관련되어 있는 저널리스트이다. 필자는 2016년 7월에 일본국제문제연구소가 초대한 당시 톈쩌경제연구소 이사장 우쓰(吳思)가 중국공산당 권력에 대해 적나라하게 비판하는 목소리를 듣고 크게 놀랐던 적이 있다(중일 역사연구자 간담회(日中歷史硏究者懇談會)]. 우쓰가 행한 발언의 제목은 '관료주의[원문에서는 '관가주의(官家主義)'] 중국의 사회 성질과 그 장래에 대한 토론'이었는데, 그는 당관료주의가 심각하며 이 상태가 계속될 경우 2020년에는 공산당의 '왕조'가 붕괴할 지도 모른다는 (적어도 시기와 관련해서는 예상이 빗나가기는 했지만) 가공할 만한 예측을 제시했다.

우쓰는 중국공산당 권력을 '왕조'라는 관점에 바라보며 당 권력의 붕괴 시나리오를 고려했다. 애당초 중국사를 살펴보면 중국 왕조의 평균 수명은 171년, 혼란기에는 겨우 67년이었다고 한다. 그는 왕조의 사인(死因, 붕괴 원인)에는 다음과 같은 3가지, 즉 ① 관변(官變, 왕조·관료 지배집단 내부의 권력 투쟁)이 40%, ② 민변(民變, 일반 대중의 반란)이 40%, 그리고 ③ 외국의 적대 세력에 의한 침입이 20%였다고 논하였다. 지금과 같은 전제 체제가 계속되는 한, '왕조의 붕괴'는 불가피하며 붕괴를 피할 수 있는 유일한 길은 민주제 및 공화 체제를 취하는 것 외에는 없다고 하는 것이 그가 행한 논의의 핵심이었다.

우쓰의 분석에서는 1920년대부터의 국민당 체제는 말기에 관료·관가주의가 되었으며, 1949년에 '민변'으로 붕괴되었다. 공산당 왕조는 이제까지 안정적인 관가 체제를 유지해왔지만, 시진핑 시대가 되면서 파탄이 현저해지고 있으며 더 이상 권위주의라고는 말할 수 없고 절반은 전체주의 체제로 되돌아 갔으며, 모두 국민당의 전철을 밟고 있다는 것이다.

또 한 명의 인물인 칭화대학 법학원 교수 쉬장룬(許章潤)은 언론 활동으로 인해 정직 처분을 받았다. 직접적인 원인은 2018년 7월 24일에 톈쩌경제연구소를 통해서 그가 발표했던 "우리의 현재 우려와 기대"(我們當下的恐懼與期待)라는 제목의 문장이다(許章潤, 2019). 쉬장룬은 2012년부터의 시진핑 체제가 '포스트 권위주의에서 전능형 권위주의 체제'로 되돌아가고 있다고 우려하며 다음과 같은 개혁을 추진해야 한다고 주장했다. 즉 ⓐ 국내에는 문제가 산적하고 있기에 성대한 대외 원조를 중단해야 하고, ⓑ 양로·의료·특별 공급 제도 등에서의 고급 간부의 특권을 폐지해야 하며, ⓒ 관료가 보유한 자산을 공개해야 하고, 특히 ⓓ 개인숭배를 중단해야 하며, ⓔ 헌법을 다시 개정하여 국가주석 임기제를 부활시켜야 하고, ⓕ 40주년에 맞추어 톈안먼 사건에 대한 재평가와 민주화 시위의 명예회복을 행해야 한다는 것 등이 당국의 역린을 건드렸던 것으로 보인다.

중국공산당의 퇴장을 요구하고 있는 지식인들

저명한 사회학자 정예푸(鄭也夫, 베이징대학)가 2019년 초에 행했던 발언도 사람들을 크게 경악하게 만들었다. 체제 내 지식인이라고도 간주될 수 있는 그가 중국공산당을 향해 역사로부터 퇴장하라고 압박했던 것이다. 정예푸는 다음과 같은 인식을 갖고 있었다. 즉 "그 집정 70년간의 역사에서 이 당은 중국 인민에게 엄청난 재앙을 가져왔다. 오늘날에 있어서도 권력의 구조 및 생태로부터 볼 때 당은 우수한 지도자를 사회에 보내고 있지 않으며 자기 정화의 메커니즘도 상실하고 있다. 신념이 없고, 오로지 출세와 기득권만을 지키는 조직으로 변해버렸다". 그는 중국공산당에게 역사의 무대로부터 퇴장을 요구했던 것이며 "스스로 퇴장하는 것이 유일한 명예로운 길"이라고 천명하였다(博訊, 2019.1.4).

또 한 명의 인물을 소개해보도록 하겠다. 중국공산당 중앙당교는 이데올로기의 총본산으로 간주되고 있지만, 이곳의 교원 중에는 리버럴 성향의 인물이 많다. 최근에는 차이샤(蔡霞)가 시진핑의 독재를 철저하게 비판하고 2020년 4월에 미국으로 망명하는 일이 발생하였다. 부동산으로 사업을 일으키고 그 이후 당국에 대한 격렬한 비판으로 유명한 런즈창(任志强)을, 차이샤는 중앙에게 보내는 '공개서한'을 통해 지원했다. 웹사이트의 계정을 빼앗긴 런즈창은 2020년 4월에는 '위법' 문제로 당에서 제명되었다. 이것에 대해 차이샤 등 리버럴 성향의 지식인들이 강하게 반발하며 "2018년의 헌법 개정으로 종신제를 부활시키고, 공화국을 실질적으로 제국으로 변화시켜 버렸다"라고 공개적으로 시진핑에 대한 비판을 전개했다. 그녀는 시진핑의 해임을 요구했을 뿐만 아니라, 이미 사체(死體)가 되어버린 "중국공산당 시진핑 갱단과 당국의 극권 제도를 멸하지 않으면 지구에 평안한 날은 절대로 도래하지 않을 것이다"라고까지 말하였다(自由亞州, 2020.7.24).

이러한 반은 체제 내로부터의 비판은 시진핑 시기에 처음으로 나타난 현상이다. 물론 최근 40년간 중국공산당이 추진해왔던 사업을 근대화의 '중국 모델'이라고 자신만만하게 말하는 중국의 지식인도 많다. 베이징대학 교수 판웨이(潘維)는 개혁개방의 성공은 서구 근대화 이론으로는 설명할 수 없으며, 인권 및 자유 등을 보편적 가치로 삼고 있는 구미의 사고방식을 탈구축(脫構築, deconstruction)시키고 중국의 개념 및 중국식 사고·언어로 자신들의 경험 및 미래를 말해야 한다고 논하면서, "고궁을 무너뜨리고 백악관을 세우더라도 중국은 미국이 될 수 없다"라며 의기양양하게 논하고 있다(潘維 主編, 2009).

중국이 나아가고 있는 길은 알 수도 없고, 예측할 수도 없다. 통치의 방도에는 매우 능란하다. 현재의 집권 체제가 언제까지 계속될 것인지는 또한 예측

하기 어렵지만, 주변국의 입장에서 본다면 폭력 없는 레짐 변용의 길을 걷게
되기를 소망해본다.

마치며

　내가 세상에 내놓는 성과도 최종 코너에 진입하였다. 이 후기에서 60년 동안 끊임없이 계속해온 '나의 중국연구'를 간략하게 회고하는 것에 양해를 바란다. 그것은 이 책의 서장을 보완하는 것이 될 수도 있을 것이다.

　돌이켜보면 다섯 번의 의미 있는 만남이자 전환점(轉機)이 있었다. 우선 첫 번째는 대학 시절 및 대학원 시기의 중국, 그리고 학문과의 만남이었다. 1960년대 초, 일본에서는 안보조약을 둘러싸고 정치적 열기가 휘몰아쳤다. 두 번째 전환점은 1970년대 초, 미국식 기능주의적 지역연구, 정치학 연구와의 만남이었다. 그 배경에는 실은 고색창연한 궁정 혁명이었던 린뱌오 사건(林彪事件)이 있는데, 중국에 실망하고 있던 젊은 중국학 학도들을 낭만주의로부터 해방시켰다. 세 번째 전기는 1980년대 초, 내가 처음으로 장기간에 걸쳐 중국(주로 상하이)에서 생활하며 보통 중국, 보통 중국인과 접하며 그때까지의 딱딱했던 중국연구로부터 해방되었다. 마침 중국에서는 '개혁개방'이 노도와 같이 시작되고 있었다. 네 번째 전기는 1990년대로 일본에서 조직적 중국연구가 본격화되고 나도 주체적으로 참가하게 되었다. '변화하고 있는 중국'을 부단히 느끼면서 말이다. 다섯 번째 전기는 2010년대에 들어서면서부터 중국이 일본을 제치고 세계 제2위의 경제대국이 되고 더하여 센카쿠 열도를 둘러싼 영토 분쟁이 심각해짐으로써 이제까지 어쨌든 유지되어왔던 '우호와 협력'의 중일 관계가 무너지고 연구 교류도 불가능해지며, 대중 감정·대일 감정이 모두 악화되는 시대에 진입한 이후의 중국연구이다. 1950년대에 중국연구를 시작한 세대로부터 본다면 전혀 예상 밖의 사태가 되었던 것이다.

중국과의 '최초의 만남'

오차노미즈여자대학의 학생이었을 무렵부터, 현대 중국에 관심을 갖고 있었다. 그 최대의 이유는 1950년대부터 1960년대 초의 중국이 빈곤 속에서도 행한 대약진운동 같은 생기 넘치는 실험으로, 미국에도, 소련에도, 일본의 현상에도 만족하지 못하고 있었던 우리 젊은 세대를 강하게 매혹시켰기 때문이다. 지금에는 '암흑의 시대'로 묘사되는 일이 보통이지만, 당시 우리의 눈에는 '탈근대'를 향한 새로운 시도로서 눈부시게 비추어졌던 것이다. 졸업 논문으로는 「저장(浙江) 재벌과 장제스 정권」을, 그리고 석사학위 논문으로는 「북벌기의 우한(武漢) 국민정부」를 썼다.

그 이후 나는 미국의 중국연구 중에서도 변방에 해당하는 지주와 농민, 중앙권력과 주변이라는 '2개의 항쟁'을 통해 긴 중국의 역사를 묘사해냈던 오웬 라티모어(Owen Lattimore) 교수의 중국연구, 변경 연구, 몽골 연구에 매료되었다. 나중에 『주변으로부터의 중국(周縁からの中國)』을 집필하고자 생각했던 것은 라티모어로부터 강한 영향을 받았었기 때문이다. 당시 미국에서는 하버드 대학의 존 킹 페어뱅크(John King Fairbank) 교수가 관료제와 유교의 각도에서 중국사를 묘사하며 중국학의 주류를 형성하고 있었다.

문화대혁명과 베트남전쟁이 미국의 중국연구자를 혼란에 빠뜨렸다. 일본에서도 문화대혁명을 어떻게 평가할 것인가를 놓고 연구자들 사이에서 견해가 크게 나뉘어졌다. 당시 나는 일본국제문제연구소라고 하는 작은 연구기관에서 현대 중국에 대해서 자료집[『중국공산당사 자료집(中國共産黨史資料集)』, 『신중국 자료집성(新中國資料集成)』]을 꾸준히 편집하고 있었다. 문화대혁명의 전도를 가만히 지켜보면서 말이다.

동경에서 분석의 대상으로: 기능주의에의 접근

중국연구를 해가는 중 가장 충격적이었던 것은 1971년에 발생한 '린뱌오 사건'이었다. 이 사건은 현대 중국에도 전통이 계속 살아 있다는 것을 유감없이 보여주었다. 전통 중국부터 이어진 궁중의 추악한 권력투쟁과 현대 중국의 노선투쟁이 '결국은 동일한 것이 아닌가'라고 통감했던 것이다. '탈근대'도 '새로운 실험'도 사실은 공허한 언어의 유희에 불과했던 것이다.

그 이래 나는 의식적으로 미국류의 기능주의적 접근법(approach)을 사용하여 현대 중국의 정치 및 사회를 분석하고자 시도했다. 존 린드벡(John Lindbeck)이 편집한 『중국: 혁명적 사회의 관리(China: Management of a Revolutionary Society)』(1971)는 나를 깨우쳐주었다. 또한 루시안 파이(Lucian Pye), 찰머스 존슨(Chalmers Johnson), 미셸 옥센버그, 가브리엘 알몬드(Gabriel Almond) 등 당시 가장 기세를 올리고 있던 연구자들이 사회과학 관점에서 중국을 분석하였다. 이러한 기능주의적 중국 분석의 한 가지 성과가 1993년 나고야대학출판회에서 초판이 출간된 필자의 『현대 중국정치(現代中國政治)』이다.

중국연구에는 고난이 항상 따라다닌다. 중국이 복잡한 내실을 갖고 있기 때문이다. 그것은 ① 사회주의를 '체(體)'로 삼고 있다는 것, ② 경제의 이륙을 주요 내용으로 삼는 근대화를 목표로 내세운 개도국이라는 것, 그리고 ③ 정치사회의 저층에 남아 있는 '전통'의 무게이다. 이 세 가지가 어떻게 서로 결합되어 있는가도 커다란 문제이다.

또한 일본인이 당대 중국을 연구하는데 있어서 존재하는 고유의 어려움도 있다. 근대 이후 일본의 중국침략 문제이다. 침략을 했던 '빚'은 '속죄 의식'이 되어 일본의 중국연구자를 속박하고 있다. 이러한 속박으로부터 벗어나는 것은 매우 어려우며, 객관적으로 중국에 대해 분석하려는 시선을 흐릿하게 만든다. 이러한 구속으로부터 자유롭게 되는 것은 아마도 우리의 다다음 세대 연구자에게서나 가능할 것이다.

어쨌든 기능주의를 취함으로써 중국은 일종의 낭만 또는 동경의 대상으로부터 분석의 대상으로 변하였다. 1980년대, 1990년대는 일본의 중국연구에 있어서 많은 결실을 맺는 시대가 되었다.

현실 중국과의 만남

내가 처음으로 중국 대륙을 방문했던 것은 1978년 말의 일이었다. 실로 개혁개방이 시작되려고 했던 때였다. 베이징의 '시단(西單)의 벽'은 벽보로 넘쳐 났고, 상하이 와이탄의 상하이시 당위원회 및 시정부에는 신장으로 하방(下方)당했다가 돌아온 많은 지식청년들이 '일자리를 달라!'라고 외치며 격렬한 시위를 하였다. 그 엄청난 수의 사람들에 정말로 많이 놀랐다.

1981년부터 1983년까지에는 상하이의 일본 총영사관에서 초대 전문조사원으로 활동하는 기회를 얻었다. 상하이의 현실은 '최고의 교과서'였다. 이 기간 동안, '도시부의 실업 문제와 중국정치'라는 주제로 연구를 했다. 이러한 '현실 중국'과의 만남은 1980년대 중반 이후 나의 중국연구의 방향을 결정했다. 당시 중국의 대외개방은 막 시작되고 있었는데, 그러한 가운데 상하이사회과학원, 푸단대학, 상하이국제문제연구소는 시대의 첨단을 달리고 있었으며, 당시 우리와 같은 어설픈 외국인 연구자와도 교류를 해주었다. 그 이래 상하이 연구기관과의 교류는 약 40년 동안에 걸쳐 이루어져오고 있다.

조직적인 현대 중국연구

1990년대 중반부터 일본에서는 현대 중국연구를 조직적·본격적으로 하고자 하는 기운이 생겨났다. 중국의 변화가 격렬하고, 존재감이 커지게 되었기 때문이다. 예리한 사회과학의 무기로, 다시 거듭난 '대국' 중국을 진지하게 분석해야 할 필요성이 제기되었던 것이다. 다음과 같은 대형 연구가 시작되었고, 나는 그 리더를 맡았다.

- 문부과학성 연구비 중점영역 연구 '현대 중국의 구조변동'(1995~1998년)
- 21세기 COE '현대 아시아학의 창생'(2002~2006년)
- 인간문화연구기구(NIHU) 현대 중국 지역연구 거점 제휴 프로그램(2007년~)

이러한 공동연구에서 일본의 현대 중국연구는 상당히 진전되었다고 생각하는데, 나 자신에게 있어서도 커다란 자극이 되었다. 그 덕분에 중국연구에 대해서 이 책의 서장에서도 논했던 '세 가지 도전'을 시도해보게 되었다. 반복해서 말하는 것이지만, 그것은 ① 2항 대립이 아니라 3원 구조로서 중국의 정치사회를 관찰하는 것(3원 구조론), ② 중국의 사례를 아시아의 기타 국가들과의 비교 속에서 관찰하는 것(중국의 아시아화), ③ 담론 및 정책의 변화에 미혹되지 않고 제도로부터 중국의 변화 유무를 추적하는 것(제도화의 관점) 등의 '세 가지'이다.

'거대한 강국'인 중국에 학문적으로 어떻게 대처할 것인가

문제는 전술한 다섯 번째 전기, 즉 2010년 이후 출현한 '거대한 신흥국' 중국에 '어떻게 대처할 것인가', 그리고 '어떻게 객관적으로 분석할 것인가'이다. 사안의 중대성으로부터 논하자면, 이제 막 시작된 프로세스이다. 하지만 일본의 현대 중국연구는 세계적으로 보더라도 결코 수준이 낮지 않다고 자부할 수 있다. 특히 다음과 같은 세 가지 점에서 서구의 연구에 뒤처지지 않는 것을 갖고 있다. 그것은 ① 개혁개방 이후의 중국 경제, 중국 정치, 중국 사회에 대한 연구 성과가 풍부하다는 점이다. ② 경제학, 사회학, 환경학, 문화인류학 등 현지 조사를 수행하고 그 자료를 해석하는 것이 진전되고 있다는 점이다. ③ 현상 분석과 현대사 및 근대사의 연구자들 사이에서 제휴 작업, 공동 작업이 증가하고 있고 100년의 긴 시간대를 통해 현대를 조사하는 형태가 이루어지고 있는데, 이러한 측면에서 성과는 서구를 넘어선다고 생각한다.

그런데 중국연구를 회고하면서 한 가지 커다란 후회가 남는다. 제2차 세계
대전 이전의 일본의 중국연구(나이토 고난 및 미야자키 이치사다(宮崎市定)를 대표로
하는 동양학)을 필자도 포함하여 전후의 연구자들이 거의 계승하지 못했다고
하는 점이다. 송구스러운 일이라는 생각이 들며 매우 안타깝다. 지금에 이르
러 중국의 연구자들이 나이토 고난에 대해 재평가 하고 있는 것으로 전해
듣고 있다.

다양한 의미에서 풍부한 자산을 갖고 있는 일본의 현대 중국연구를 다음
세대의 분들이 비판적으로 계승하고 더욱 좋은 것으로 육성해주기를 간절히
바란다. 그것에 이 졸저가 그 작은 계기가 될 수 있다면, 필자로서는 더할
나위 없는 기쁨이 될 것이다.

나고야대학출판회로부터는 1993년 『현대 중국정치』 초판이 간행된 후 계
속 4반세기 이상에 걸쳐 많은 도움을 받아왔다. 특히 이 책에 대해서는 기획부
터 최종 단계까지 다치바나 소고(橘宗吾) 편집부장에게 매우 큰 신세를 졌다.
마음으로부터 감사의 말씀을 전해드리고자 한다.

마지막으로 중국연구를 함께해왔던 선배님들, 동료들, 후배 및 학생 모든
분들로부터 받았던 따뜻한 지원에 마음속에서 우러나오는 사의를 전해드리며
각필(擱筆)하고자 한다. 감사했습니다.

2021년 5월
신록(新綠)에 둘러싸여서
모리 가즈코

옮긴이의 글

"習不蓋天下,　不能正天下"_『관자(管子)』

2008년 3월, 당시 와세다대학의 모리 가즈코 교수의 연구실을 방문하여 인사드리고 약 1시간 동안 인터뷰를 하면서 여러 가르침을 받은 바 있다. 교토에서 불쑥 연락을 하고 찾아뵈었던 필자를 반갑게 맞이해주면서 여러 가지 유익한 이야기를 해주시던 온화한 모습이 아직도 선명하게 기억난다.

현재 와세다대학 명예교수이자 영예펠로우인 모리 가즈코 교수는 일본에서 현대 중국의 정치와 외교 분야의 학술연구에 있어서 제1인자로 일컬어지고 있다. 특히, 모리교수의 저서 중 『현대 중국정치』는 일본에서의 현대 중국의 '정치'와 '현대 중국의 외교'에 대한 연구의 기본적인 흐름과 수준을 보여주는 독보적인 연구서로 평가받는다.

2012년 상반기에 『현대 중국정치』의 제3판이 출간되었다는 소식을 접했다. 그 후 일본 나고야를 방문하여 나고야대학출판회의 담당자를 만나 책을 살펴보면서 번역·출간 작업을 계획, 진행하여 2013년에 한국어판*이 출간되었다. 국내에서도 광범위하게 읽히며 학술적으로 커다란 기여를 했다. 그리고 그로부터 약 10년이 지난 지금, 나고야대학출판회에서 출간된 『현대 중국의 정치와 외교』의 한국어판을 펴내게 되었다.

---

* 모리 가즈코 지음, 이용빈 옮김, 『현대 중국정치: 글로벌 강대국의 초상(제3판)』(한울엠플러스, 2013).

모리 가즈코 교수는 현대 중국의 정치와 외교에 대해서 각각 다양한 형태로 여러 책을 집필해왔다.* 이러한 학문적 통섭을 토대로 하는 이 책은 현재 세계정치의 초점이 되고 있는 중국의 정치와 외교에 대하여 다루고 있다. '중국정치'와 '중국외교'를 분리해 연구·설명해왔던 기존의 흐름을 초월해, 현대 중국의 정치와 현대 중국의 외교를 통합적인 시각에서 다루고 있다는 점에서, 연구사 및 학술사의 측면에서 매우 중요한 전환점이 되는 역작이다.

　후진타오 정권에서 시진핑 정권으로 이행하고 있던 시기의 『현대 중국정치』 제3판 출간 이후, 햇수로 약 10년 동안 발전해온 중국의 정치와 외교는 물론, 코로나19 팬데믹 발생부터 미국에서 조 바이든 정권 수립 이후까지를 포함한 미중 관계의 흐름과, 제3판 이후 현재까지의 시진핑 정권 시기를 관통하는 형태로 중국의 정치와 외교를 거시적인 시각에 입각해 이론적·학술적으로 다루며 중국의 여러 가지 측면과 향후 행방에 대해서 치밀하게 정리하고 분석한다.

　중국의 강경 외교는 권위주의 정치와 분리될 수 없다는 관점에서 현대 중국의 내정과 외교를 통합적으로 동시에 파악하고, 국가자본주의부터 중국의 주변지역 문제까지 정치와 외교 양자의 넥서스(nexus)에 초점을 맞추면서 혁명 이후 70년의 역사에 입각하여 현재 모습을 부각시키고 있으며, 아울러 향후 중국의 향방에 대해서도 거시적 관점에서 전망하고 있다. 또한 미국과 일본에서의 중국 (중국정치·중국외교) 연구에 대한 역사적 회고, 현재 중국이 겪고 있는 다양한 구조적인 문제들, 영역 차원의 문제들(티베트 문제, 신장 위구르 문제, 타이완 문제, 홍콩 문제 등), 그리고 향후 중국의 체제 변화(레짐 변화)에 대한

* 가와시마 신·모리 가즈코 공저, 이용빈 옮김, 『중국외교 150년사』(한울엠플러스, 2012).

전망 등을 최신 학술성과를 기반으로 하여 다루고 있다. 또한 현대 중국의 정치와 현대 중국의 외교를 통합적으로 다루고 있기 때문에 각 부분(이슈와 쟁점)에 대해 중점적으로 관심이 있는 독자들이 다양한 형태로 탐독할 수 있다는 점도 매우 유용하다.

이 책의 장점을 구체적으로 정리하자면 다음과 같다.

첫째, 정치학 및 국제정치학 연구의 관점에 입각하여 '현대 중국의 정치'와 '현대 중국의 외교'의 변용과정을 입체적으로 다루면서 공시적 분석과 통시적 검토를 통해 체계적으로 분석한 역작이다.

둘째, 일본의 중국정치 및 중국외교 연구를 이끌고 있는 대표적인 석학 모리 가즈코 교수의 40여 년에 걸친 '중국정치 및 중국외교' 연구를 총정리한 대표적인 서적이다.[*]

셋째, 지역연구, 비교정치와 국제정치의 시각에서 중국정치 및 중국외교를 포괄적으로 검토하면서 '중국'을 유기적으로 살펴볼 수 있게 함으로써, 평면적이며 단절적인 중국정치 및 중국외교 연구에서 벗어나 유기적이며 융합적인 관점에서 연구할 수 있는 새로운 지평을 제공해준다.

특히, 책 후반부에 정리되어 있는 참고문헌을 살펴보면 국내외의 중국정치 및 중국외교 연구와 관련된 주요 저작들을 살펴볼 수 있을 뿐만 아니라, 중국 정치 및 중국외교 연구의 주요 내용을 일목요연하게 이해할 수 있다. 따라서 후속 연구자들에게 매우 유용한 연구지침서가 될 수 있을 것이다.

넷째, 주요 지도자 위주의 설명이나 통사적 서술에 기반을 둔 설명 등이 주종을 이루었던 기존의 접근법을 넘어서, 제3자의 입장에 서있는 일본 연구자의 시각을 통해서 '현대 중국의 정치'와 '현대 중국의 외교'의 구조, 내용

---

[*] 毛里和子, "當代中國硏究: 系譜と挑戰", 「講書始の儀における進講」(宮內廳, 2017年1月11日).

그리고 발전과정을 객관적으로 살펴볼 수 있다는 점은 이 책의 핵심적인 장점 중에 하나이다.

다섯째, 이 책은 2012년에 출간된『현대 중국정치』제3판의 속편에 해당한다고 할 수 있는 책으로서, 제3판 이후 약 10년 동안에 걸쳐 이루어진 현대 중국의 정치와 현대 중국의 외교에서의 변화 모습과 전환 양태를 고도의 학술적 논의를 통해 입체적·구체적으로 다루고 있다.

여섯째, 중국공산당의 역사적 역할에 대한 분석과 전망을 하고 있다. 이는 향후 중국에서의 정치와 외교가 어떠한 형태로 이루어지게 될 것인지를 장기적인 시각에서 가늠하는데 매우 유용한 관측지점*을 제공한다.

마지막으로 일곱째, 이 책을 통해 한국과 일본에서의 중국정치 및 중국외교 연구의 흐름을 상호 비교해볼 수 있다는 측면에서, 향후 연구의 개선과 발전을 위한 타산지석의 역할을 충분히 할 수 있다. 특히, 중국정치와 중국외교를 연구하기 위해 장기간에 걸쳐 독자적인 통합적·융합적 연구방법을 창안하고자 치열하게 노력해온 저자의 모습을 통해 많은 가르침과 시사점을 얻을 수 있을 것이다.

이러한 맥락에서 이 책은 현대 중국의 정치와 외교의 역사, 행태, 쟁점 및 파급효과를 통시적으로 살펴보고 공시적으로 전망하는 데 있어서 매우 유용하다. 또한 이 책을 통해 현대 중국의 정치와 외교에 대한 서구와 중국에서의 최신 논의와 연구 흐름을 학술적 차원에서 전반적으로 파악할 수 있을 뿐만 아니라, 정책적 측면에서의 분석과 평가도 심도 있게 이해할 수 있다. 특히 최근 들어 갈수록 복잡한 양상을 드러내고 있는 글로벌 경제위기와 미중 관계의 흐름 속에서 현대 중국의 정치와 외교의 흐름을 이해하고 그 현황을 파악하

---

* 모리 가즈코 외 공편, 이용빈 외 옮김, 『중국 문제: 핵심어로 독해하기』 (한울엠플러스, 2016).

며 그 미래를 제대로 가늠하는 것의 중요성은 아무리 강조해도 지나침이 없을 것이다.[*]

이번에 이 책을 번역하면서 세 가지 측면을 중시했다. 첫째, 일반 독자들이 쉽게 이해할 수 있도록 생소한 인명과 지명에는 한자 혹은 영어를 병기하여 정확성을 추구했다. 둘째, 구체적인 설명이 필요한 부분에는 '옮긴이 주'를 추가했다. 셋째, 본문에서 언급되고 있는 인물 및 항목에 대해 부연 설명이 필요한 경우에는 독자들의 이해를 돕고자 부기했다.

무엇보다 이 책이 세상에 나올 수 있도록 물심양면 지원해주신 한울엠플러스의 김종수 사장님, 그리고 출간을 위한 제반 작업에 힘써주신 모든 분들에게 진심으로 감사의 말씀을 전해드리고자 한다. 아울러 '중국의 정치와 외교'에 대한 학습과 연구를 진행하는 과정에서 많은 가르침을 배울 수 있었던

---

[*] 2021년 11월 22일 아이치대학의 주도하에 이루어진 '거룡 중국, 교착하는 여러 과제(巨龍中國 交錯する諸課題)'라는 제목의 초청강연에서, 모리 가즈코는 2010년 이후 중국은 △세계 제2위의 경제대국이 되었고, △동중국해·남중국해에서 새로운 해양대국으로서 등장하고 있으며, △자원·무역·식량 등을 위해 북극을 포함한 전 세계를 향해 진출하면서 대외확장의 흐름을 드러내고 있고, △2021년 11월 개최된 중국공산당 19기 6중전회에서 창당 100주년을 맞이하여 '당의 100년 분투의 중대 성취와 역사 경험에 관한 중국공산당 중앙위원회의 결의', 즉 제3차 역사결의를 채택하였는데, 이것은 기존의 '약간의 역사문제에 관한 결의'(1945년 제1차 역사결의) 및 '건국 이래 약간의 역사 문제에 관한 결의'(1981년 제2차 역사결의)에 비해서 그 중요성과 내용이 상대적으로 부족하다는 인식을 보였으며, △향후 중국이 내향적이며 준엄한 권위주의 체제로 이행될 가능성이 있고, △미중 관계에서 과도한 마찰을 피하면서 신냉전체제의 출현을 억지할 것이며, △코로나19, 기후온난화, 에너지 문제, 물가 통제 등의 영역에서 국제 레짐과 조정을 진행하겠지만, △궁극적으로 타이완, 홍콩, 신장 위구르 등에서의 인권 문제는 커다란 난제가 될 것이라고 전망하였다. 이와 관련된 저자의 더 구체적인 학술적 논의는 다음을 참조하기 바란다. 毛里和子, "巨龍中國 交錯する諸課題: 米國, 日本, そして中國への教訓", 李春利 編著, 『不確實性の世界と現代中國』(社會評論社, 2022), 제1장. 이와 함께 역자(이용빈)가 2009년 12월 19일부터 12월 20일까지 아이치대학 국제중국학연구센터(ICCS)에서 개최된 국제학술회의에 초청되어 향후 중국의 대외행태를 관찰하고 예측함에 있어서 갈수록 중요해지고 있는 '삼중 관계'(三中關係)와 '중양 변수(中洋變數)'를 배제시켜버릴 경우, 궁극적으로 포괄적인 교훈을 얻을 수 없을 것이라고 지적했던 사실에도 유의해야 할 것이다[拙稿, "中東における中國の影響力擴大と變貌する中洋國際政治", ICCS Journal of Modern Chinese Studies, Vol.2, No.1(2010), pp.202~211].

미국과 중국의 여러 교수 및 연구자들, 베이징대학의 여러 은사님들과 동학(同學)들을 비롯해 양안삼지(兩岸三地, 중국·타이완·홍콩)의 모든 지인들에게도 사의(謝意)를 표명하고자 한다.

모쪼록 이 책을 통해 독자들이 '현대 중국의 정치와 외교'의 과거와 현재를 입체적으로 이해하고 향후 발전궤적과 방향을 심층적으로 파악함으로써, 인류 전체의 번영에 이바지하고 세계 전체의 이익에 기여하는 미래의 역동적인 '한반도 시대'를 거시적으로 조망하고 적극 대비하는 데 조금이라도 도움이 될 수 있기를 진심으로 바란다.

2023년 2월
이용빈

▌참고문헌

_ 일문 문헌

青山瑠妙. 2013.『中國のアジア外交』. 東京大學出版會.

秋山和宏·岩崎正洋 編. 2012.『國家をめぐるガバナンス論の現在』. 勁草書房.

アンダーソン, B. 1993. "'遠隔地ナショナリズム'の出現". ≪世界≫, 9月號, pp.179~190.

アンダーソン, B. 著, 白石さや·白石隆 譯. 1997.『增補 想像の共同體: ナショナリズムの起源と流行』. NTT出版.

石塚迅. 2017.「憲法と主權からみた臺灣·香港·マカオの社會變動」. ≪アジア研究≫, 63卷1號, pp.104~111.

宇野重規. 2016.「政治思想史におけるガバナンス」. 東京大學社會科學研究所 外 編.『ガバナンスを問い直す①越境する理論のゆくえ』. 東京大學出版會.

江口伸吾. 2018.「現代中國における'協商民主'の展開と國家ガバナンスの再構築: 基層社會の'民主懇談', '鄉覽參事會'を事例にして」. ≪北東アジア研究≫, 29號, pp.53~69.

遠藤貢. 2020.「アフリカにおける中國認識」. 川島眞 外 編.『中國の外交戰略と世界秩序: 理念·政策·現地の視線』. 昭和堂.

王柯. 1995.『東トルキスタン共和國研究: 中國のイスラムと民族問題』. 東京大學出版會.

王平. 2013.「中國の'三位一體'型援助と日本の經驗」. 下村恭民·大橋英夫·日本國際問題研究所 編.『中國の對外援助』. 日本經濟評論社.

大形利之. 1995.「ゴルカル: スハルトと國軍のはざまで」. 安中章夫·三平則夫 編.『現代インドネシアの政治と經濟: スハルト政權の30年』. アジア經濟研究所.

大川謙作. 2011.「チベット問題における經濟言説の再檢討」. ≪中國21≫, 34卷, pp.163~184.

大野泉. 2013.「中國の對外援助と國際援助社會」. 下村恭民·大橋英夫·日本國際問題研究所 編.『中國の對外援助』. 日本經濟評論社.

岡田充. 2005.「臺灣海峽の'現狀維持'とは何か: 反国家分裂法にみる中國の姿勢變化」. ≪中國21≫, 13卷1號, pp.159~174.

加々美光行. 1992.『知られざる祈り: 中國の民族問題』. 新評論.

加藤弘之. 2009.「中國: 改革開放30年の回顧と展望」. ≪國民經濟雜誌≫, 199卷1號, pp.97~114.

加藤弘之·久保亨. 2009.『進化する中國の資本主義』. 岩波書店.

加藤弘之·渡邉眞里子·大橋英夫. 2013.『21世紀の中國(經濟篇): 國家資本主義の光と影』. 朝日新聞出版.

上谷直克. 2017.「'競爭的權威主義'と'委任型民主主義'の狹間で」. 日本比較政治學會 編.『競爭的權威主義の安定性と不安定性』(日本比較政治學會年報第19號). ミネルヴァ書房.

加茂具樹. 2019.「共産黨一黨支配體制は'强靭'であり續けるのか: 多元化する社會において一元的な政治を堅持する術」. ≪國際問題≫, 10月號, pp.5~14.

川島眞. 2009.「マラウイの對中國交樹立: なぜ中國を選ぶのか」. ≪地域研究≫, 9卷1號, pp.189~207.

_____. 2017.「'國內'と'境外'のあいだ: 中國の夢と中國によ惡夢」. ≪アジア研究≫, 63卷1號, pp.98~103.

北野尚宏. 2018. "Estimating China's Foreign Aid Using New Data: 2015~2016. Preliminary Figures: Contribution to AIIB. Significantly Increased China's Aid Volume". *Research Paper*(JICA Research Institute), No.1, pp.1~13.

_____. 2019.「中國の對外援助政策」. ≪政策オピニオン≫, 116號.

_____. 2020.「中國の對外援助のとらえ方」. 川島眞 外 編.『中國の外交戰略と世界秩序: 理念·政策·現地の視線』. 昭和堂.

許章潤 著, 阿古智子 譯. 2019. "我々の目下の恐れと期待". ≪世界≫, 7月號, pp.194~207.

金熙德 著, 鈴木英司 譯. 2002.『徹底檢證! 日本型ODA: 非軍事外交の試み』. 三和書籍.

倉田徹. 2017. 「雨傘運動とその後の香港政治: 一黨支配と分裂する多元的市民社會」. ≪アジア研究≫, 63巻1號, pp.68~84.

_____. 2019. 「香港デモ 暴力の論理: 米中を巻き添えにする'絕望の戰術'とは」. ≪外交≫, 57卷, pp.14~19.

倉田徹・倉田明子 編. 2019. 『香港危機の深層: '逃亡犯條例'改正問題と'一國二制度'のゆくえ』. 東京外國語大學出版會.

倉田徹. 2020. 「香港危機は世界の危機へ: '國家安全維持法'成立過程とそれがもたらすもの」. ≪外交≫, 62卷. pp.124~130.

グルンフェルド, A. T. 著, 八卷佳子 譯. 『現代チベットの步み』. 東方書店.

吳軍華. 2008. 『中國靜かなる革命: 官制資本主義の終焉と民主化へのグランドビジョン』. 日本經濟新聞出版社.

サルトーリ G. 著, 岡澤憲芙・川野秀之 譯. 『現代政黨學: 政黨システム論の分析枠組み(普及版)』. 早稻田大學出版部.

ジェイクス, M. 著, 松下幸子 譯. 『中國が世界をリードするとき: 西洋世界の終焉と新たなグローバル秩序の始まり』下. NTT出版.

篠原一. 2004. 『市民の政治學: 討議デモクラシーとは何か』. 岩波新書.

清水美和. 2011. 「對外强硬姿勢の國內政治: 中國人の夢から中國の夢へ」. 國分良成 編. 『中國は、いま』. 岩波新書.

下村恭民. 2013. 「'アジア型援助モデル'の可能性」. 下村恭民・大橋英夫・日本國際問題研究所 編. 『中國の對外援助』. 日本經濟評論社.

朱建榮. 2001. 『毛澤東のベトナム戰爭: 中國外交の大轉換と文化大革命の起源』. 東京大學出版會.

シュムペーター, J. 著, 中山伊知郎・東畑精一 譯. 1976. 『資本主義・社會主義・民主主義(改訂版)』上中下. 東洋經濟新報社.

新免康. 2003. 「中華人民共和國期における新疆への漢族の移住とウイグル人の文化」. 塚田誠之 編. 『民族の移動と文化の動態: 中國周緣地域の歷史と現在』. 風響社.

鈴木隆. 2012. 『中國共産黨の支配と權力; 黨と新興の社會經濟エリート』. 慶應義塾大學出版會.

首藤もと子. 1993. 「インドネシアの政黨政治」. 村嶋英治・萩原宜之・岩崎育夫 編. 『ASEAN諸國の政黨政治』. アジア經濟研究所.

ダール R. A. 著, 高畠通敏・前田脩 譯. 1981. 『ポリアーキー』. 三一書房.

高木誠一郎. 2013. "'核心利益'論の展開と中國外交. ある研究會での報告, 2月12日.

高橋伸夫 編. 2015. 『現代中國政治研究ハンドブック』. 慶應義塾大學出版會.

田中周. 2013. 「民族名稱'ウイグル'の出現と採用」. 鈴木隆・田中周 編. 『轉換期中國の政治と社會集團』. 國際書院.

ダライ・ラマ 著, 木村肥佐生 譯. 1989. 『チベットわが祖國: ダライ・ラマ自敍傳』. 中公文庫.

中國外交部. 1959. 『チベット問題』. 北京: 外文出版社.

中國研究所 編. 2014~2020. 『中國年鑑』. 新評論.

張良 編, 山田耕介・高岡正展 譯. 2001. 『天安門文書』. 文藝春秋.

塚田誠之 編. 2003. 『民族の移動と文化の動態: 中國周緣地域の歷史と現在』. 風響社.

唐亮. 1992. "中國共産黨の行政擔當機構」. ≪アジア經濟≫, 33卷9號, pp.20~44.

_____. 1997. 『現代中國の黨政關係』. 慶應義塾大學出版會.

_____. 2000. 「黨指導體制と人事による中央統制」. 天兒慧 編. 『現代中國の構造變動IV 政治: 中央と地方の構圖』. 東京大學出版會.

外山文子. 2017. 「タイにおける半權威主義體制の再登場」. 日本比較政治學會 編. 『競爭的權威主義の安定性と非安定性』. ミネルヴァ書房.

內藤湖南研究會 編. 2001. 『內藤湖南の世界: アジア再生の思想』. 河合文化教育研究所.

中謙和津次. 1992. 『中國經濟論: 農工關係の政治經濟學』. 東京大學出版會.

_____. 2010. 『體制移行の政治經濟學: なぜ社會主義國は資本主義に向かって脫走するのか』. 名古屋大學出版會.

中野晃一. 2019. "見過ごされる'ポピュリストなき獨裁': 日本における對米追隨型の權威主義化". ≪世界≫, 4月號, pp.127~133.

ネイサン, A. J. , A・スコベル, A. 著, 河野純治 譯. 2016. 『中國安全保障全史: 萬里の長城と無人の要塞』. みすず書房.

バーネット, A. D. 著, 伊豆見元・田中明彦 譯. 1986. 『現代中國の外交: 政策決定の構造とプロセス』. 教育社.

白智立. 2020. "中國と日本の'國家治理'・'國家統治'の改革". ≪COSMOPOLIS≫, 14號, pp.1~8.

原洋之介. 2003. 「アジア學の方法とその可能性」. 東京大學東洋文化研究所 編. 『アジア學の將來像』. 東京大學出版會.

ハンチントン, S. P. 著, 坪鄉實・中道壽一・藪野祐三 譯. 1995. 『第三の波: 20世紀後半の民主化』. 三嶺書房.

菱田雅晴 編. 2010. 『中國: 基層からのガバナンス』. 法政大學出版局.

菱田雅晴・鈴木隆. 2016. 『超大國・中國のゆくえ3 共産黨とガバナンス』. 東京大學出版會.

平野克己. 2013. 『經濟大陸アフリカ: 資源, 食糧問題から開發政策まで』. 中公新書.

平野克己・奧田聰 外 編. 2015. 『膨脹する中國と世界』. 亞細亞大學アジア研究所.

平野克己. 2020. 「アフリカ史の新たな動力源, 中國」. 川島眞 外 編. 『中國の外交戰略と世界秩序: 理念・政策・現地の視線』. 昭和堂.

平野健一郎. 2007. 「グローバル時代の地域研究: 特權性の喪失」. 西村成雄・田中仁 編. 『現代中國地域研究の新たな視圈』. 世界思想社.

ピルズベリー, M. 著, 野中香方子 譯. 2015. 『China 2049: 祕密裏に遂行される'世界覇權100年戰略'』. 日經BP社.

藤原歸一. 1994. 「政府黨と在野黨: 東南アジアにおける政府黨體制」. 萩原宜之 編. 『講座現代アジア3 民主化と經濟發展』. 東京大學出版會.

ホアン, P. C. C.(黃宗智) 著, 唐澤靖彦 譯. 1994. 「中國研究におけるパラダイムの危機: 社會經濟史におけるパラドックス」. ≪中國 社會と文化≫, 9號, pp.308~349.

星野昌裕. 2012. 「黨國體制と民族問題: チベット・ウイグル問題を事例に」加茂具樹 外 編. 『黨國體制の現在: 變容する社會と中國共産黨の適應』. 慶應義塾大學出版會.

增原綾子. 2010. 『スハルト體制のインドネシア: 個人支配の變容と1998年政變』. 東京大學出版會.

增淵龍夫. 1983. 『歷史家の同時代史的考察について』. 岩波書店.

松田康博. 2009. 「中國: 中央政治局と中央軍事委員會」. 松田康博 編. 『NSC國家安全保障會議: 危機管理・安保政策統合メカニズムの比較研究』. 彩流社.

_____. 2018. 「馬英九政權下の中臺關係」. 松田康博・淸水麗 編. 『現代臺灣の政治經濟と中臺關係』. 晃洋書房.

松本ますみ. 1999. 『中國民族政策の研究: 清末から1945年までの'民族論'を中心に』. 多賀出版.

丸川知雄. 2013. 『現代中國經濟』. 有斐閣.

三浦有史. 2012. "中國'國家資本主義'のリスク: '國進民退'の再評價を通じて". ≪RIM: 環太平洋ビジネス情報≫, 45號, pp.1~34.

水谷尚子. 2007. 『中國を追われたウイグル人: 亡命者が語る政治彈壓』. 文春新書.

ミッシェル, S. ・ブーレ, S. 著, 中平信也 譯. 『アフリカを食い荒らす中國』. 河出書房新社.

村上大輔. 2009. 「ラサにおける民族內格差とチベット人アイデンティティの行方」. ≪中國21≫, 30巻, pp.175~192.

毛里和子. 1993. 『現代中國政治(初版)』. 名古屋大學出版會.

_____. 1994. 「社會主義の變容: 中國とロシア」. 萩原宜之 編. 『講座現代アジア3 民主化と經濟發展』. 東京大學出版會.

_____. 1998. 『周緣からの中國: 民族問題と國家』. 東京大學出版會.

_____. 2000. 「中國の構造變動と體制變容をめぐって」. 同 編. 「中國はどこへ行く」. 同 編. 『現代中國の構造變動① 大國中國への視座』. 東京大學出版會.

毛里和子・增田弘 監譯. 2004. 『周恩來・キッシンジャー機密會談錄』. 岩波書店.

毛里和子. 2007a. 「東アジア共同體を設計する: 現代アジア學へのチャレンジ」. 山本武彦・天兒慧 編. 『東アジア共同體の構築1 新たな地域形成』. 岩波書店.

_____. 2007b. 「現代アジア學への挑戰をふりかえって」. ≪學術の動向≫, 12巻6號, pp.13~17.

_____. 2012. 『現代中國政治(第3版)』. 名古屋大學出版會.

毛里和子·安達祐子. 2013. 「二つの市場化: ロシアと中國」. 唐亮·松里公孝 編. 『ユーラシア地域大國の統治モデル』. ミネルヴァ書房.

毛里和子·毛里興三郎 譯. 2016. 『クソン訪中機密會談錄(增補決定版)』. 名古屋大學出版會.

毛里和子. 2017. 「書評: 菱田雅晴·鈴木隆 著『超大國·中國のゆくえ3 共産黨とガバナンス』」. ≪中國研究月報≫, 828號, pp.29~32.

_____. 2018. 『現代中國外交』. 岩波書店.

_____. 2019, 2020. 「一黨支配は歷史の使命を終えるのか?」. ≪國際問題≫, 2017, 10月號, pp.1~4; ≪中國研究月報≫, 2020, 863號, pp.3~13.

ヤーコブソン, L.·ノックス, D. 著. 岡部達味 監修. 辻康吾 譯. 2011. 『中國の新しい對外政策: 誰がどのように決定しているのか』. 岩波現代文庫.

安田信之 外 編. 2006. 「アジア法の概念とその生成過程」. アジア法學會 編. 『アジア法研究の新たな地平』. 成文堂.

山際素男. 2014. 『チベット問題: ダライ·ラマ十四世と亡命者の證言』. 光文社新書.

山田智·黒川みどり 編. 2013. 『内藤湖南とアジア認識: 日本近代思想史からみる』. 勉誠出版.

矢吹晋 編譯. 1989. 『チャイナ·クライシス重要文獻』第1卷. 蒼蒼社.

林泉忠. 2017. 「中國撞頭症候群: 香港·臺灣から見た'チャイニーズ·システム'の課題」. ≪アジア研究≫, 63卷1號, pp.48~67.

リンス, J. 著. 高橋進 監譯. 1995. 『全體主義體制と權威主義體制』. 法律文化社.

_ 중문 문헌

博訊. 2019.1.4. "北大敎授鄭也夫: 中共應退出歷史舞臺".

蔡定劍. 2003. 『中國人民代表大會制度(第4版)』. 法律出版社.

財經網. 2015.3.16. "徐才厚死了, 軍隊反腐還在路上".

財新網. 2014.2.24. "衡陽競選黑金: 一些企業主送百萬仍落選. 錢不退".

曹思源. 2002. "對16大文件起草的4點建議". ≪北京の春≫, 6月.

陳連開. 1997.12.20. "中華民族是不可分割的整體". ≪人民日報≫.

陳玲. 2015. "中國高層領導小組運作機制及其演變". 共識網, 9月15日.

陳文斌 外 編. 1999. 『中國共産黨執政50年 1944~1999』. 中共黨史出版社.

陳斯喜 外. 2001. 「憲法確立國家中央軍事委員會的經過」. ≪人大研究≫, 第3期.

遲福林·黃海 編. 1987. 『鄧小平政治體制改革思想研究』. 春秋出版社.

遲浩田. 1997.3.7. "遲浩田國防部長的說明". ≪解放軍報≫.

叢日雲. 2012. "當代中國激進民族主義興奮規律的原因". ≪領導者≫, 10號.

_____. 2017. "中國愛國主義的最大缺陷是什麽?". blogsona.com.cn, 검색일: 2017.12.25.

戴秉國. 2010. "堅持和平發展道路". 中國外交部 홈페이지, 검색일 2010.12.6.; Zheng Bijian. 2005. "China's Peaceful Rise to Great-Power Status". *Foreign Affairs* (September/October).

鄧禮峰 編. 1989. 『新中國軍事活動紀實 1949~1959』. 中共黨史資料出版社.

鄧小平. 1993. 『鄧小平文選』第3卷. 人民出版社.

_____. 2004. 『鄧小平年譜 1975~1997』下. 中央文獻出版社.

杜光. 2010. "國進民退的危害與根源". ≪炎黃春秋≫, 3月號.

馮特君·宋新寧. 1992. 『國際政治槪論』. 中國人民出版社.

郭偉偉. 2011. 『中國外交研究』. 北京理工大學出版社.

國務院新聞辦公室. 2014. 『新疆生産建設兵團的歷史與發展』. 白皮書.

_____. 2016. 『新疆的宗教信仰自由狀況』. 白皮書.

郝時遠·馬戎·張海洋. 2013. "'構建新型民族關係'之爭論與共識'. ≪領導者≫, 53號.

何包鋼. 2005. 「中國協商民主制度」. ≪浙江大學學報≫, 第35卷 第5期.

_____. 2007. 「協商民主和民主化」. ≪中國人民政協理論研究會會刊≫, 第4期.

胡鞍鋼·胡聯合. 2011. 「第二代民族政策: 促進民族交融一體和繁榮一體」. ≪新疆師範大學學報(哲學社會科學版)≫, 第 32卷 第5期.

黃宗智. 2003. 「中國的'公共領域'與'市民社會': 國家與社會間的第三領域」. 黃宗智 編. 『中國研究的範式問題討論』. 社會科學文獻出版社.

姜克實. 2017. "我如何看中日之間的歷史和解". 愛思想網, 1月1日; 中國選擧與治理網, 1月1日.

金熙德. 2000. 『日本政府開發援助』. 社會科學文獻出版社.

李寶俊·徐正源. 2006. 「冷戰後中國負責任大國身份的建構」. ≪教學與研究≫, 第1期.

李凡. 2014. "當前選擧存在的問題和改革方向學術討論會". 財經網, 4月14日.

李文. 2014. "國安委設立: 從富到强歷史性轉變的重要標志". 愛思想網, 1月28日.

梁山. 2019. 「日本學界的中國近代政治史研究芻議(2010~2015)」. ≪國際漢學≫, 第1期.

林金永. 2014. "衡陽賄選産業鏈調査: 企業家組織專門團隊運作". 財新網, 2月24日.

劉國新. 2004. 「新中國抗美援朝研究若干問題辨析」. ≪江西社會科學≫, 第10期.

劉少奇. 1981. 『劉少奇選集』下. 人民出版社.

馬嶺. 2011. "我國現行憲法中的軍事權規範". ≪法治論叢≫, 第2期.

馬戎. 2004. 「理解民族關係的新思路: 少數族群問題的'去政治化'」. ≪北京大學學報(哲學社會版)≫, 第6期.

_____. 2017. 「反思中國的民族理論. 制度與政策 本文以'重構中國的民族話語體系'」. ≪中央社會主義學院學報≫, 第2期; 愛思想網, 11月13日.

毛小菁. 2017. "新興援助國: 發展趨勢及對國際發展合作的影響". ≪國際經濟合作≫, 第6期.

毛澤東. 中共中央文獻研究室 編. 1989. 『建國以來毛澤東文稿』7. 中央文獻出版社.

門洪華. 2013. 『中國外交大布局』. 浙江人民出版社.

木然. 2015. "反腐敗是一場輸不起的戰爭". 中國選擧與治理網, 3月15日.

潘維 主編. 2009. 『中國模式: 解讀人民共和國的60年』. 中央編譯出版社.

龐中英. 1998. "半世紀的中國外交". ≪國際經濟評論≫, 第5·6期.

_____. 2004a. 『中國與亞州: 觀察·研究·評論』. 上海社會科學出版社.

_____. 2004b. "探索中國與亞州關係的新模式". ≪聯合早報≫, 1月2日.

平和發展白書. 2011. 「中國的和平發展白皮書」. http://baike.baidu.com/view/6428210.htm.

秦曜祁 主編. 1991. 『鄧小平新時期軍隊建設思想槪論』. 解放軍出版社.

人民網. 2012.11.6. "中國經濟周刊: 老板是怎樣當選18大代表的?".

人民政治協商會議重要文獻選編. 2009. 『人民政治協商會議重要文獻』下. 中共中央文獻出版社.

汝信 外 編. 2008. 『2008年中國社會形勢分析與豫測』. 社會科學文獻出版社.

_____. 2011. 『2011年中國社會形勢分析與豫測』. 社會科學文獻出版社.

_____. 2012. 『2012年中國社會形勢分析與豫測』. 社會科學文獻出版社.

沈志華. 2013. 『毛澤東. 斯大林與朝鮮戰爭』. 廣東人民出版社.

十八大以來常用黨內法規. 2019. 「中國共産黨黨組工作條例」. 人民出版社.

蘇格. 2000. "中國外交的'伙伴'關係框架". ≪中國外交≫, 第6期.

王緝思. 1993. 「國際關係理論與中國外交研究」. ≪中國社會科學季刊≫, 第1卷.

王敬松. 1995. 『中華人民共和國政府與政治. 1949.10~1992』. 中共中央黨校出版社.

王巧榮. 2002. 「論20世紀90年代的伙伴關係研究」. 當代中國研究所 홈페이지.

王壽林. 2003. 「我國政治體制改革的回顧與展望」. ≪中共中央黨校學報≫, 第11期.

王逸舟. 2014. "中國外交: 新形勢下的幾個現實問題". 《南方周末》. 5月22日.

吳木金. 2008. 「走向國家資本主義?」. 《二十一世紀》, 總第110期. 12月.

武師明. 2018. "遼寧賄案背後的資本侵蝕政策攻勢". 觀察網; "遼寧人大賄選案背後. 細思極恐". 觀察網, 9月15日, www.pinlue.com/article/20189020.

吳曉林. 2009. "'小組政治'研究: 內涵·效能與研究展望". 《求實》, 第3期.

蕭裕聲. 2003. 「中共13屆4中全會以來軍隊和國防建設發展歷程及經驗」. 《當代中國史研究》, 第4期.

新觀察網. 2001.7.22. "一群老共產黨員的信". 新觀察網, xgc2000.net.

新華社. 2015.1.14. "反腐打掉祕書幫. 石油幫. 山西幫".

西藏自治區黨史資料徵集委員會 編. 1995. 『中共西藏史大事記. 1949~1994』. 西藏人民出版社.

薛力. 2015. "一帶一路追中國外交決策改革". FT中文網, 3月9日.

_____. 2017. "中國外交面臨的隱憂與風險". FT中文網, 1月19日.

許志嘉. 2000. 『中共外交決定策略模式研究: 鄧小平時期的檢證分析』. 水牛出版社.

楊帆. 2010. 『利益集團』. 鄭州出版社.

楊繼繩. 2011. 『中國當代社會階層分析』. 江西高校出版社.

楊子雲. 2008. "人大立法這5年: 變與不變". 《南方周末》, 3月19日.

姚洋. 2008a. "中國高速經濟增長的由來". 《南方周末》, 9月10日~10月22日.

_____. 2008b. 「中性政府與中國的經濟奇跡」. 《二十一世紀》, 總第107號.

鄭一龍·王紹光·胡鞍鋼. 2017. "中國中央政府決策模式演變". 愛思想網, 2017.10.11. [原載《清華大學報(哲學社會科學版)》, 第3期. 2013].

嚴家祺. 1992. 『聯邦中國構想』. 明報出版社.

閻學通 外. 2004. 「'大國崛起與中國的選擇'筆談」. 《中國社會科學》, 第5期.

葉自成. 2000. "中國實行大國外交戰略勢在必行: 關於中國外交戰略的幾點思考". 《世界經濟與政治》, 第1期.

俞可平. 2018. 「中國的治理改革(1978~2018)」. 《武漢大學學報》, 71卷3號, 5月.

袁峰. 2006. 「中國形態協商民主的緣起與內涵」. 《理論與改革》, 第6期.

張德江. 2016. "嚴辦賄選案反映高層改革決心". 《聯合早報》. 9月15日.

張厚義. 2011. 「私營企業主階層成長過程中的若干問題分析」. 汝信 外 編. 『2011年中國社會形勢分析與豫測』. 社會科學文獻出版社.

_____. 2012. 「中國私營企業主階層20年」. 汝信 外 編. 『2012年中國社會形勢分析與豫測』. 社會科學文獻出版社.

張驥. 2013. "中國外交決策的基本過程". 共識網, 3月18日.

張歷歷. 2007. 『外交決策』. 世界知識出版社.

張平. 2012. "國企改革兩個'刻不容緩'". 投資者報網, 3月20日.

張曙光. 2014. "發改委貪腐案背後的醫藥利益連". 愛思想網, 2月17日.

張天榮 外 編. 1989. 『中國改革大辭典』. 海南出版社.

張郁慧. 2012. 『中國對外援助研究. 1950~2010年』. 九州出版社.

張先亮. 1997. "講政治必須旗幟鮮明地反對民族分裂主義". 《新疆日報》, 3月11日.

張小明. 1997. 「冷戰時期新中國的四次對外戰略決擇」. 《當代中國史研究》, 第5期.

趙美艷. 2020. "全球發展治理變革與中國的對外援助". 《唯實》, 第5期.

趙紫陽. 1987. 第13次黨大會政治報告.

_____. 2009. 『改革歷程』. 香港: 新世紀出版社.

鄭必堅. 2004. "中國和平崛起新道路和亞州的未來". 南方網, 4月5日. (Zheng Bijian. 2005. "China's Peaceful Rise to Great-Power Status". *Foreign Affairs* (September/October).

鍾晟. 2012. "世行報告的出籠背景". 烏有之鄉網, 3月5日.

鄭謙 外. 1988. 『當代中國的政治體制改革之發展概要. 1949~1988』. 中共黨史資料出版社.

中共中央. 1997. 『中國共產黨黨內法規制度手冊』. 紅旗出版社.

中國共産黨黨內法規制度手冊. 1997a. 紅旗出版社.

_____. 1997b. 馬克思列寧毛澤東思想研究所 編. 「中共中央組織部關于改革干部管理體制若干問題的規定」, 1993年2月12日. 紅旗出版社. pp.529~531.

_____. 1997c. 中國社會科學院馬克思列寧毛澤東思想研究所 編. 「中共中央組織部關于修订中共中央管理的干部職務名稱表的通知」, 1984年7月14日. 紅旗出版社. pp.535~536.

中國共産黨黨內法規選 編. 1978~1996. 1996. "1990年12月13日 中共中央保密委員會". 法律出版社.

中國國家統計局 編. 1994. 『中國民族人口資料(1990年)』. 中國統計出版社.

中共黨史教學參考資料19. 1986. 國防大學出版社.

周强. 2015. "周永康與薄熙來祕密結盟". 聯華早報網, 3月20日.

周望. 2010. 『'小組機制'研究』. 天津人民出版社.

周永坤. 2006. 「議行合一原則應當抛棄」. ≪法律科學≫, 第1期.

朱國芬. 2005. 「試論從'韜光養晦'到'和平崛起'的外交戰略」. ≪江蘇教育學院學報(社會科學)≫, 第6期.

朱佳木. 2010. 「對中國當代史定義. 分期. 主線問題的再思考」. ≪當代中國史研究≫, 第17卷 第1期.

朱倫. 2001. 「民族共治論: 對當代多民族國家族際政治事實的認識」. ≪中國社會科學≫, 第4期.

自由亞州. 2020.7.24. "蔡霞: 因言獲罪株連9族必須終止: 爲任志强的再辯".

鄒錫明. 1998. 『中共中央機構沿革實錄. 1921.7~1997.9』. 中共檔案出版社.

2019. 『最後的祕密』. 香港: 新世紀出版及傳媒有限公司.

_영문 문헌

Alagappa, Muthiah. 1996. "The Asian Spectrum", in Diamond et al., eds. 1996.

Bell, Daniel. 2006a. "Deliberative Democracy with Chinese Characteristics: A Comment on Baogang He's Research", in Ethan Leib and Baogang He, eds., *The Search for Deliberative Democracy in China*, Palgrave Macmillan.

_____. 2006b. *Beyond Liberal Democracy: Political Thinking for an East Asian Context*, Princeton University Press.

Chan, Alfred/Nathan, Andrew. 2004, "Tiananmen Papers Revisited: The Duihua Academic Exchange", *The China Quarterly*, No.177.

Chen, Jie/Dickson, Bruce. 2008. "Allies of the State: Democratic Support and Regime Support among China's Private Entrepreneurs", *The China Quarterly*, No.196.

Cheng, Joseph/Wankun, Zhang. 2002. "Patterns and Dynamics of China's International Strategic Behavior", *Journal of Contemporary China*, Vol. 11, No.31.

Christensen, Thomas. 2006. "Windows and War: Trend Analysis and Beijing's Use of Force", in Alastair Johnston and Robert Ross, eds., *New Directions in the Study of China's Foreign Policy*, Stanford University Press.

Dalai Lama. 1987, 1988. *Five Point Peace Plan for Tibet*, September 21, 1987. ; Strasbourg Proposal, June 15, 1988.

Diamond, Larry. 1996. "Three Paradoxes of Democracy", in Diamond et al., eds. 1996.

Diamond, Larry/Plattner, Marc. eds. 1996. *The Global Resurgence of Democracy*, Johns Hopkins University Press.

Diamond, Larry. et al., eds. 1997. *Consolidating the Third Wave Democracies: Regional Challenges*, Johns Hopkins University Press.

Dickson, Bruce. 2007. "Integrating Wealth and Power in China: The Communist Party's Embrace of the Private Sector", *The China Quarterly*, No.192.

Duchâtel, Mathieu/Bräuner, Oliver/Hang, Zhou. 2014. "Protecting China's Overseas Interests: The Slow Shift away from Non-Interference", *SIPRI, Policy Paper*, No. 41.

Envoys of HH the Dalai Lama. 2008. Memorandum on Genuine Autonomy for the Tibetan People, posted on November 16 (http://www.tibetpolicy.eu/memorandum-on-genuine-auto nomy-for-the-Tibetan-people/).

_____. 2010. Note on the Memorandum on Genuine Autonomy for the Tibetan People, posted on February 23.

Fischer, Andrew. 2007. "Perversities of Extreme Dependence and Unequal Growth in the TAR", *Tibet Watch Special Report*(August).

Friedrich, Carl/Brzezinski, Zbigniew. 1966. *Totalitarian Dictatorship and Autocracy*, Praeger.

Hachigian, Nina. ed. 2014. *Debating China: The U.S.-China Relationship in Ten Conversations*, Oxford University Press.

Harding, Harry. 1984. "China's Changing Roles in the Contemporary World", in H. Harding, ed., *China's Foreign Relations in the 1980s*, Yale University Press.

He, Baogang. 2006. "Western Theories of Deliberative Democracy and the Chinese Practice of Complex Deliberative Governance", in Ethan Leib and Baogang He, eds., *The Search for Deliberative Democracy in China*, Palgrave Macmillan.

Holsti, Ole. 1989. "Models of International and Foreign Policy", *Diplomatic History*, Vol.13, No.1.

Hu, Weixing. 2016. "Xi Jinping's Big Power Diplomacy and China's Central National Security Commission(CNSC)", *Journal of Contemporary China*, Vol.25, No.98.

Kim, Samuel. ed. 1994. *China and the World: Chinese Foreign Relations in the Post Cold War Era*, Westview Press.

Kim, Samuel. 1994. "China's International Behavior", in Thomas Robinson and David Shambaugh, eds., *Chinese Foreign Policy: Theory and Practice*, Oxford University Press.

Kitano, Naohiro. 2018. "Estimating China Foreign Aid Using New Data: 2015-2016 Preliminary Figures", JICA Research Institute, https://www.jica.go.jp/jica-ri/publication/o ther/20180531_01.html

Kokubun, Ryosei/Wang, Jisi. eds. 2004. *The Rise of China and a Changing East Asian Order*, Japan Center for International Exchange.

Lampton, David. 2007. "The Faces of Chinese Power", *Foreign Affairs*, Vol.76, No.11.

Levitsky, Steven/Way, Lucan. 2002. "Elections Without Democracy: The Rise of Competitive Authoritarianism", *Journal of Democracy*, Vol.13, No.2

_____. 2010. *Competitive Authoritarianism: Hybrid Regimes after the Cold War*, Cambridge University Press.

Linz, Juan. 1975. "Totalitarian and Authoritarian Regimes", Fred I. Greenstein and Nelson W. Polsby, eds. *Handbook of Political Science*, Vol.3, Addison-Wesley. (高橋進 監譯. 1995. 『全體主義體制と權威主義體制』. 法律文化社).

Lu, Ning. 1997. *The Dynamics of Foreign-policy Decision Making in China*, Westview Press.

McGregor, Richard. 2008. "Chinese Diplomacy 'hijacked' by Companies", *Financial Times* (March 16).

Miller, Alice. 2006. "The CCP Central Committee's Leading Small Group", *China Leadership Monitor*, No.26.

Nan, Tian/Fei, Su. 2020. "Estimating the Arms Sales of Chinese Companies". *SIPRI, Insights on Peace and Security*, No.2020/2(January)

Nathan, Andrew/Ross, Robert. 1998. *The Great Wall and the Empty Portress: China's Search for Security*, W.W.Norton and Company.

Nathan, Andrew. 2003. "China's Changing of the Guard: Authoritarian Resilience", *Journal of Democracy*, Vol.14, No.1.

Sartori, Giovanni. 1970. "Concept Misformation in Comparative Politics", *The American Political Science Review*, Vol.64, No.4.

_____. 2000. *Parties and Party System*, Vol.1, Cambridge University Press. [剛澤憲芙 外 譯. 2000. 『現代政黨學(普及版)』. 早稻田大學出版部].

Scobell, Andrew. 2003. *China's Use of Military Force: Beyond the Great Wall and the Long March*, Cambridge University Press.

Shambaugh, David/Takagi, Seiichiro/Ash, Robert. eds. 2007. *China Watching: Perspectives from Europe, Japan, and the United States*, Routledge.

Shambaugh, David. 2015. "The Endgame of Communist Rule in China Has Begun", *Wall Street Journal*(March 8).

Smith, Jr., Warren. 1996. *Tibetan Nation: A History of Tibetan Nationalism and Sino-Tibetan Relations*, Westview Press.

Sørensen, Georg. 1998. *Democracy and Democratization: Processes and Prospects in a Changing World*, Westview Press.

Swaine, Michael. 2011. "China's Assertive Behavior, Part 1: On 'Core Interest'", *China Leadership Monitor*, No.34.

Szamosszegi, Andrew/Kyle, Cole. 2011. *An Analysis of State-owned Enterprises and State Capitalism in China*, U.S.-China Economic and Security Review Commission(October 26).

Teets, Jessica. 2013. "Let many Civil Societies Bloom: The Rise of Consultative Authoritarianism in China", *The China Quarterly*, No.213.

_____. 2014. *Civil Society under Authoritarianism: The China Model*, Cambridge University Press.

Tyler, Patrick. 1999. "The (Ab)normalization of U.S.-Chinese Relations", *Foreign Affairs*, Vol.78, No.5.

U.S.-China Economic and Security Review Commission. 2011. *Staff Research Report*, May 1. *An Analysis of State-owned Enterprises and State Capitalism in China*.

_____. 2020. *Staff Research Paper*, May 1. *China's Engagement with Africa: Foundations for an Alternative Governance Regime*.

Wong, Audrye. 2018. "More than Peripheral: How Provinces Influence China's Foreign Policy", *The China Quarterly*, No.235.

Wuthnow, Joel. 2017. "China's New 'Blackbox' Problems and Prospects for the Central National Security Commission", *The China Quarterly*, No.231.

Yan, Xuetong. 2011. "How Assertive Should a Great Power Be", *The New York Times*(March 31).

Yun, Sun. 2015. "The Domestic Controversy over China's Foreign Aid and the Implications for Africa", *Africa in Focus*, Brookings Institution(October 8), https://www.brookings.edu/blog/africa-in-focus/2015/10/08/the-domestic-controversy-over-chinas-foreign-aid-and-the-implications-for-africa/

Zakaria, Fareed. 1997. "The Rise of Illiberal Democracy", *Foreign Affairs*, Vol.76, No.6.

Zhao Suisheng. 1998. "A State-Led Nationalism: The Patriotic Education Campaign in Post-Tiananmen

China", *Communist and Post-Communist Studies*, Vol.31, No.3.

Zoellick, Robert. 2006. "U.S.-China Relations", Committee on International Relations, U.S. House of Representative(May 10).

▌도표일람

▎ 찾아보기

지은이

모리 가즈코(毛里和子)

와세다대학 영예펠로우이자 명예교수(정치학 박사)이다. 후쿠오카아시아문화상(2010), 국제
중국학연구상(2010) 등을 수상하였다. 2011년에는 문화공로자로 선정되었다.

저서로『現代中國政治: グローバル・パワーの肖像(현대중국정치: 글로벌 강대국의 초상)』(초
판, 1993; 한국어판제3판, 2013),『日中關係: 戰後から新時代へ(중일관계: 전후에서 신세대로)』
(2006; 한국어판, 2006),『グローバル中國への道程: 外交150年(중국외교 150년사: 글로벌 중
국으로의 도정)』(공저, 2009; 한국어판, 2012),『中國とソ連』(1989),『周緣からの中國: 民族
問題と國家』(1998),『現代中國政治を讀む』(1999),『現代中國外交』(2018),『現代中國の
構造變動1 - 大國中國への視座』(편저, 2000),『現代中國の構造變動7 - 中華世界: アイデ
ンティティの再編』(편저, 2001) 등 다수를 집필했고, 번역서로『ニクソン訪中機密會談錄』
(공역, 2001),『周恩來キッシンジャー機密會談錄』(공역, 2004) 등이 있다.

옮긴이

이용빈

홍콩국제문제연구소 연구원. 인도 국방연구원(IDSA) 객원연구원을 역임했고, 미국 하버드대학 HPAIR 연례학술회의(안보 분과) 참석, 이스라엘 크네세트(국회), 미국 국무부, 미국 해군사관학교 초청 방문, 중국외교대학, 타이완 국립정치대학, 홍콩중문대학 학술 방문 등 왕성한 활동을 이어가고 있다.

저서로 *China's Quiet Rise: Peace through Integration*(공저, 2011) 등을 집필했고, 번역서로 『시진핑』(2011., 2012년도 아시아·태평양출판협회APPA 출판상 수상), 『중국의 당과 국가』(2012), 『중국외교 150년사』(2012), 『현대 중국정치』(제3판, 2013), 『마오쩌둥과 덩샤오핑의 백년대계』(편역, 2014), 『중국인민해방군의 실력』(2015), 『현대 중국의 정치와 관료제』(2016), 『시진핑의 중국』(2019), 『홍콩의 정치와 민주주의』(2019), 『美中 신냉전?: 코로나19 이후의 국제관계』(2021) 등이 있다.

감수

정승욱

세계일보에서 청와대 담당 및 국회팀장을 거쳐 정치 · 경제 · 사회 문화 등 부서의 데스크, 논설위원, 선임기자 등을 두루 지냈다. 도쿄특파원 재임 중에는 일본 경제의 부흥과 정체 등에 주목하면서, 일본 글로벌 기업들의 발전 양상에 천착했다. 연세대 행정대학원에서 석사, 한국외대 대학원에서 '중국공산당 집단지도체제연구'로 국제관계학 박사 학위를 취득 했다. 한국외대 겸임교수로 동아시아 국제정치 · 경제와 관련한 현안을 강의했고, 전국 대학과 언론사들에서 강의중이다.

저서로 『김정일 그 후』(2011), 『일본은 절대 침몰하지 않는다』(2016), 『2030년을 지배하는 초일류기업 15 분석』(2021), 『새로운 중국, 시진핑 거버넌스』(2014) 등을 집필했고, 번역서 로서 『붉은 황제의 민주주의』(2018), 『넥스트 실리콘밸리』(2019), 『미중 플랫폼 전쟁 GAFA vs BATH』(2019), 『홀로선 자본주의』(2020) 등이 있다

한울아카데미 2425

현대 중국의 정치와 외교
또 하나의 초강대국은 탄생할 것인가

지은이   모리 가즈코
옮긴이   이용빈
감수   정승욱
펴낸이   김종수
펴낸곳   한울엠플러스(주)

초판1쇄 인쇄 2023년 2월 25일
초판1쇄 발행 2023년 3월 5일

주소   10881 경기도 파주시 광인사길 153 한울시소빌딩 3층
전화   031-955-0655
팩스   031-955-0656
홈페이지   www.hanulmplus.kr
등록번호   제406-2015-000143호

         Printed in Korea.
ISBN   978-89-460-7426-2 93340 (양장)
         978-89-460-8241-0 93340 (무선)

※ 책값은 겉표지에 표시되어 있습니다.
※ 무선제본 책을 교재로 사용하시려면 본사로 연락해 주시기 바랍니다.